現代の考古学
岩崎卓也
[編集代表]

4

生産と技術の考古学

髙濱　秀
[編]

朝倉書店

刊行に当たって

　考古学とは，人間活動の痕跡をとどめる物質資料（考古資料）によって，歴史の再構成を目指す学問とするのが，主流的な考え方である．とはいえ，文字資料と違い，それ自体物言わぬ考古資料をして歴史を語らせるには，資料の分類・比較等を通じ，年代・分布・機能など諸属性を明らかにする必要がある．考古資料の史料化作業といえる．

　大変な時間と労力を必要とするこの作業は，かつて観察を中心に進められてきたが，現今では分析など自然科学の手法が意味を増しつつあり，史料化された考古資料を解釈し総合化するに当たっても，歴史学のほかに文化人類学その他関連科学の理論や方法を援用するケースが増し，視点の多様化・学際化も進んでいる．

　さて，近年のわが国における考古学研究の飛躍的進展の背後に，開発に伴う大規模な遺跡破壊があることは，周知の事実である．開発そして科学技術の急速な発達を前に，人びとの価値観もまた多様化が進んでいる．そして生涯学習時代ともいわれる現在，いろいろな人びとが，いろいろな立場から歴史の検証を志向しているといわれている．視覚に訴える要素が多く，しかも厖大な量に上る考古資料が，しかるべき場所で，そのような人びとの利用に供されるべきことは当然であろう．

　私共は，このような学界・社会の現状認識から，「現代の考古学」全7巻を刊行し，考古学研究の現段階を押さえるとともに，研究の方向を展望することにした．意のあるところをお汲み取りいただければ幸いである．

　各巻の構成は以下のとおりである．総説ともいえる第1巻に対し，第2巻は狩猟・採集段階，第3巻は食糧生産段階の生業に焦点を据えた．これに対して第4巻は，長いタイムスパンの中で，それぞれの時代を象徴する技術を中心にその意味を考え，流通問題にも言及し，第5巻は交流をテーマに，第6巻は国家出現以前の社会構成を，第7巻は国家出現のメカニズムに考古学の立場から迫ろうとしたものである．

岩 崎 卓 也

執筆者

髙濱		秀*	金沢大学人間社会学域人文学類
山本	孝	司	東京都埋蔵文化財センター
小杉		康	北海道大学大学院文学研究科
井上	洋	一	東京国立博物館
吉開	将	人	北海道大学大学院文学研究科
山口	讓	治	福岡市教育委員会
犬木		努	大阪大谷大学文学部
小笠原	小	枝	日本女子大学家政学部
岡田	文	男	京都造形芸術大学芸術学部

*編集者　　　　　　　　　　　　　　　　　　　（執筆順）

目　　次

総論：生産と技術の考古学
髙濱　秀

◆生産について　1
◆技術について　4
◆収録した論文について　7

第1章　縄文時代の土器作りについて
―多摩ニュータウン遺跡の事例を中心に―
山本孝司

◆多摩ニュータウン No.245 遺跡の概要　10
◆ No.245 遺跡で確認された土器製作に関する考古資料　13
　住居跡より出土した粘土／ 51 号住居跡出土の未焼成土器を含む遺物とその出土状況／焼成粘土塊および製作に失敗したと思われる土器片
◆多摩ニュータウン No.248 遺跡の概要　21
◆遺跡間接合した浅鉢について　23
◆土器製作における No.245 遺跡と No.248 遺跡の意義　27
◆土器製作に関して想定される考古資料　29
◆おわりに　31

第2章　縄文文化における黒曜石の採掘と流通
小杉　康

◆縄文文化の3大原材料　33
　補註1：本稿の補註の意図／補註2：論文題名について
◆鷹山遺跡群星糞峠黒曜石採掘遺跡　35
　鷹山遺跡群の調査／星糞峠黒曜石採掘遺跡／補註3：その後の調査／補註4：

採掘址群東側半分の測量図（1994）の問題点／補註 5 :『鷹山遺跡群Ⅲ』の精度／採掘址の堆積構造／採掘活動の復原／採掘址群の成り立ち／補註 6 : 採掘址形態の理解について／補註 7 : 採掘址数のバブル的増加現象について／補註 8 : 第 1 号採掘址地点付近での採掘開始時期について／補註 9 : 発掘方法と時期判定との問題点／補註 10 : 東俣・星ヶ塔遺跡黒曜石採掘址の発掘と大工原仮説について／補註 11 : 採掘の開始時期と継続性について

◆黒曜石の流通　59

黒曜石原石／補註 12 : 糸井宮前と中棚／補註 13 : 黒曜石原石のランクについて／集団関係と領有化問題／補註 14 : 大工原・黒曜石の「商品」化について／補註 15 : 土器型式現象と黒曜石流通／補註 16 : 時間の経過と理解の程度

第 3 章　弥生時代の青銅器の生産形態
井 上 洋 一

◆青銅器の生産形態　73

生産工房の実態／工人の実像

◆青銅器の生産と流通　83

同笵銅鐸／銅矛にみられる特殊な技法

◆鉛同位体比からみた原材料供給システム　86

海外の事例にみる原材料供給システム／日本列島における原材料供給システム

◆結びにかえて　91

第 4 章　中国古代における生産と流通
―青銅製品を中心に―
吉 開 将 人

◆資源獲得と素材流通　95

◆生産体制・労働力　99

◆手工業生産からみた聚落・都市　105

◆流　　　通　108

◆消　　　費　109

◆結びにかえて　110

目　次

第5章　中国北方系青銅器の製作
髙濱　秀

◆はじめに　113
◆中国北方系青銅器のあらまし　114
◆製作についての手がかり　115
　採鉱／鋳型の発見例／一括埋納品／製品に見える鋳造の痕跡
◆おわりに　127

第6章　弥生時代の木製品製作
山口　譲治

◆各時期の木製農具の概要　130
　Ⅰ期の木製農具／Ⅲ期の木製農具／Ⅴ・Ⅵ期の木製農具
◆木製農具の製作　146
　鍬類の用材／鍬類の製作／鍬類の需要と供給

第7章　円筒埴輪の形態論
―突帯配置と透孔穿孔―
犬木　努

◆はじめに―形態論の視点―　150
◆円筒埴輪の基本形態　151
◆特殊器台の形態論―弧帯紋帯と「間帯」―　153
　器台形土器から特殊器台形土器へ／特殊器台形土器の基本形態―重帯化する紋様帯―／「間帯」の消失過程―主/副紋様帯の反転現象―／「弧帯紋」の「蕨手文」化―〈紋様の断続〉と〈紋様帯としての連続〉―
◆前期円筒埴輪の形態論　158
　突帯間隔の均等化と透孔穿孔域の平準化／大型化・小型化の諸方式／東殿塚古墳にみる円筒埴輪の「小型化」／メスリ山古墳にみる円筒埴輪の「大型化」／「間帯」省略型の「減数」形態／「器受部」の脱落と透孔穿孔段の上位移行
◆中期円筒埴輪の形態論―透孔「交差配置」の具体相―　169
　透孔「交差配置」の成立とその意味／「副次孔」の意味するもの―透孔「交差

配置」の痕跡—
◆後期円筒埴輪の形態論—「通段割付」の具体相—　174
　　　生出塚窯産円筒埴輪における器面分割—「残余」としての最下段—／最上段の「拡張」現象について—「残余」としての最上段—
◆結語にかえて　181

第8章　中世の夾纈
—鎌倉若宮大路発見の「染型板」が語るもの—
小笠原小枝

◆「染型板」の出土地・形状・文様　190
◆染色史における「型」　193
　　　上代の夾纈と中世の夾纈との違い
◆中国の夾纈との比較　197
◆中世の染型板が語るもの　199

第9章　漆工技術
岡田文男

◆漆工技術の研究略史　204
◆漆の利用　205
◆漆工技術の変遷　206
　　　縄文時代／弥生時代／古墳時代／仏教伝来以後の新技術
◆威信財としてみた漆塗装の格差　224
　　　弥生時代／古墳時代／奈良時代以降
◆おわりに　226

あとがき　229
索　　引　230

総論：生産と技術の考古学

髙濱　秀

　「生産と技術」というのは，歴史研究のなかでも，考古学が貢献できることの比較的多い分野といえるであろう．生産およびそれに続く流通，そして生産のための具体的な技術というのは，文献史学においては史料が残りにくい分野であるが，考古学においては，それらのことについてなんらかの手がかりが得られることがある．

　製品の生産にあたっては，まずその原材料を獲得し，それを加工して製作する．製品を必要とする，あるいは使用する人が，自分自身でそれぞれ製作することもあるが，少し進歩した段階では，生産者と消費者が異なっている．すなわちある程度専門に製作する人が現れ，その製品が流通によって消費者へ供給されることになる．これはその製品の性格にもよるが，社会の発達に応じたものであることが多い．流通に際しては，多くの場合，中間に立つ者が存在する．流通の対象になるのは製品ばかりではない．採取された原材料も流通によって生産者のもとへ運ばれることがある．あるいは半製品の形で流通し，消費地において完成されることもあるであろう．青銅製品におけるインゴットなども，その一種と見ることができる．

　これらのそれぞれの段階において，技術や知識が必要とされる．そしてそれらは，社会の仕組みや発達段階を反映している．

生産について

　製品を使用する人が自ら製作するものと考えられがちなのが，石器や土器である．人びとがそれぞれ石材や粘土を近隣で調達して，各自の集落の中でつくったと思われることが多いが，加工に適した石材や粘土は，獲得することがそれほど容易であるとは限らない．ここに掲載したような黒曜石の採掘や，土器作りのための粘土の採取などは，原材料の獲得がかなり大がかりに，システム化された例

である．石材の大規模な採掘とその流通は古くからしばしば行われてきた．たとえば，新石器時代における黒曜石の採掘とその交易は，東地中海地域や西アジアでよく知られており，また太平洋の諸島や北・中央アメリカにも存在する．日本においても同じであり，和田峠や伊豆の神津島から産出する黒曜石が，縄紋時代に広い分布を示すことはよく知られている．石器や土器の生産も，個々の集落における自給自足的な営みではなく，かなり広範囲な流通を背景にもっていた可能性がある．

本書に掲載した長野県星糞峠における黒曜石の採掘遺跡の考察は，その具体的な姿を示す貴重な例である（2章）．そこでは，採掘にいくつかの集団が関わっていたことが推測されている．それがどのような体制で行われていたのか，お互いにどのような関係であったのかは，当時の社会の復元にとって重要である．多摩ニュータウンにおいても，粘土の採取を行っていたことが確実になったNo.245遺跡の人びとと，周囲の他の遺跡の人びととの関係がどのようなものであったのかは，星糞峠の場合と同様に解明すべき問題であろう．

社会においてなんらかのものを製作する専業者・専業集団が現れたのはいつの時期かということについてはさまざまな考えがある．星糞峠で黒曜石の採取を行っていた集団や，多摩ニュータウンにおける土器作りのための粘土の採取を行っていた集団が（1章），その作業を専らとする専業集団であったかどうかということは重要であろう．

星糞峠の黒曜石については，その周辺にある集落が，その流通に際して大きな役割を果たしていたと考えられている．梨久保遺跡では，住居址に黒曜石の集積があったことが報告されている．

木製品についても，それが各地で自給自足的につくられたか，あるいは一定の場所でつくられて，それが他の地域へ流通したのか，ということが問題となる．弥生時代の木製鍬類について山口氏は，縄文時代終末から弥生時代中期第Ⅱ様式土器併行期までは，集落の多くから半製品・未成品・素材が出土するが，それ以降は未成品などが出土しない遺跡が増えるという（6章）．そこから氏は，前者の時期には各集落で鍬類がつくられていたが，後になると，鍬類製作者が居住する一定の集落で製作され，そこでつくられたものが各地に流通した可能性が高いと考えている．九州の弥生時代においては，磨製石斧や石包丁にはそれぞれ一定の生産地があり，そこから広い地域へ流通したことがよく知られているが，

木製農耕具においてもこのような状況が見られるのは，九州の弥生時代を考える上に大きな手がかりとなるであろう．

　金属器となると，その採鉱・精錬・冶金・鋳造あるいは鍛造までそれぞれの段階できわめて専門化された技術が要求される．一般の人々が各自原材料を採取して製品をつくることは明らかに不可能である．原材料の獲得から製品の生産まで，それを専門とする専業の人々あるいは集団の存在を前提に考えることが許されるであろう．

　青銅器の原材料に関して吉開氏の紹介するところでは，殷代の中国では陝西藍田懐珍坊，湖北大冶銅緑山などにおいて，銅の精錬が行われており，また銅のインゴットもつくられているという（4章）．これは地中海方面でよく知られている牛皮形の銅のインゴットを連想させるものである．銅緑山のインゴットは，長江を通じた水運で運ばれたことも示唆されている．また懐珍坊の場合では，殷系の文化集団が直接進出して精錬・採掘に従事していたが，銅緑山など長江流域の鉱山遺跡では，在地の伝統に連なる集団が個別に経営していたという．中国においては，殷代では鄭州の工房でも銅鉱石が発見されているが，春秋時代から戦国時代にかけて活動した山西省侯馬遺跡では，完全にインゴットのみが用いられたらしく，その生産体制における差が指摘されている．

　中国の北方地域では，内蒙古の大井において鉱山の遺跡は知られており，そこで採鉱・精錬・冶金が行われたことがわかっているが，それは夏家店上層文化を中心とした時期である（5章）．一般に中国北方地域の青銅器は，その鉛同位体の研究から中国内地とよく似た鉛が使われたことが明らかになっている．文化の面では中国よりもユーラシア草原地帯との共通性が多く見られるが，金属器の原材料においては隣の定住文明の地に依存していたことが窺える．また戦国時代も後期になると，中国の秦の工人が北方系のデザインの帯飾板を製作していたことが明らかになった．黒海沿岸のスキタイ文化においても，前4世紀に盛んにつくられた貴金属製品は黒海沿岸のギリシア都市において製作されたものが多いことが推測されている．時期によっても異なると思われるが，これは定住民とは異なる遊牧民文化の性格を反映したものと考えなければならないであろう．

　日本においては弥生時代に至って，金属器文化全体が海外からもたらされた（3章）．青銅器の型式も外から伝わったものであり，また原材料も朝鮮半島や中国華北地方から輸入された．鉛同位体比の測定などから，時期によってその供給

源が異なっていたことが推測されている．日本における青銅器は，日本独自の実用的な器種を産み出して独特な青銅器文化をつくり出すというよりは，輸入された器種をひたすら大型化し，また儀器化していったものであり，世界の他の青銅器文化と比べても，いささか特殊な発達を遂げたといえるであろう．東奈良遺跡や唐古・鍵遺跡のような大規模な青銅器鋳造センターの発掘や，同じ笵でつくられた銅鐸，そして一部のものに発見される研ぎ分けや型もたせの存在などから，生産地や流通の問題が明らかになりつつある．

漆器や陶磁器も，ともに専門化された工人が一定の土地でつくるものである．たとえばギリシア陶器の様式的な研究はきわめて行き届いており，数十年単位で把握され，時には同じ作者のつくったものが，いくつも発見されている．漆器は陶磁器と比べてより貴重視されることが多いと考えられる．たとえば中国においても，青銅容器よりも貴重であった場合がある．流通の問題を考える上に心に留めておく必要があるであろう．

技術について

製品を生産し，流通を通して消費者のもとへ供給されるそれぞれの過程で，技術あるいは知識が必要である．原材料の獲得に際しても，それが前提となる．製品をつくるためにはどんな材料が必要かということを認識し，それがどこに，どういう形で存在しているか，どうすれば獲得できるかを知ること，またその獲得のための手段を講じることは，すべて技術の一部といってよい．

ものを製作する技術は，その地の伝統として受け継がれていく．もしその技術がほかの地方へ伝播したならば，それは当然，新しい地域のさまざまな条件に応じて変化し，そこで新たに伝統となるであろう．技術の伝播にも，さまざまな形があると思われる．製品だけが流入すればある程度の模倣ができる場合もあり，人が行って教えなければ不可能なものもあるであろう．たとえば馬車が西方から殷代後期の中国へ伝播したとすると，伝播した先の中国で初めて馬車をつくるためにはさまざまな技術が複合したものが必要となるであろう．単に木や青銅で同じようなものをつくるだけでなく，馬飼養を初めとするさまざまな知識・技術も必要である．それには，ある程度の規模の多方面の技術集団が移動しなければ技術の伝播が成り立たないかもしれない．

これはもちろん，その技術が伝えられる地域における，土着の技術の発達水準

にも関わることである．ある程度の基盤のある地域ならば，さほどの大がかりな伝播がなくとも，似た製品をつくることができるであろうが，まったくその種の技術伝統のない地域であれば，それが伝わること自体が不可能かもしれないし，あるいはかなりの人の移動を必要とするかもしれない．

　ある一つの文化に見られる一つの技術の伝統がどこで，どのように形成されたかを知ることは，その文化の要素の一つの起源を解明することになる．ひいては，その文化の成り立ちについての一つの手がかりを示すことになるであろう．このような例は考古学に限らず，美術史，工芸史の分野においても，多くあげることができる．

　異なる文化に属するが，関連すると考えられる2種の製品を比べるとき，まずは形を比較するのが最初の段階であるが，その次にはそれがどのような技術によってつくられたかを知らなければならない．その製品が元来の地域の本格的な製作技術をも伴って伝播したものか，あるいは製品だけが流入して，それを模倣したのかを判断する基準になるであろう．たとえば形は似ているが製法が異なっている場合は，流入した製品を当地の技術で模倣してつくったことを示しているのかもしれない．

　技術の復元は，技術の伝播を考える上だけでなく，その生産体制を考える上にも重要である．古代の技術をどのように認識するか，復元するかというのは，考古学においては大きな問題である．遺物の研究において，その製作技術の復元は，型式学的検討と並んで重要なことといってよいであろう．その研究のためには，理化学的な分析とともに，現代に伝わっている伝統的な技術をも参考にする必要がある．とくに漆芸，陶芸，金工，染織などの工芸関係にはそれが求められる．また現代に残っている過去の絵画作品なども，その技術を明らかにするための手がかりを与えることがある．

　技術の研究は，材質や分野においてさまざまである．たとえば石器においては，打割の痕跡からその製作過程を推定して，技術の復元が行われる．もし石器製作の遺跡において多くの剥片が発見されており，それらを接合することができれば，より確実に製作過程の復元を行うことができるであろう．

　木器においては，どのような種類の木が使われ，製品が木のどの部分から取られたかが，技術に関する重要な情報となる．山口論文では，弥生時代の初めに使用された鍬がクヌギでつくられていることから，それが朝鮮半島からもたらされ

たことを推定している（6章）．また製作に使われた工具について，鉄製工具による製作が，弥生中期の第Ⅲ様式土器併行期に九州・山陰・瀬戸内で始められたことを推測している．

漆器においては，まずどのような漆が使われているかが問題になるであろう（9章）．生漆か，精製漆かである．また，漆の色や，その色を出すために使われた顔料が推定される．また顕微鏡で漆の膜の断面を見て，その重ね塗りの塗り方や混ぜ物などを明らかにしなくてはならない．そしてその構造を明らかにして，何が胎になっているかを知らねばならない．木胎であるならば，木器と同様に，その樹種や部位が問題になるであろう．また乾漆・挟紵、籃胎あるいは皮革，金属，陶器の場合もある．下地がどのようにつくられたかも問題になる．また遺跡からは，漆の貯蔵容器，漆を濾すための布や紙，へらなどの漆工芸に使われた用具が出土する場合もある．

染織においては，織りの種類を明らかにし，また織り組織を明らかにすることが基本である．そのためには，伝統的な織りに関する専門知識が必要になるであろう．染めについても小笠原論文に見えるように，型染めや蠟纈などいろいろあり，それらがどのようになされたか，具体的な技法を復元することが必要になる（8章）．

多摩ニュータウンにおける遺跡では，土器作りのための粘土を採取する遺構だけではなく，土器製作のために住居址の中に置かれていた粘土塊や，回転台も発見された（1章）．土器・陶磁器についても，まず型式・様式的な検討をしなければならないが，それ自体が技法と結びついていることが多い．たとえば紋様をどのように表すかについても，貼り付ける，刻する，描くなどいろいろあり，陶磁器の場合，それらと，表面にかけられる釉薬との関係はさまざまである．胎土については，成分分析などの方法が用いられることが，しばしばある．また焼成にあたっても，野焼きでつくられたか，あるいは窯でつくられたか，もし窯ならばどのような構造の窯が使用されたかというのは，製作技術の上で基本的なことであろう．

金属器では，さらに複雑である．青銅器なら，まず鋳造でつくられたか，あるいは鍛造でつくられたかが，問題になる．そして鋳造であれば，鋳型を組み立てる陶模法か，あるいは蠟型技法でつくられたかを判断し，陶模法ならば，表面に見える鋳型の合わせ目やスペイサー（型持たせ）などの痕跡から，鋳型の組み立

て方も考えなければならない．また同じ笵でつくられた製品が複数存在するならば，その細部の検討は，製作技術の解明につながるであろう．加えて，青銅の成分の分析も必要であろう．青銅はもちろん銅と錫の合金であり，中国ではそれに鉛が加わることが多い．その成分の割合によって青銅の硬度，粘り強さなどの性質が異なってくる．『周礼考工記』六斉（りくせい）によると，中国古代にはすでに青銅器の用途によって，それに適合した性質をもつように，青銅の成分を調整することが行われていたという．その文章の解釈は困難であり，また書かれた当時の実際を示しているかどうかの議論もあるが，用途によるなんらかの成分の調整が行われていたことは事実であろう．そのような考慮がされていたかどうかも，考察の対象になる．また金属に含まれる微量元素によって，鉱石に元来含まれていた成分が推定され，ひいてはどこの鉱山が用いられたかが明らかになる場合がある．また東アジアの青銅器は鉛を成分として含むことが多いが，最近ではその鉛に含まれる鉛の同位元素の測定から，鉛がどこで取得されたかが推定できる．とくに日本・中国出土の青銅器に対して，そのような研究がしばしば行われている．

　鉄器についても同様に，鍛造でつくられたか，鋳造でつくられたかは，基本的な問題であろう．また青銅と同様に，金相学的な観察が求められる．

　生産された製品がその社会においてどのような役割を果たしていたか，ということも重要である．その社会になくてはならない根幹的なものであったか，あるいは所有者の富や地位を誇るための奢侈品であったか，ということは，それについての考察の前提になるべきことがらであろう．たとえばここに掲載された井上論文においては（3章），弥生時代の青銅器生産をT.アールのいう「従属専業」によるものと位置づけている．これは主として奢侈品や貴重品を生産するもので，政治的要因によって生まれたと考えられる．またこれは時にその流通の問題とも深く関わる問題である．奢侈品として用いられる品は，普通には入手することの困難な外来品であることがままあるからである．

収録した論文について

　上にもそのいくつかの部分を紹介したが，本書に収録した論文を簡単に紹介すると，以下のとおりである．いずれも生産と技術に関する問題を扱っており，この問題を考える上に参考になるであろう．

　多摩ニュータウンにおいては，No.245遺跡の6軒の住居址において土器の原

材料としての粘土が発見され，また未焼成の土器や土器つくりの作業台と思われる器台が出土した（1章）．そしてそこから約250 m離れたところには，粘土を採掘した大規模な遺跡があり，そこから出土した土器片と，住居址出土の土器片が接合して，両者の遺跡の関連が証明されたのである．これは稀有な例である．粘土の採掘場の周辺には，この遺跡のほかにも集落址が知られており，これらの遺跡の性格が問題になる．これらの遺跡の人々が共同して採掘を行っていたのか，あるいは No.245 遺跡の人々が採掘権を独占していたのか，また生産された土器は他の地域にも流通していたのか，その人々は土器作りの専業集団であったのか，など解明すべき問題は多い．これは縄文時代の土器作りがその集落内で行われていたのかどうかという重要な問題を提起している．

長野県の星糞峠では，縄文時代草創期から晩期にいたる黒曜石の採石場が発見された（2章）．採掘にあたったいくつかの集団が想定され，時期的な変動が明らかになっている．一時期に複数の集団が採掘に従事していたことが明らかになったのは，重要であろう．どのようなシステムで採掘が行われていたのか，その集団間の関係が問題になる．また採石場を囲むような位置にある集落址では，黒曜石の原石が集められた状況で発見され，石核なども出土している．原石は広域流通用の交換財であったことが推測されている．

井上氏の論文では，弥生時代の青銅器生産が総合的に論じられている（3章）．九州地方と近畿地方の遺跡から知られる生産の状況，特殊な技術や同笵関係から見られる流通の問題，そして鉛同位体比の測定から考えられる原材料の供給について，広く中国や東地中海地域の事例を参考にしながら，青銅器生産のたどった過程を論じている．

吉開氏の論文では，中国新石器時代の石器生産から始めて，殷代の青銅器生産，春秋戦国時代の晋国の侯馬遺跡などの鋳銅遺跡，そして漢代における生産・流通・そして消費にいたる問題が，青銅器を中心として総合的に述べられた（4章）．また集落あるいは都市における工房の存在について論じ，流通に関しては，出土した封泥から国都，郡治，県城のレヴェルにおける流通のネットワークについて推測している．

中国北方系青銅器に関しては，まず初めに中国北方青銅器についての概略を述べ，現在発見されている鉱山・冶金・精錬遺跡や，出土した鋳型などを紹介した（5章）．そして製品の観察から推測できる限りのその製法などについて述べた．

山口氏の論文では，弥生時代の農耕において重要な役割を果たした木製農具について，縄文時代終末期から古墳時代初頭までを6期に分け，各時期について地域ごとにその概略が述べられている（6章）．また鍬類について，用材・製作方法などから，いくつかの結論が導きだされた．

　犬木氏の円筒埴輪に関する論文は，円筒埴輪の形態における変化をその起源から時期ごとに述べたもので，各部位における変化などを捉えて，明らかにしたものである（7章）．このような研究は，円筒埴輪の分析における基礎的な作業である．このような変化を追求する裏には，それらを製作した工人の動きが意識されているのは当然であり，埴輪生産の実態をより具体的につかむための必須の研究である．

　小笠原氏の論文では，鎌倉で出土した染型板について述べ，それが近世の「板締」の先駆であったことが推測された（8章）．そして今まで絵巻から型染めや絞りと推測されていたものも，実は夾纈であった可能性が出てきた．

　岡田氏の論文では，縄紋時代から仏教伝来後に至るまで，発見された漆器の観察から，漆工技術について総合的に論じている（9章）．塗膜断面の観察から多くの貴重な結論が導き出されている．

第1章

縄文時代の土器作りについて
―多摩ニュータウン遺跡の事例を中心に―

山 本 孝 司

　縄文時代の土器作りには，原料（粘土・混和材）調達→素地土作り（粘土・混和材の調合と練り）→成形・調整・施文・ミガキ→乾燥→焼成，の製作工程が考えられる．この土器製作を直接的・間接的に示す考古資料，つまり，発掘調査によって得られる遺構・遺物としては，以下のものが想定される．遺構では，土器製作跡，土器焼成遺構，粘土貯蔵ピット，粘土採掘跡などであり，遺物では，未焼成土器，粘土（素地土），焼成粘土塊，製作用道具などであるが，その大半は検出されずにいる．それは，おもに二つの理由に起因すると思われる．

　第一は，原料となる粘土の物質的性格によるものである．粘土は，いったん消費（製作）されると，熱による化学変化で製品（土器・土製品）に変移し，製作自体の痕跡が残りにくい．つまり，粘土を消費すると，土器製作の証拠も同時に消失する可能性が高い．

　第二は，道具の材質である．現在，製作実験および考古資料から想定される縄文土器製作の道具としては，竹べらに代表される成形・調整具，縄や棒状工具もしくは櫛歯状工具などの施文具が指摘できるが，そのほとんどが有機物であり，低湿地でなければ，まず遺存できないものである．

　つまり，考古学的には余程の好条件が揃わない限り，発見できない（出土しない）ものといえる．ところが，幸運にも多摩ニュータウンNo. 245遺跡で土器製作の痕跡が発見され，さらに粘土採掘跡であるNo. 248遺跡との間で土器の接合が確認されたことで，粘土の調達から消費までの土器製作のプロセスを解明する上でのケーススタディを提示できることとなった．

多摩ニュータウンNo. 245遺跡の概要

　多摩ニュータウンNo. 245遺跡は，神奈川県との県境である東京都町田市小山

多摩ニュータウン No. 245 遺跡の概要

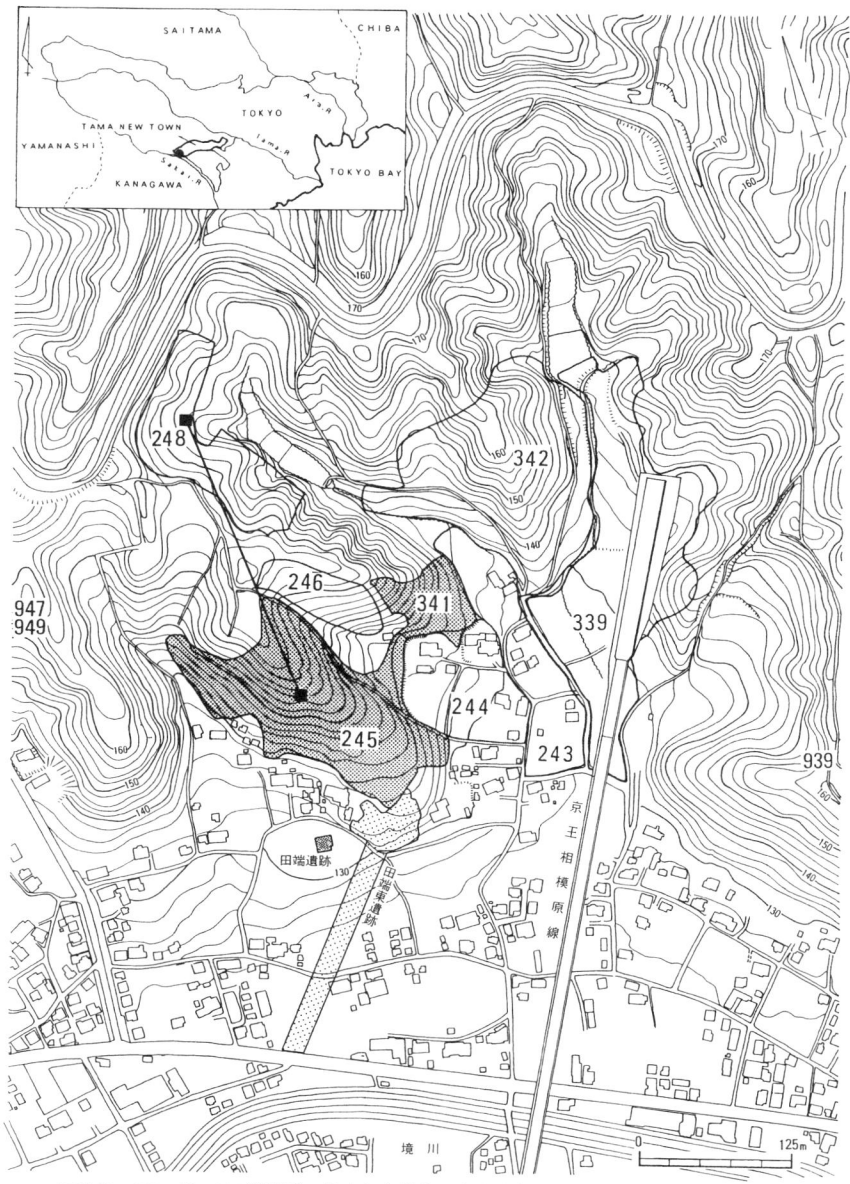

■は No. 245・No. 248 遺跡間で接合した浅鉢の出土地点

図 1.1　多摩ニュータウン No. 245・No. 248 遺跡の立地

1 縄文時代の土器作りについて

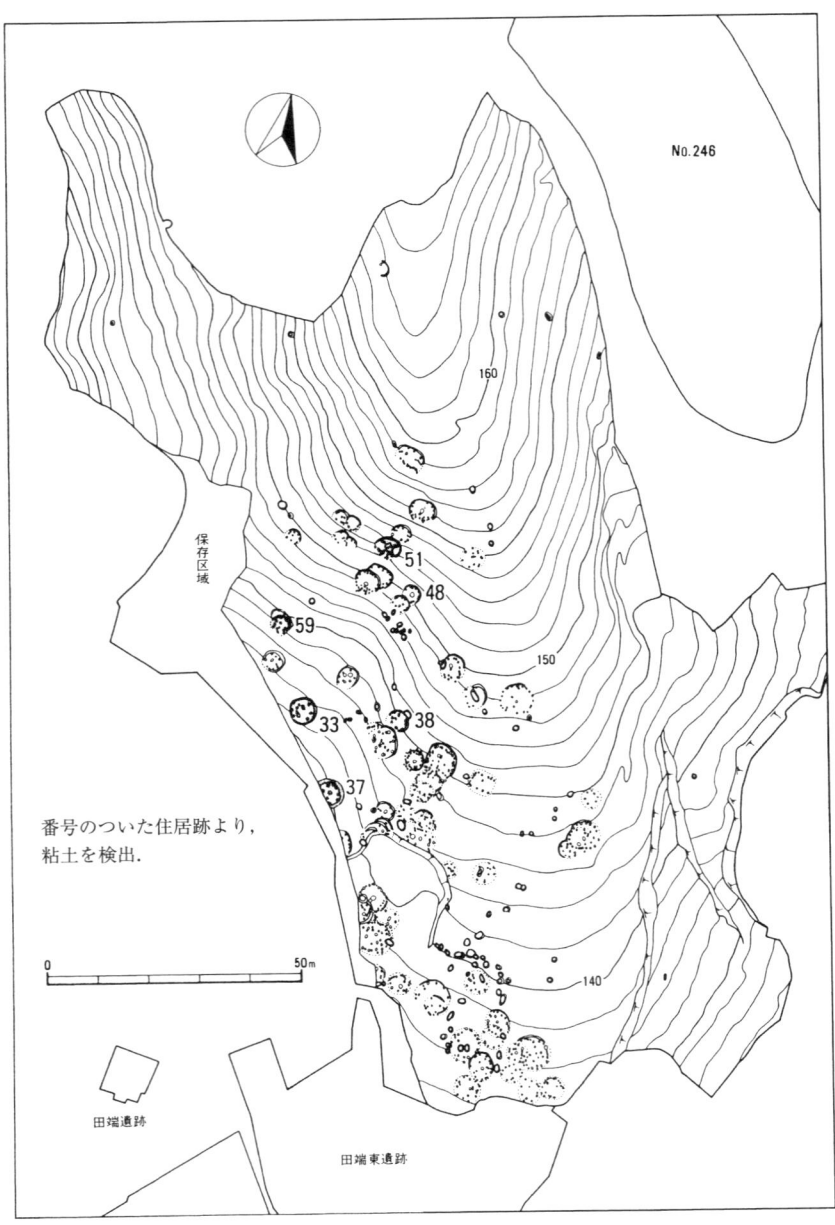

図 1.2 多摩ニュータウン No. 245 遺跡の遺構分布図

地区に所在し，京王相模原線多摩境駅の西側に位置する．地形的には，相模野台地に向けて南東に張り出す多摩丘陵西端部に相当し，東京都と神奈川県の行政境として，西から東へ蛇行しながら流れる境川によって形成された段丘面より続く丘陵裾部の急峻な斜面地に立地する．標高は斜面裾部で 137 m，尾根頂部で 164 m を測り，比高差は 27 m である．遺跡の東西両側は，樹枝状に発達した谷に開析されており，南東方向に舌状に張り出す形状となっている．遺跡の前方には，境川を挟んで相模野台地が眼前に広がり，遠方に丹沢山系および富士山頂部を望むことができる．遺跡の背後には，多摩川水系との分水界が控えており，分水界にそって通称「戦車道路」とよばれる道が，東西に大きく蛇行しながら敷設されている．この分水界の南斜面に No. 248 遺跡が存在する（図 1.1）．

発掘調査は，1989～1990 年に（財）東京都埋蔵文化財センターが行い，調査の結果，急斜面に立地する遺跡ではあるが，縄文時代の住居跡が 67 軒，掘立柱建物跡 1 棟，配石 3 基，屋外埋設土器 9 基，集石 6 基，焼土跡 1 基，土坑（墓壙を含む）106 基と多数の遺物が検出され，中期前半勝坂 3 式～後期前半堀之内 2 式期まで，断続的ながら集落が営まれたことが判明している[1]（図 1.2）．

周辺の縄文時代の遺跡としては，中期後半・後期前半の集落跡である No. 341 遺跡，粘土採掘坑群が検出され本遺跡と深くかかわる結果になった No. 248 遺跡，中期後半の集落跡である No. 939 遺跡，No. 245 遺跡前方の段丘面には，後期の環状積石遺構が確認され，東京都指定史跡となった田端遺跡[2]，中期前半～後期中葉の集落跡が確認された田端東遺跡などが存在し，No. 245 遺跡周辺は，非常に遺跡密度の高い地域となっている．

No. 245 遺跡で確認された土器製作に関する考古資料

No. 245 遺跡では調査の結果，土器製作にかかわる豊富な考古資料（遺構・遺物）が検出された．それは，以下の 3 点に集約される．

住居跡より出土した粘土

本遺跡より出土した粘土は，いずれも住居跡より検出されており，33・37・38・48・51・59 号住居跡の 6 軒の各床面に残されていた（図 1.3）．

33 号住居跡：中期前半勝坂 3 式期に帰属する．粘土は，床面に置かれた状態で遺棄されたと思われる有孔鍔付土器の中より検出され，土器内を充填した黒褐

色土に，直径 1～2 cm の小ブロックで約 30% 斑紋状に混入していた．有孔鍔付土器は，底部を意図的に打ち欠いて置かれていたため，多くの粘土小ブロックが周囲の床面に流れ出ていた状況にあった．

　37 号住居跡：中期後半加曽利 E2 式に帰属する．壁際のピット（柱穴）の脇の床面より，15×7 cm，厚さ 2 cm ほどの粘土ブロックが検出された．また，同ピットの覆土中からも粘土ブロックが検出されているが，床面にあった粘土ブロックが流れ込んだものと思われる．

　38 号住居跡：中期前半勝坂 3 式期に帰属する．東壁際のピットの脇の床面より，径 1～2 mm の粘土粒子あるいは径 1 cm ほどの小ブロックが，暗褐色土と混じり合って検出されている．分布範囲は 30×20 cm，厚さは最大で 10 cm を測る．

　48 号住居跡：中期前半加曽利 E1 式に帰属する．粘土は北側の床面より，径 1～5 mm の粘土粒子および径 1～2 cm の小ブロックで，暗褐色土と混じり合って検出された．分布範囲は，110×40 cm，厚さは最大で 8 cm を測る．

　51 号住居跡：中期後半加曽利 E1 式末～2 式前半期に帰属する．粘土は，床面の 5 カ所より検出されており，最大の出土量である．西側の A 地点では，26×19 cm の範囲で，厚さ最大 5 cm のブロックで検出された．旧炉跡の上に置かれた石皿の脇に位置する B 地点では，直径 2～5 cm の小ブロックが暗褐色土と混じり合って検出された．分布範囲は 64×30 cm，厚さ最大で 11 cm を測る．C 地点は，埋甕炉の西脇に位置し，直径 1～2 cm の小ブロックが暗褐色土と混じり合って検出された．分布範囲は 11×8 cm，厚さ最大で 8 cm を測る．E 地点は埋甕炉の南東側に位置し，直径 1～3 mm ほどの粒子で少量散布していた．散布範囲は 9×8 cm である．

　D 地点は住居の北東隅に位置し，本遺跡内で最大規模かつ最良の遺存状態を誇る．分布範囲は 149×138 cm，厚さは平均で 53 cm を測った．この大きな粘土ブロックは，断面観察の結果，4 層から構成されている．最上層の第 1 層は，暗褐色土に直径 1～10 mm の粘土粒子・小ブロックが 40～50% 混じり合っていた．第 2 層は，暗褐色土に直径 5 mm 以下の粘土粒子が 10～15% 霜降状に含まれていた．第 3 層は，暗褐色土に直径 15 mm 以下の粘土粒子・小ブロックを 3% ほど含む．最下層の第 4 層は，ほぼ純粋の粘土層である．この粘土ブロックを取り除いたところ，後で述べる未焼成土器などが出土したのである．

No. 245 遺跡で確認された土器製作に関する考古資料

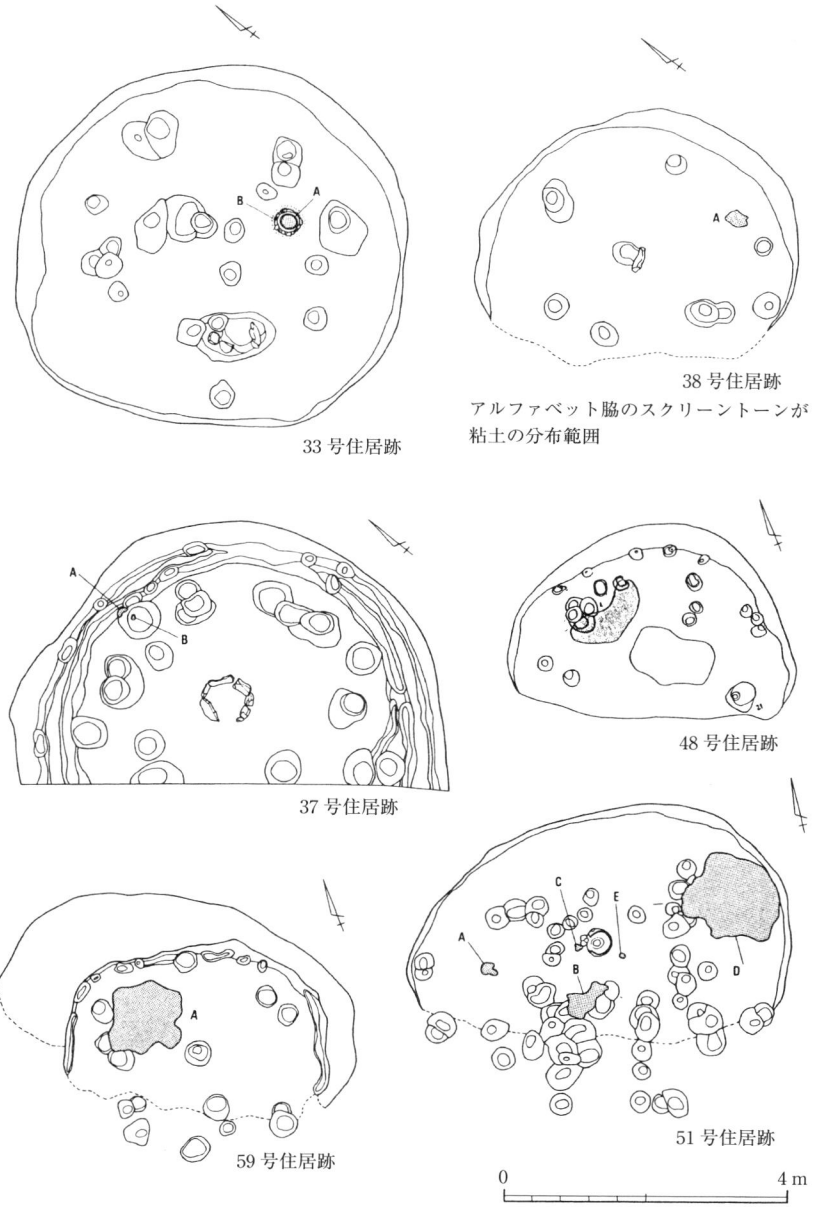

33号住居跡

38号住居跡
アルファベット脇のスクリーントーンが
粘土の分布範囲

37号住居跡

48号住居跡

59号住居跡

51号住居跡

図1.3 No. 245 遺跡住居跡内の粘土出土状況

59号住居跡：加曽利E2式に帰属する．粘土は，直径10cm以下のブロックが黒褐色土と混じり合った状態で床面の西側より検出された．その分布範囲は107×98cm，厚さは最大で15cmを測る．

検出された粘土は，分析の結果，いずれもNo.248遺跡の粘土採掘跡の粘土層相当のものであることが判明している[3]．本遺跡では，住居本体およびその付帯施設である炉の構築材として，粘土は一切使用されていない．よって，本遺跡に持ち込まれた粘土の用途は，土器製作に限定されよう．また，粘土のいずれもが住居内より検出されているという状況から鑑みて，集落内では粘土を住居内に貯蔵してあったものと推察される．これは，貯蔵施設と考えられる土坑が1基も確認されなかった点からも支持されよう．また，検出された粘土が無垢の粘土であったか，混和材を入れた「素地土」であったかは，粘土の残存状態がさまざまなため，不明である．「素地土」であるならば，「ねかせ」の段階であったものと思われるが，いずれにしても新潟県新発田市村尻遺跡例[4]のように，乾燥を防ぐ工夫はされていたものと思われる．

51号住居跡出土の未焼成土器を含む遺物とその出土状況

D地点の粘土ブロックを取り除くと，その下の床面より，未焼成土器・器台(きだい)・加工礫・石皿・玉髄(ぎょくずい)の破片が検出された．いわば，粘土ブロックにパックされていた状態である（図1.4）．

未焼成土器は，粘土分布範囲の北端に大形破片がまとまっており，そこから南側に向かって破片が散るような状態で出土した．土器は粘土そのもので，非常に脆弱であった．文様および施文の様子から，すべて同一個体であり，完形であったと思われる．出土状況からは，完形の未焼成土器が壊れて（倒れて），その破片が散った様子が想定されよう．図1.4左下は，北端にまとまって出土した大形破片である．半截竹管(はんさいちっかん)による縦位の平行沈線を地文として施した後に，垂下する蛇行隆帯を貼付している．器壁の厚さは8～10mmくらいと思われる．胴部の器形は円筒形を呈する．未焼成土器は文様の特徴から，曽利Ⅰ式後半からⅡ式に比定されよう．なお，未焼成土器は示差熱分析により，確実に加熱されていない資料であることが判明している[1]．

図1.4右下は，未焼成土器の大形破片の近くにあったほぼ完形の器台（台状土製品）である．脚部が高台状（テーブル状）になるタイプで，台部と脚部の底面

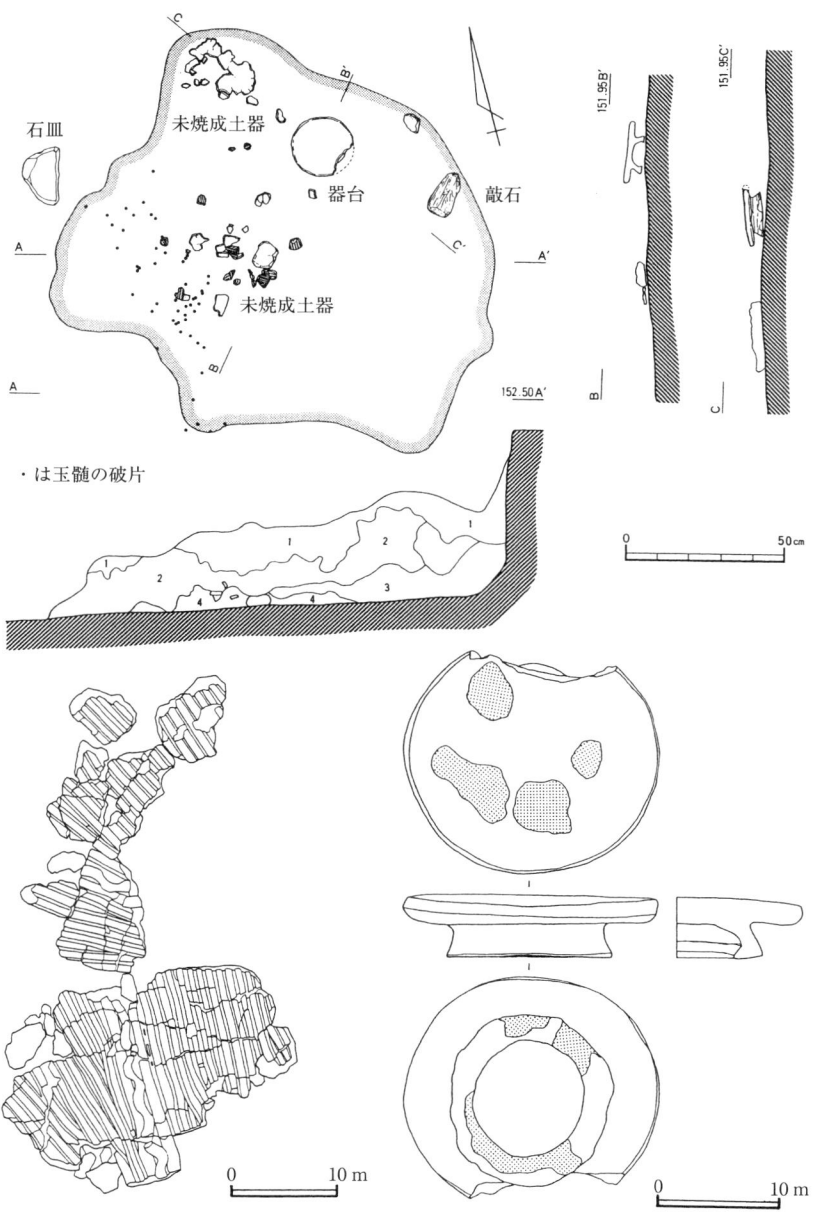

図 1.4 No. 245 遺跡 51 号住居跡粘土ブロック D 下の遺物出土状態

に，回転使用によって生じたと思われるスレ・摩耗痕が認められ（図中のアミかけ部分），器台の機能を示唆させるような使用痕である．出土位置，器台の使用痕跡から見て，未焼成土器を載せて使用した作業台と想像される．

細長い厚みのある敲石は東側の壁際に位置していた．石皿は粘土ブロックの西側に接して出土した．ともに出土位置から，他の遺物との関連性があろう．玉髄の破片は，当初粘土の混和材の可能性を想定していたが，検討の結果，石器製作によって生じたチップの可能性が高い．

以上の遺物が粘土ブロックの下の床面というきわめて限られた範囲からまとまって検出されたことは，一体何を意味するのであろうか．再度，出土位置の点から検討してみたい．

粘土ブロック D が住居の北東隅に位置していることは先述のとおりであるが，住居跡のピットの配列状況を見ると，粘土ブロックの西側に接する状態で，南北にピット列が並んでいることに気づく（図 1.3）．このピット列は，住居内の間仕切り施設として機能していた可能性が高い．つまり，ピット列によって壁との間に仕切られた場所に，粘土ブロックと遺物が存在するのである．以上の観点から総合的に判断すると，この場所は，まさしく貯蔵および作業空間であったのではないだろうか．粘土はここにストックされ，未焼成土器は器台に載せて焼成前の乾燥が行われていたのであろう．そして，なんらかの要因でストックしてあった粘土が崩れて流れ出し，近くにあった未焼成土器，その他の遺物を巻き込んだ結果，このような出土状態になったのでは，と考える．さらに想像を逞しくすれば，出土遺物の内容および出土状態から，粘土を砕いて素地土をつくり，土器を製作していた場の可能性も十分に考えられよう．

焼成粘土塊および製作に失敗したと思われる土器片

本遺跡からは，総数 35 点，総重量 948.7 g の焼成粘土塊が出土している．形状はさまざまであるが，団子状のものと棒状のものに大別できよう．

各資料の表面には，指の圧痕・ナデ，箆状工具によるものと思われるナデ，擦痕などが認められるが，26 号住居跡覆土中から出土した遺物の中には，通常の土器片とは異なる様子の，明らかに失敗作と思われる焼成粘土塊（土器片）が含まれていた（図 1.5）．

本図 1 は，表面に懸垂文と判断される沈線と区画内に充填したと思われる条線

No. 245 遺跡で確認された土器製作に関する考古資料

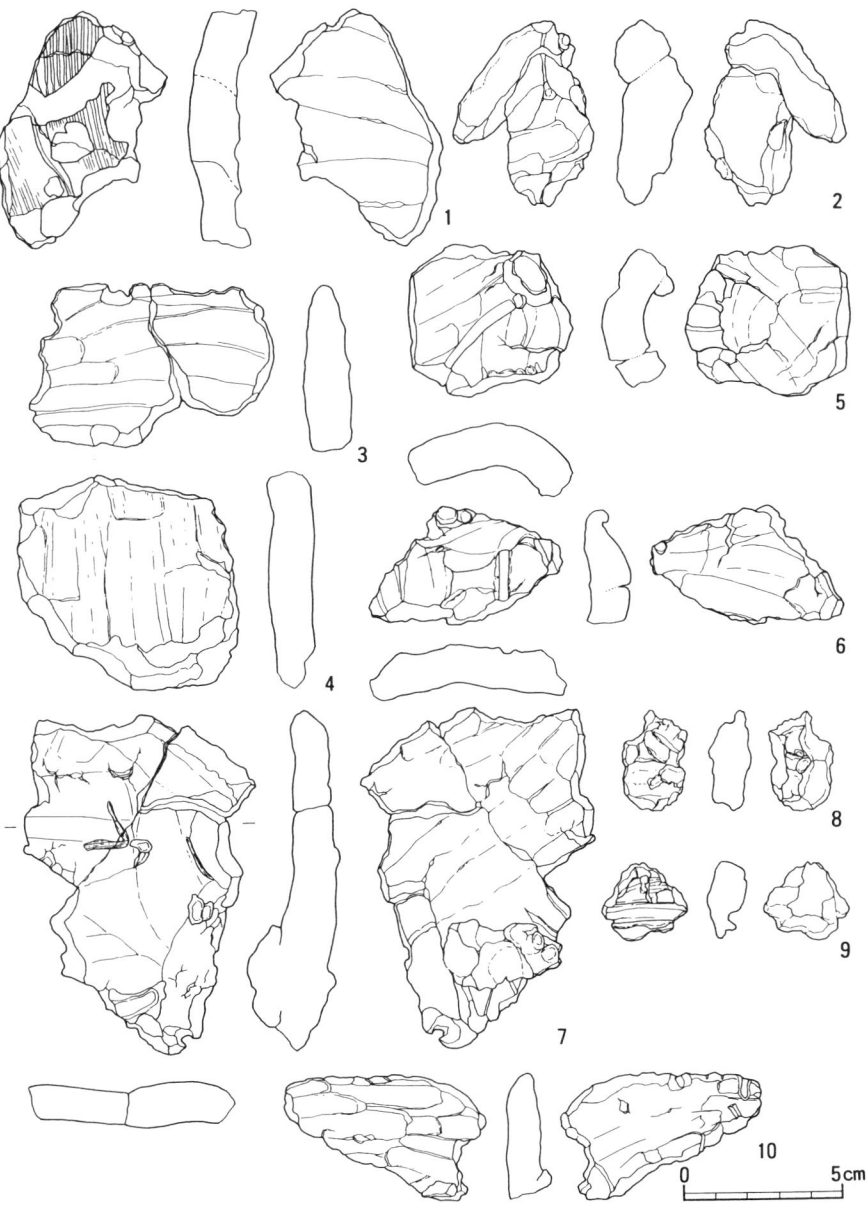

図 1.5　No. 245 遺跡 26 号住居跡出土の焼成粘土塊

が施されており，裏面には横方向の調整が認められる．文様の特徴から，加曽利E式併行の曽利Ⅲ～Ⅳ式深鉢の胴部破片に分類できようが，本資料は潰れて歪んだ状態にあり，復元しても，とても器の破片にはならない．また，焼成時の高温や2次焼成による歪みとは明らかに異なる．つまり，潰れて，歪んだ状態で焼成されたものと判断される．

　以上の分析から，本資料は製作時に，それもかなり行程の進んだ段階（施文が行われているので，最終調整または乾燥の段階であろう）で，なんらかの理由により作品が壊れてしまったものかあるいはわざと潰してしまったものを焼き上げたものと解釈されよう．

　5・6も通常の焼成粘土塊とは異なり，胴部破片が潰れたような形状を呈している．文様と思われる沈線がそれぞれに1本ずつ認められ，その容姿から，ともに施文段階で壊れたか，潰してしまった土器の胴部の一部と想定されよう．3・4・7も失敗作の可能性があろう．

　これらの資料は，日常生活で生じたゴミとして，廃絶された住居に廃棄された土器片や石器片と一緒に出土したものである．つまり，集落内での活動の結果によって形成された遺物であることから，集落内での土器製作を立証する資料の一つといえよう．焼成粘土塊は，従前より土器製作の際に生じた残滓であると考えられてきたが[5]，26号住居跡資料，粘土ブロック，未焼成土器などが検出された事実と合わせ考えると，その蓋然性は高まったものと思われる．その成因については，色調などの仕上がり具合を図るための試し焼きの可能性があろう．

　以上，本遺跡からは，集落内の土器製作に関する多くの有益な考古資料が検出された．とくに，残存が良好な未焼成土器の出土は，全国的にも稀有な例であり，土器製作の直接的資料として評価されよう．

　ところで，集落に持ち込まれた粘土の産出地については，地理的関係から，本遺跡の背後に存在する粘土採掘跡のNo. 248遺跡であることを想定していたが，当初は両者を結びつける明確な根拠がなかった．なぜなら，粘土層自体は多摩丘陵内で広範囲に分布しているので，No. 248遺跡以外で採取・調達されてもかまわないからである．ところが，No. 245・No. 248遺跡の各遺跡から出土した浅鉢の破片同士が約250mも離れて接合し，両者の関係が考古学的に直接証明されることとなった．そこで，遺跡間接合について述べる前に，No. 248遺跡の粘土採掘跡を概観しておきたい．

多摩ニュータウン No. 248 遺跡の概要

　多摩ニュータウン No. 248 遺跡は，No. 245 遺跡の背後の多摩川と境川の分水界の南側斜面に位置し，境川の小支流が形成した谷の最奥部にあたる．発掘調査は，No. 245 遺跡の調査に1年遅れることの1990年に（財）東京都埋蔵文化財センターによって行われた[6]．

　粘土採掘跡は，斜面地の標高155〜160mにかけて存在し，地中に堆積している厚さ10〜60cmの粘土層を採掘したおびただしい数の土坑群が，谷を取り囲むように広がっていた．とくに，比較的平坦なエリアでは，頻繁に粘土採掘が行われており，無数の採掘坑が連続して重なり合った結果，粘土層がほとんど残存しない，全面採掘のような状況を呈していた（図1.6）．調査では約5000 m^2 の採掘範囲を確認したが，採掘坑群は，調査範囲外にまで広がることが明らかであり，最終的な採掘面積が5000 m^2 を超える，現段階では日本最大規模の縄文時代の粘土採掘跡といえよう．

　個々の採掘坑の規模については，大きさが底面形で1〜2mの不整円形を呈し，大人1人が中に入って作業できる程度の広さである．確認面からの深さは，標高156〜157m前後の区域では数十cm，160m付近では2〜3mほどの深さであるが，当時の地表面からはそれ以上の深さとなる．いずれも粘土層まで掘り込まれており，粘土採取を目的としたことは間違いない．

　粘土の採掘方法は，採掘坑の形状および覆土の観察結果より，以下の工程復元が可能である．まず，当時の地表面から粘土層に向かってほぼ垂直に穴を掘り，次に粘土層に達すると，粘土層の厚さに合わせていわゆる「タヌキ掘り」の要領で横掘りを行い，手（道具）の届く範囲まで粘土を採掘する，という方法である．遺存状態の良好な採掘坑は，先の採掘状況を反映して，断面が袋状（フラスコ状）を呈していた．

　採掘坑より出土した遺物には，土器，石器，礫，焼礫，焼土，炭化物などがある．土器は，おもに縄文時代中期，勝坂式・加曽利E式・曽利式が出土しており，後期堀之内式も少量出土している．出土遺物より，縄文時代中期〜後期に採掘活動が行われていたものと思われるが，本遺跡は現在整理途上であり，詳細な内容については，報告書の刊行を待ちたい．

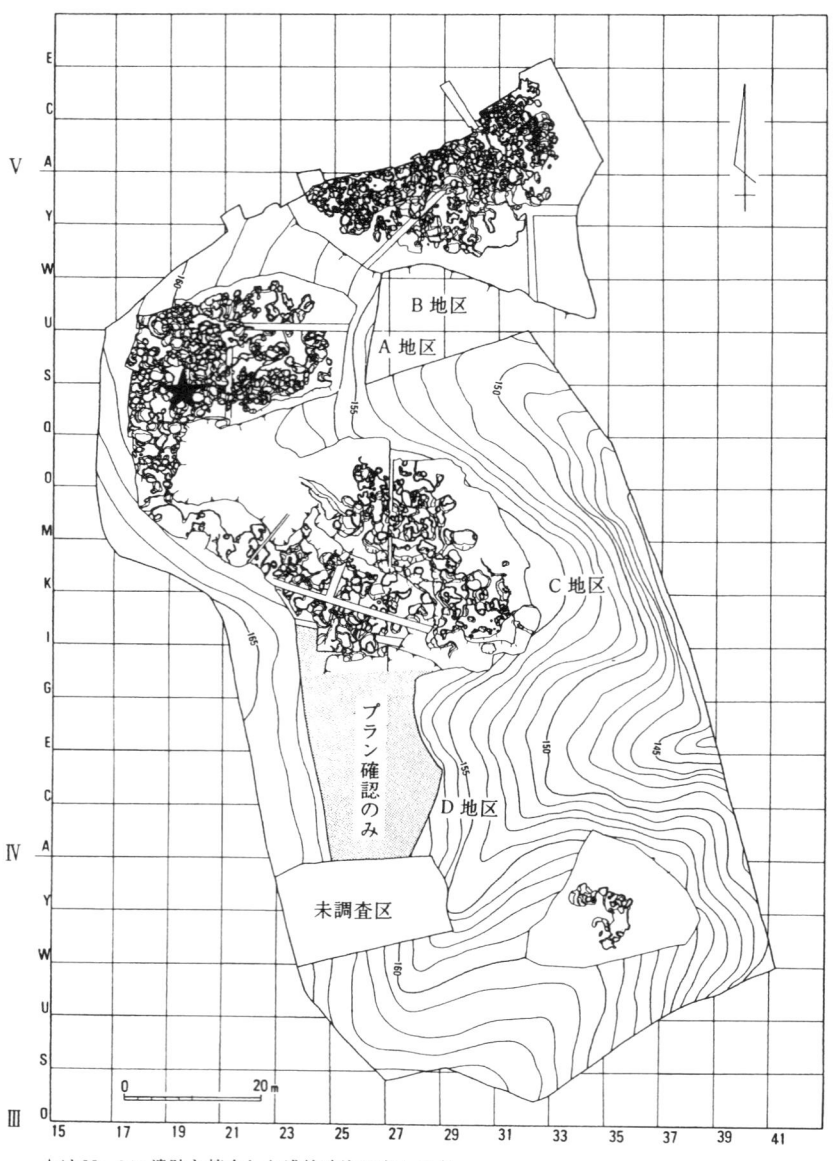

★は No. 245 遺跡と接合した浅鉢破片の出土地点

図 1.6　多摩ニュータウン No. 248 遺跡の粘土採掘坑群分布図

遺跡間接合した浅鉢について

　図1.7下は，No.245遺跡とNo.248遺跡間で接合した浅鉢の実測図である．口縁部が「く」の字に屈曲し，肩部が張り出す器形となる．肩部の文様帯は，5単位の隆帯による楕円区画文が横位に展開している．区画内は左右に2分割され，それぞれに刻みを施した隆帯と沈線による渦巻文と楕円文を融合させた文様が配されている．文様の特徴から，中期後半加曽利E1式併行の曽利I式と考える．類例は，埼玉県原遺跡16号住居跡出土の浅鉢に求めることができよう[7]．

　土器の遺跡間接合すなわち，一つの土器が分割されて別々の遺跡に廃棄された事例は，おそらく全国的に見て初めてであろう．両遺跡の接合資料の出土地点間の距離は直線にして約250mを測るが，両遺跡は舌状に張り出す尾根を挟んで別々の谷筋に位置しているため，実際の距離はそれ以上である．この地理的環境から，谷を下り尾根を越えるといった遺物の移動は，自然的要因では考えにくく，人為的要因の結果により，分離されたものと判断される．

　両遺跡での浅鉢の出土状態についてであるが，No.248遺跡では，A地区に所在する粘土採掘坑の坑底付近の覆土中より，全体の約1/3の破片がまとまって出土している（図1.8上）．これ以外の破片が，No.248遺跡では1点も見つかっていないので，残りはNo.245遺跡に包蔵されたものと考える．

　No.245遺跡では，50号住居跡の覆土中から11点，50号住居跡に隣接し，未焼成土器が検出された51号住居跡の覆土中から7点，48号住居跡の覆土中から1点，包含層では周辺の27-Ⅱk区から3点，25-ⅡG・H区から1点の合計23点が出土しており，分布範囲は50・51号住居跡を中心としている．そこで，この分布状況を示すこととなった遺物の形成プロセスについて，調査所見からの見解を加えたい（図1.7，1.8）．

　まず，分布の中心となる50・51号住居跡についてであるが，50号住居跡が51号住居跡の斜面上方に隣接しており，両者は一部重複関係にある．調査結果からは，50号（旧）→51号（新）の新旧関係が判明している．次に両住居跡の浅鉢破片の分布状況を見ると，平面分布では，51号住居跡の浅鉢破片が50号住居跡側の奥壁付近に偏っていることがわかる．垂直分布では，50号住居跡の浅鉢破片が床面〜覆土下層のレベルに集中するのに対して，51号住居跡は覆土中層〜上層のレベルに分布しているのである．つまり，50号住居跡の破片は，住居の

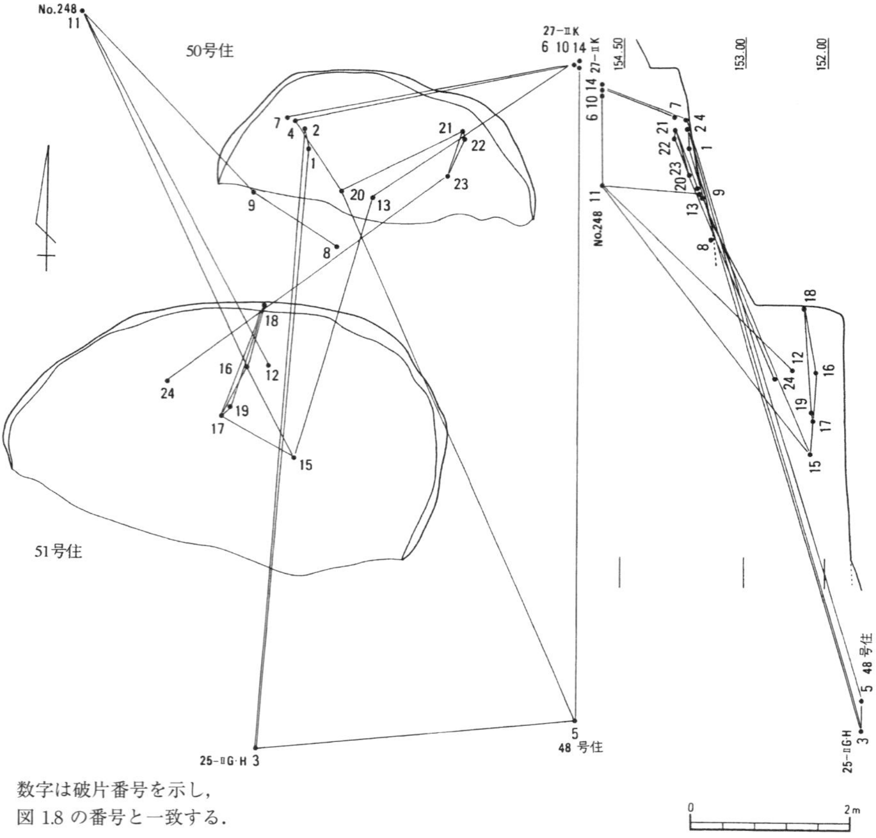

1 縄文時代の土器作りについて

数字は破片番号を示し，
図 1.8 の番号と一致する．

スクリーントーン部分は
No. 248 遺跡出土のもの

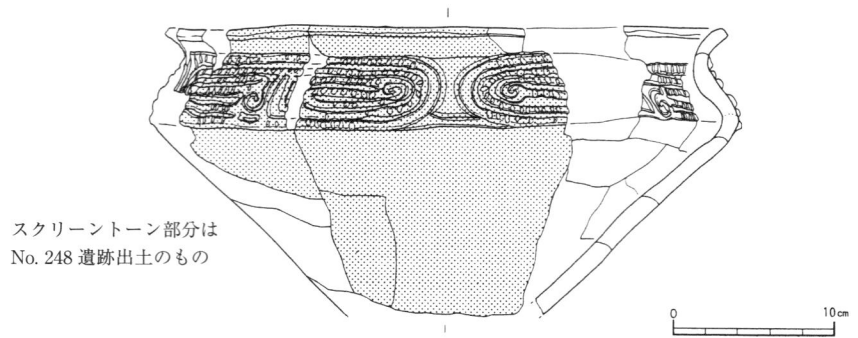

図 1.7　遺跡間接合した浅鉢破片の分布および接合状況（その 1）

遺跡間接合した浅鉢について

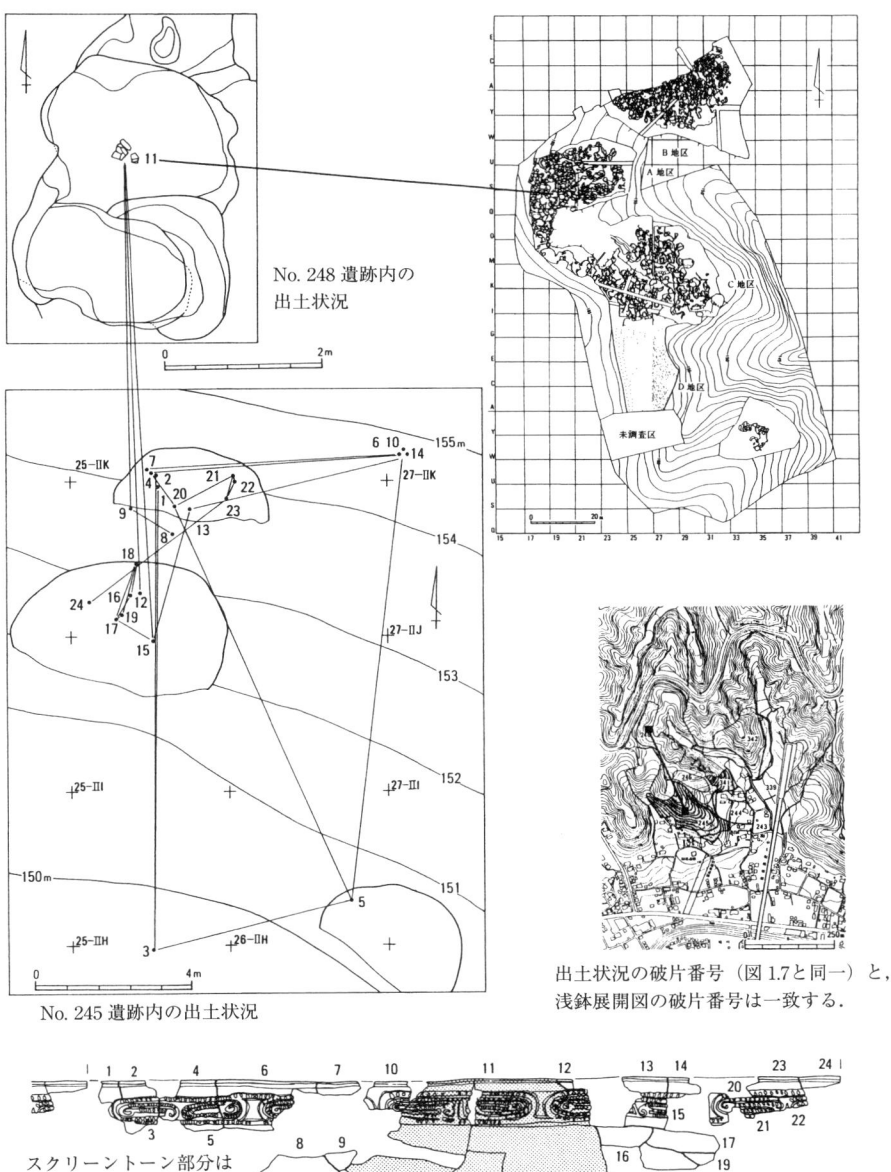

No. 248 遺跡内の出土状況

No. 245 遺跡内の出土状況

出土状況の破片番号（図1.7と同一）と，浅鉢展開図の破片番号は一致する．

スクリーントーン部分はNo. 248 遺跡出土のもの

図 1.8 遺跡間接合した浅鉢破片の分布および接合状況（その2）

廃絶直後からの堆積が始まっているが，51号住居跡のそれは，廃絶した住居にある程度の土砂が流入・堆積した後のものであるという解釈が成り立つ．また，住居跡間の接合状況からは，時間をおいて両住居跡に別々に破片を廃棄したとは考えにくい．以上の検討結果より，下記のように廃棄から最終的な遺物形成へのプロセスが導き出されるのである．

　No. 245遺跡の集落において，浅鉢の破片は，最初に廃絶直後の50号住居跡に廃棄（遺棄？）されたものと考える．そして住居跡の埋没が進行し，その後に本住居跡の一部を切る形で，51号住居跡が構築される．そして51号住居跡も廃絶されるに至り，土砂の流入が始まる．奥壁側すなわち50号住居跡側からは，当初は覆土上層などの堆積土が流入していたが，壁の崩落などの原因により，やがて覆土下層の堆積土も流入することとなり，覆土下層〜床面に包含されていた浅鉢の破片も一緒に流入・堆積したものと想定される．25-ⅡG・H区出土の破片は1点であり，50・51号住居跡の斜面下方に位置することから，いずれかの住居跡に包含されていたものが流失した結果によるものと考える．48号住居跡出土のものも同様であろう．27-Ⅱk区出土の3点については，残念ながら包含層の遺物として一括で取り上げているため，出土地点の詳細な記録を作成していない．したがって，50号住居跡の廃棄の際に一緒に周囲に廃棄された結果によるものか，後の所産によるものかは不明といわざるをえない．地形と出土位置を考慮すると，おそらく遺物形成過程での最後の所産とは考えにくい．

　以上，地理的環境および各遺跡の出土状況から総合的に判断すると，なんらかの理由で浅鉢全体の約1/3ほどの破片をNo. 248遺跡に残して他はNo. 245遺跡の集落へ持ち帰ったものか，あるいは破片をNo. 248遺跡の粘土採掘地に持ち込んだ結果，遺跡間接合が生じたものと考えて間違いないだろう．No. 248遺跡では，採掘坑の中から破片がまとまって出土していることから，人為的にしかも意図的に投げ込まれた可能性は高い．

　このように，「土器」としての機能を失ったものを別々の遺跡に廃棄した意図は何であったのだろうか．儀礼的なものであるのか，たとえば採掘権を示す割符のようなものとか，別の意図的な行為なのか，または単なる偶然なのか．現状では比較事例がなく，結論を保留したい．

　いずれにしても，遺跡間接合により，当時の人間がNo. 248遺跡で粘土を採掘・調達し，No. 245遺跡の集落内で土器製作を行っていた事実を，考古学的に

証明できたことの意義は大きい．

土器製作における No. 245 遺跡と No. 248 遺跡の意義

　No. 245 遺跡では，縄文時代中期～後期の 67 軒もの住居跡が確認された．なぜこのような急峻な斜面地に集落が営まれたのか，当初は大いに疑問であった．それが，考古学的成果により，No. 248 遺跡における土器製作用の粘土採掘が集落の成因に大きくかかわっていたことで解明された．では，No. 248 遺跡から採掘された粘土はすべて，当集落で消費されたものなのであろうか．ここに，原料生産地（粘土採掘跡）と消費地（集落跡）との関係が問題となる．

　No. 248 遺跡は調査の結果，5000 m^2 にも及ぶ縄文時代中期～後期の粘土採掘坑群の存在が確認され，採掘坑群はさらに調査区域以外まで広がることが判明している．このように大規模な縄文時代の粘土採掘跡は，全国的にも No. 248 遺跡だけである．No. 248 遺跡は未報告のため詳細な検討はできないが，粘土採掘場と集落の関係は，以下の 2 通りの状況が想定される．

　第一は，粘土採掘場が共有地と考える場合である．No. 248 遺跡の採掘活動と同時期の周辺の集落跡は，本遺跡以外に No. 341 遺跡，No. 939 遺跡，No. 245 遺跡に隣接する田端東遺跡が存在する．さらに視野を広げると，たとえば No. 248 遺跡を中心とする半径 5 km の範囲内に，中期では当地域最大規模の No. 72 遺跡のほかに，No. 107 遺跡，No. 300 遺跡，町田市相原坂下遺跡，相模原市橋本遺跡，八王子市滑坂遺跡などが存在し，後期では No. 194 遺跡などが存在する（図 1.9）．当地域では相当数の遺跡が調査されているが，縄文時代の粘土採掘跡は No. 248 遺跡だけで，その規模を考えると共有の採掘場であった可能性は十分想定できよう．その際，共有した集落の分布圏を確定するための考古学的指標が求められ，各遺跡共通の特徴的な考古資料を抽出する必要がある．

　第二に，No. 245 遺跡の集落が採掘場を管理し，独占的に採掘を行っている場合である．この解釈に立てば，粘土の消費量が問題となる．No. 248 遺跡で採取された粘土は非常に大雑把な試算であるが，粘土層を平均 10 cm の厚さで見積もっても 500 m^3 の採掘量となる．採掘量の評価についてはさまざまで，No. 248 遺跡の正式報告を待ちたいが，他の地域で報告されている粘土採掘跡と比較しても，群を抜いて大規模な採掘跡であることは間違いなく，相当数の土器が製作可能と推察される．よって，採掘した粘土を集落ですべて消費しなかったとした

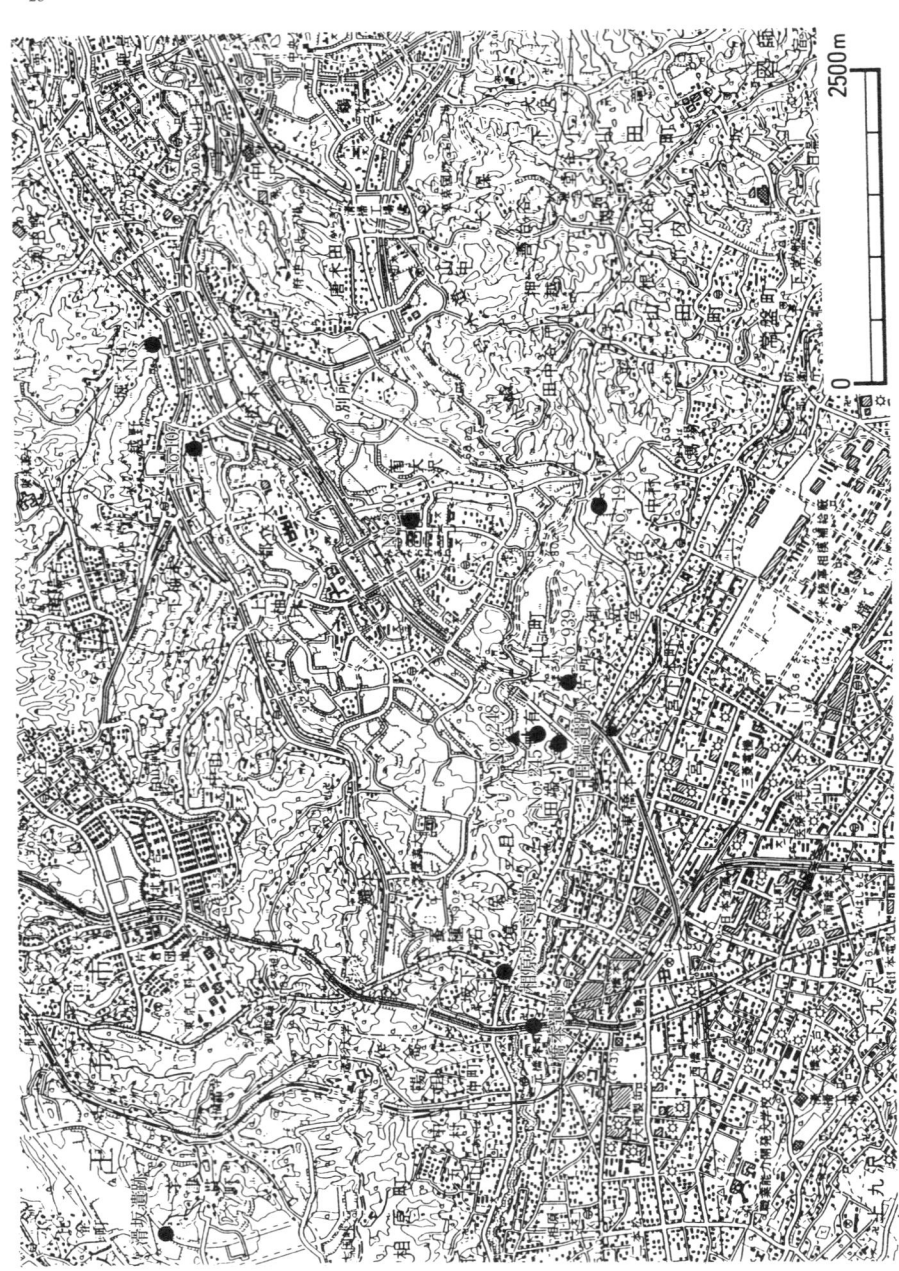

図 1.9 No. 245・No. 248 遺跡周辺の主要な遺跡

ら，粘土を周辺の集落に分与（分配）していた可能性が考えられる．想像を逞しくすれば，周辺の集落共有の粘土採掘用のシーズンサイトとも想定される．また，粘土をすべて集落内で消費した場合は，多量の土器を製作したことになり，相当数の土器を他の集落と交換（交易）していた可能性も浮上しよう．あるいは，土器製作の専業集団の存在の存否も課題として残されよう．

　上記の二つの立場により，No. 245遺跡の集落の景観は，大きく左右されることとなるが，粘土を調達（採掘）し，それを実際に消費（土器製作）した集落のモデルケースとして位置づけた場合，No. 245遺跡とNo. 248遺跡の関係が一般的なモデルとなりうるのか，特殊なモデルとなるのか，他の類例を待ちながら周辺の遺跡を含めて，胎土分析，遺構，遺物の相互比較など，今後もさまざまな角度から検討を重ねていきたい．いずれにしても，No. 245遺跡は，周辺の集落を含めて考えた場合，粘土採掘における中心的なムラの存在であったことは現段階で断言できよう．

土器製作に関して想定される考古資料

　以上，No. 245遺跡とNo. 248遺跡の土器製作に関する検討を行ってきたが，両遺跡以外にも，出土例は少ないが土器製作に関する遺構・遺物が報告されている．そこで，本遺跡を含めた現状で確認・想定できる土器製作に関する考古資料について，製作工程を踏まえてまとめたい．

● 粘土採掘跡（原料調達）

　No. 248遺跡を含めた縄文時代の粘土採掘跡は，筆者の管見する限り全国で9遺跡確認されている．青森県三内丸山遺跡（中期），岩手県塩ケ森I遺跡[8]（前期末〜中期初頭），秋田県家ノ後遺跡[9]（後期末〜晩期前半），福島県羽白C遺跡[10]（晩期前半），茨城県東大橋・原遺跡[11]（中期後半），茨城県西中根遺跡[12]（中期後半〜後期前半），千葉県大網山田台遺跡群No. 6地点[13]（一本松遺跡）（後期前半），長野県沢田鍋土・清水山窯遺跡[14]（中期後半）である．大半は集落内に小規模な採掘坑が確認される程度（三内丸山遺跡は報告途上のため評価は未定）で，集落外にある粘土採掘跡は，No. 248遺跡と大網山田台遺跡群No. 6地点の2遺跡（西中根遺跡はトレンチ調査のため不明）のみである．しかもNo. 248遺跡は，9例中で抜群の規模を誇る．No. 248遺跡が，当時の粘土採掘跡の一般的なあり方として捉えられるか否かで，No. 245遺跡の評価も左右されよう．

●粘土貯蔵施設（原料調達～素地土）

　粘土貯蔵施設としては，茨城県東大橋・原遺跡に代表される貯蔵ピット（土坑）がある．一方，No.245遺跡の場合は，住居内にストック（貯蔵）されていたと考えられる．貯蔵形態については両者の場合を指摘しておきたい．いずれの場合も，保湿の工夫が施されていたと思われる．

●土器製作跡（成形・施文・調整・ミガキ→乾燥）

　未焼成土器その他の出土遺物の状況から，一応No.245遺跡51号住居跡例をあげておきたい．住居内での土器製作については異論もあろうが，少なくとも乾燥処理が行われていたことは確実と思われる．よほどの好条件でなければ検出されない遺構であるが，類例を待ちたい．

●土器焼成遺構（焼成）

　唯一，茨城県東大橋・原遺跡では，廃絶された住居跡を利用した土器焼成遺構が報告されている．No.245遺跡でも焼土跡が1期確認されているが，小規模で土器を焼成した痕跡は認められず，その性格は不明であった．土器製作跡と同様，遺存しにくい遺構と思われ，検出は難しい．

●粘土（素地土）（原料調達→素地土）

　粘土自体が集落から検出される場合，それが土器製作用であるならば，ストックされていたものがすべて消費されずに残った場合であろう．土器製作用と特定するには，粘土が他の用途（たとえば住居や炉の構築材）である可能性も考慮に入れ，その出土状況を検討しなければならない．また，素地土であるとすれば，新潟県村尻遺跡例のように「ねかせ」の段階も想定できよう．

●未焼成土器（成形・施文・調整・ミガキ→乾燥）

　現在のところ，No.245遺跡51号住居跡出土例が全国的にも稀有な例である．「乾燥」の段階で偶然にも遺存したものである．もし，本住居跡のあり方が他の遺跡でも起こりうるとすれば，粘土ブロックの調査に注意すべきであろう．また，未焼成土器の認定には示差熱分析が有効である．

●製作用道具（成形・施文・調整・ミガキ→乾燥）

　成形・施文・調整には竹や木のへら，棒状工具，縄や貝などの施文具，器台などの製作台，ミガキには皮・石・貝，また彩色用には漆・ベンガラやそれらを入れた容器，パレット，塗彩具などが土器製作用の道具として想定される．実際の出土例としては，宮城県里浜貝塚でハマグリのスレ貝殻を土器の器面のケズリ・

ミガキの用途として報告している[15]．縄については，その用途を断定できないが，福井県鳥浜貝塚などの低湿地遺跡より出土している．道具の大半は有機質のため，遺存の可能性がある低湿地遺跡での出土に期待したい．

● 焼成粘土塊（失敗作の土器片）（成形・施文・調整・ミガキ/焼成）

　焼成粘土塊は，その多寡にかかわらず遺跡から比較的出土する場合が多い．その性格について，土器製作にともなう残滓の可能性が高いが，他の成因（たとえば炉の構築材の一部あるいは炉体土器の支脚）も想定でき，出土状況，粘土塊の形状に留意すべきである．そして，26号住居跡出土例のように失敗作の土器片も含まれている可能性があり，遺物の十分な観察が必要であろう．

おわりに

　多摩ニュータウンNo.245・No.248遺跡の調査成果を題材に，縄文時代の土器製作に関する検討と，そこから導き出されるモデルケースの提示を試みた．これを契機とし，論を深化させていくためには，さまざまな角度からの検討が必要である．胎土分析などの自然科学分析の導入以外にも，紙面の都合上，言及できなかったが，近年研究が盛んな実験考古学，民族学からのアプローチも当然必要であろう．しかしながら，その前提として，ローデータとなる考古資料，すなわち，発掘資料の重要性は看過できない．今回報告した遺跡間の接合にしても，決して偶然の所産ではなく，3万点を優に越える破片資料の吟味を経て得られた成果である．地道ながら，精緻な発掘調査を目指し，そこから可能なかぎりの情報を抽出し，検討する．その積み重ねこそが第一に肝要なのである．

　補記：本稿は1999年2月に脱稿したものである．脱稿後，No.245・No.248遺跡間で新たに後期前半の打製石斧が接合することが判明した．脱稿後に相当の期間が過ぎていることもあり，本来ならば新たな知見を加えて書き直しをすべきところであるが，諸般の事情により脱稿時のまま掲載することをお断りしておく．なお，No.248遺跡の調査内容の詳細および打製石斧の遺跡間接合については，文献[16,17]を参照されたい．

文　献

1)　山本孝司他：多摩ニュータウンNo.245・341遺跡．東京都埋蔵文化財センター調査報告第57集，

東京都埋蔵文化財センター，1998．
2) 浅川利一・戸田哲也・笹村省三：田端遺跡調査概報―第一次―．東京都町田市教育委員会，1969．
3) 永塚澄子・上條朝宏・山本孝司：多摩ニュータウン No. 245 遺跡の住居跡内粘土の同定．研究論集 XIV，東京都埋蔵文化財センター，1995．
4) 田中耕作：村尻遺跡出土の「ねかせ」状態の焼粘土塊について．北越考古学，第4号，北越考古学研究会，1991．
5) 今井 堯：焼成粘土塊と生粘土貯蔵穴．考古学研究，第 34-3，考古学研究会，1987．
6) 斉藤 進・松崎元樹・及川良彦：縄文時代中期の粘土採掘坑群の調査―多摩ニュータウン No. 248 遺跡―．日本考古学協会第 57 回総会研究発表要旨，日本考古学協会，1991．
7) 村田章人：原／谷畑 上尾都市計画事業伊奈特定土地区画整理事業関係埋蔵文化財発掘調査報告 I．埼玉県埋蔵文化財調査事業団報告書第 179 集，埼玉県埋蔵文化財調査事業団，1997．
8) 本沢慎輔・瀬川司男：御所ダム建設関連遺跡発掘調査報告書 雫石町 塩ヶ森 I・II 遺跡（昭和 49 年度・50 年度・54 年度・55 年度）．岩手県埋蔵文化財センター発掘調査報告書第 31 集，岩手県教育委員会，1982．
9) 谷地 薫・柴田陽一郎：曲田地区農免農道整備事業に係る埋蔵文化財発掘調査報告書 II―家ノ後遺跡―．秋田県文化財調査報告書第 229 集，秋田県教育委員会，1992．
10) 山内幹夫・松本 茂：真野ダム関連遺跡発掘調査報告 XII 羽白 C 遺跡（第一次）．福島県文化財調査報告書第 194 集，福島県教育委員会，1988．鈴鹿良一：真野ダム関連遺跡発掘調査報告 XIII 羽白 C 遺跡（第二次）．福島県文化財調査報告書第 210 集，福島県教育委員会，1989．
11) 川崎順徳：石岡市東大橋原遺跡第 2 次調査報告．石岡市教育委員会，1979．
12) 鴨志田篤二：西仲根遺跡．平成 4 年度市内遺跡発掘調査報告書，勝田市教育委員会，1993．
13) 青木紘一・山口直人：大網山田台遺跡群― No. 6 地点―．大網山田台遺跡群 I―縄文時代編―，山武郡市文化財センター発掘調査報告書第 16 集，1994．
14) 土屋 積・鶴田典昭・中島英子：沢田鍋土遺跡 清水山窯．上信越自動車道埋蔵文化財発掘調査報告書 13―小布施町内その 1・その 2―，長野県埋蔵文化財センター発掘調査報告書 24，1997．
15) 岡村道雄：第 II 章 西畑地点出土の貝器．里浜貝塚 IV―宮城県鳴瀬町宮戸島里浜貝塚西畑地点の調査・研究 IV―，東北歴史資料館，1985．
16) 及川良彦他：多摩ニュータウン No. 247・248 遺跡．東京都埋蔵文化財センター調査報告第 80 集，2000．
17) 及川良彦・山本孝司：土器作りのムラと粘土採掘場―多摩ニュータウン No. 245 遺跡と No. 248 遺跡の関係―．日本考古学第 11 号，日本考古学協会，2001．

第 2 章

縄文文化における黒曜石の採掘と流通

小 杉 　 康

縄文文化の 3 大原材料

　三時代区分法の石器時代に該当する縄文文化において，石材が道具類の主要な原材料であったことはいうまでもないが，その他にもアスファルトや赤色顔料（ベンガラ・朱），漆，骨角歯牙などさまざまな種類の原材料が開発され用いられていた．そのなかでもやはり，石器の素材となる石材，土器の粘土，木器や建築資材としての木材の 3 者の使用頻度と重要性には特筆すべきものがある．

　木材については集落周辺の森林資源の開発・管理の問題が，堅果類などの食糧の獲得という視点からだけではなく，木器・建築資材としての木材や燃料材の確保という面からも，いかに重要であるかということが，近年の鳥浜貝塚（福井県若狭町）や桜町遺跡（富山県小矢部市），三内丸山遺跡（青森県青森市）の発掘調査によって明らかになってきた．

　土器の原材料である粘土についても，その採掘址の存在が近年の調査で明らかになった．5000 m^2 にも及ぶ広範囲に採掘坑群が展開する多摩ニュータウン No. 248 遺跡（縄文中期：東京都町田市）〔斉藤・他 1991〕や，居住域に接する台地斜面に比較的規模の小さい 4 基の採掘坑が点在する家ノ後遺跡（縄文後期末〜晩期初：秋田県大館市）〔秋田県埋蔵文化財センター 1992〕などの事例が知られている．集落遺跡であればすべての集落において粘土の採掘と土器製作が実施されていたという漠然とした了解は，おそらく出土する土器破片の数量の多さを唯一の根拠としてのことであろう〔小杉 1992：17〕．しかしこれらの遺跡の事例は，粘土採掘のあり方も地域・時期によって多様であり，単に一集落遺跡内のこととして済む問題ではなく，場合によっては共時的集落群集団規模の遺跡群〔小杉 2001：123〕を念頭に，採掘集団や製作された土器の供給などの問題として，その性格を考慮する必要があることを示唆している．

石材については，製作する道具（石器）の種類によって必然的に石材の種類が異なり，集落周辺でまかなえるものと，遠隔の地にそれを求めざるをえない産出地が限定されたものとがある．後者の顕著な事例としては黒曜石やサヌカイトなどがあげられる．

　これらの原材料の開発がすべて縄文文化において始められたわけではない．いうまでもなく石材については，旧石器文化からその十分な活用がなされていた．縄文文化研究でこれらのことを問題とする視点は，単に技術論的な観点からだけではなく，領域論としての性格をより強く備えるものとしてである．すなわち集落を中心とした領域の形成と産出地の領有化の問題として，両者は密接に関連しながら論じられるべきである．

　このような目標へのアプローチの第一歩として，ここでは鷹山遺跡群中の星糞峠黒曜石採掘遺跡の事例を紹介することにしよう．

補註1：本稿の補註の意図

　本稿の本文（以下，「旧稿」と表記）は1998年12月に脱稿したものであるが，その後の大幅な編集作業の遅れによって公表の機会を逸してきた．その間に旧稿中で論及した鷹山遺跡群星糞峠黒曜石採掘遺跡での新たな調査の進展や関連する報告書の刊行がなされた（補註3参照）．また，霧ヶ峰周辺の黒曜石産出地での分布調査が進められ，東俣遺跡や星ヶ塔遺跡では新たな黒曜石採掘址群が発見されて，試掘調査も実施され大きな成果があげられた〔下諏訪町教育委員会 2001〕．さらに，遺跡出土黒曜石の理化学的な産地同定結果の蓄積も多くなり，その成果を十分に取り込んだ一段と進展した黒曜石流通に関する多くの研究が発表されるようになった．

　以上の状況を鑑みて，今回旧稿が活字になる際に全面的な書き直しが必要な段階であると思われる．ただし，旧稿での内容はすでに学会研究発表（日本考古学協会・文化財科学会）等で公表してきたものであり，発表内容のアウトラインは要旨集に示せたが，関連する図表等はスライドで提示しただけに終わっている．その後，他の研究者によって発表された関連する研究論文には，そこでの内容と深く交錯し，また批判的に検討を加えていただいたものも少なくない．本来，旧稿をもってすでに口頭発表してきた一連の調査・研究の研究論文としての活字化を考えていただけに，研究史上の空白が生じてしまうことが憂慮される．次善の

策として，旧稿については年数や語句の適切なものへの差し替えと文章表現の推敲に留め，関連する調査・研究の進展にともなう新知見については適宜「補註」を加えることで対応することとした．

補註2：論文題名について

本論文についてはすでに筆者自らが，「小杉 n.d「縄文時代における黒曜石の採掘と流通」『現代の考古学 第4巻』朝倉書店」としていくつかの論文において引用している．しかし，筆者は2003年前後の時期から，学術用語としては「縄文時代」を使用するのは止め，代わって「縄文文化」を用いるようにした．その理由は小杉文献（2003：2-5）に詳述してあるのでここでは再論しないが，そのような経緯があるので今回旧稿に補註をつける際には論文題名中の「縄文時代」をはじめとして，本文中においても同様にすべて「縄文文化」と変更している．ただし，引用文においてはその限りではない．

鷹山遺跡群星糞峠黒曜石採掘遺跡

鷹山遺跡群の調査

鷹山遺跡（長野県長和町〔旧・長門町〕）は，1955年に地元在住の児玉志農武によって鷹山川周辺の湿地に面した山裾で発見された．以後，信州ローム研究会（1961），尖石考古館（1964・65・68），中村龍雄ら（1976）によって調査され，ナイフ形石器や槍先形尖頭器，細石器などを出土する旧石器文化の遺跡群であることが明らかになっていく．1980年代になると圃場整備や宅地の造成に先立った発掘調査が実施されるようになり，森島稔や明治大学考古学研究室が中心となって調査が進められた．このような調査の進展にともなって，鷹山遺跡群は黒曜石の産出地である星糞峠を擁した旧石器文化の遺跡群として広く認識されるようになった．

1986・87年には明治大学考古学研究室によって，遺跡群の構成と黒曜石の産状を明らかにする目的で，鷹山遺跡群の全域にわたる分布調査が実施された．その結果，11カ所の遺跡（第Ⅰ遺跡〜第Ⅺ遺跡）と5カ所の遺物散布地点が，盆地状を呈する鷹山川両岸の湿地帯を取り囲む山裾の高台に立地していることが解明される．黒曜石の産状については，星糞峠からその東側に位置する岩峰にかけての稜線部，その付近から崩落した崖錐性の堆積物の一部として，通称「ズリ」

とよばれる直径数 cm 程度の礫塊状を呈して，星糞峠南斜面から鷹山川の湿地帯にかけて分布していることも明らかになった．また，星糞峠の鞍部から虫倉山にかけての一帯には，直径数 m ほどの浅い擂鉢状の窪みがいくつか存在していることも確認されたが，その成因については黒曜石の採掘にともなう人為的なものなのか，あるいは自然に形成されたものなのかなどの具体的な結論は得られなかった．

星糞峠黒曜石採掘遺跡

　以上のような研究成果を引き継ぎ，1991 年からは鷹山遺跡群周辺のさらに広域にわたった分布調査が計画され，同時に星糞峠の正体不明の窪み群の調査が開始される．後に「第 1 号採掘址」と命名された窪みは，星糞峠黒曜石採掘遺跡のほぼ中央，標高 1500 m のところに位置している．その窪みは 1991 年・92 年・94 年の 3 回にわたって発掘調査され，縄文後期の黒曜石採掘址であることが判明するが，その発掘面積は約 31 m^2（第 1 号採掘址の 16％）にも満たない．さらに，発掘の深度は調査の進展にあわせて調査区内でも何段階かに分かれており，採掘址の最下底面まで達したところはごく一部だけである．一方，1992 年・93 年には星糞峠鞍部から東側の虫倉山斜面までに展開する約 80 基の採掘址の測量調査が実施され，雛壇状に累積するその平面的な構成がほぼ明らかになってきている（図 2.1 a）．

　筆者が参加した調査はここまでであり，その中間成果として第 1 号採掘址の発掘調査ならびに遺跡全体の測量調査の成果についてはすでに 1993 年・94 年の日本考古学協会〔安蒜・小杉 1993，安蒜 1994〕と 1994 年の日本文化財科学会〔小杉 1994〕で公式の発表を行っている．ここでは 1993 年日本考古学協会と 1994 年日本文化財科学会での発表内容に基づき，星糞峠黒曜石採掘遺跡における採掘活動を復原してみよう．

補註 3：その後の調査

　1995 年以降も星糞峠黒曜石採掘遺跡の調査は継続されたが，第 1 号採掘址は一旦埋め戻されたままになり，代わって星糞峠鞍部付近の第 39 号採掘址，01 号竪坑等が新たに発掘され始め，2002 年までに以下のような調査が実施されている．

1502 m

第5号採掘址

1501 m

第1号採掘址

92・94年発掘区

1991年発掘区

至虫倉山山頂

1500 m

1502 m

1500 m

1545 m

(b) 第1号採掘址発掘区

1520 m

1500 m

1490 m

1500 m

星糞峠

1500 m

1490 m (a) 星糞峠黒曜石採掘遺跡全景

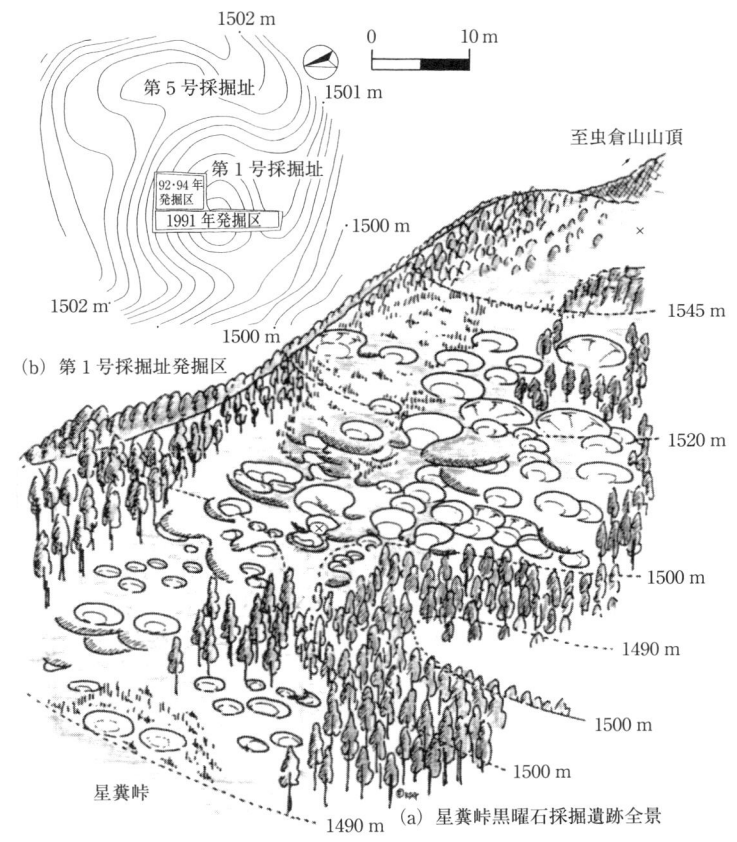

図 2.1 星糞峠黒曜石採掘遺跡全景と第1号採掘址発掘区（イラスト中央の×印は第1号採掘址）

1995-96年；第39号採掘址発掘調査〔『鷹山遺跡群Ⅳ』2000年刊〕
1995-97年；星糞峠主要調査区（01号竪坑，他）発掘調査〔『鷹山遺跡群Ⅳ』〕
1998-99年；採掘址群測量調査（第3次・第4次）〔『鷹山遺跡群Ⅴ』2001年刊〕
2001-02年；星糞峠2001主調査区発掘調査〔『黒曜石文化研究』2号　2003年刊〕

なお，地表面で確認された採掘址の数は1998-99年の第3次・第4次測量調査の際に，195基に及んでいる．（ただし，『鷹山遺跡群Ⅴ』の測量図（第8・

16・27 図）には「196」号址が掲載されている．）

補註 4：採掘址群東側半分の測量図（1994）の問題点

　星糞峠黒曜石採掘遺跡（採掘址群）は，その西側半分が 1992 年 8 月と 10 月に測量調査され，その測量図が 1993 年の日本考古学協会第 59 回総会研究発表で公表された〔安蒜・小杉 1993〕．1993 年 9 月には採掘址群の東側半分の測量調査が実施され，翌年の日本考古学協会 1994 年度大会の研究発表でその測量図が公開されたが〔安蒜 1994〕，それは測量誤差の調整などがなされないままで提示されたものであったために，重大な二つの問題が生じた．その一つは，この段階で採掘址全体の整合性の保たれた測量図として提示されなかったために，東西に分割された採掘址群の測量図は『鷹山遺跡群Ⅲ』〔長門町教育委員会・他 1999 b〕にまでそのまま引き継がれることになる．もう一つは採掘址番号の欠落（61 号）・誤記（46 号）と遺構ラインの欠落（42 号・70 号）である．これは単なる脱字や描き忘れといった問題にとどまらず，後に採掘址の発見総数は 195 基まで増加するが，その際の遺構番号の変更（61 号→ 166 号）・（46 b 号→ 156 号）や欠落（2001 年刊行以降の 70 号），ひいては採掘址の認定の精度（補註 5 参照）や遺構ラインの図面上での改変（139 号ライン：99 年概報付図→ 01 年第 27 図）にまで尾を引くことになる．

補註 5：『鷹山遺跡群Ⅲ』の精度

　旧稿執筆後，第 1 号採掘址の発掘調査については，その報告書として安蒜政雄監修『鷹山遺跡群Ⅲ』〔長門町教育委員会・他 1999 b〕が刊行された．しかし，そこに提示されたデータと解釈は，以前に学会で研究発表した内容（〔安蒜・小杉 1993〕・〔小杉 1994〕）とは大幅な齟齬をきたしている部分が見受けられる．その理由の一つは，自然層位と人工層位とを併用して実施した分層発掘による土層堆積に関する観察所見の詳細が報告書に掲載されなかったためだと考えられる．筆者の手元にある土層堆積の観察所見に基づいた旧稿で記述した第 1 号採掘址の内容については，大きな変更の必要性は認められなかった．

採掘址の堆積構造

　第 1 号採掘址：　第 1 号採掘址では，その中心を通り南北方向にのびる 11×1

mの区画（トレンチ区）と，それに接する5×4mの区域（拡張区）で発掘が行われている（図2.1b）．その結果，以下に述べるような非常に特徴的な土層堆積が確認された．発掘の当初はそれが黒曜石の採掘址であるとの確証は得られておらず，調査の進行中には初めて経験する特異な堆積状態に対してさまざまな調査仮説が設けられ，試行錯誤を重ねながらも多角的なデータの収集を心がけた．1994年までの星糞峠黒曜石採掘遺跡でのフィールドワークの様子については文献〔小杉1995〕に譲り，ここでは採掘址であることを前提としてその成果の一端を紹介する．

　平面形態：　第1号採掘址は直径16mの中規模のものである．その形態は現地に立つと擂鉢形のように感じられるが，測量図上では山体斜面の上側から窪みはじまり，両側が土手状に高まり，斜面の下側が開口するいわゆる「肘掛け椅子形」として表現される．約80基（注：この数は1994年段階のもの）確認された採掘址の大半はこのような形態であり，これをもってその基本形態と理解できよう．ただし，斜面の傾斜が緩やかなところでは，実際に現地に立つならば，感覚的にはそれはまさに「擂鉢形」という表現がぴったりであり，急傾斜地の「肘掛け椅子形」と緩傾斜地の「擂鉢形」とに採掘址の形態を概念的に2大別しておいても不都合はないだろう．

　堆積構造：　第1号採掘址を構成する土層は黒褐色系土層①，黄褐色系のローム質土層②，白色粘土層③，ごく薄い何枚もの砂と粘土の互層からなる水成堆積土層④の4種に分けられる（図2.2a）．黒褐色系土層と黄褐色系のローム質土層とは採掘址の周辺でもふつうに存在する土層であるが，採掘址内での堆積の特徴は白色粘土層を含めたこの3種の土層が下位方向から黒褐色系土層・ローム質土層・白色粘土層の順で1単位となり，山体斜面の傾斜とは反対方向に傾いて堆積している点である．そして白色粘土層の落ち込んだ先には，砂と粘土の互層が椀状を呈して堆積する．また，傾斜する3種の土層の上位側の末端は「へ」の字状になだらかに折れ曲がるように堆積する傾向にある．なお，傾斜する3種の土層のうち，その最下位にある黒褐色系土層が当時の地表面⑤を覆う傾向も注目される．そしてさらに重要な点は，互層をなす砂と粘土の水成堆積土層がプライマリーな白色粘土層⑥の直上に堆積している点である．このプライマリーな白色粘土層こそが黒曜石を含んだ地層であり，採掘の目標であったものである．

(a) 堆積構造のモデル

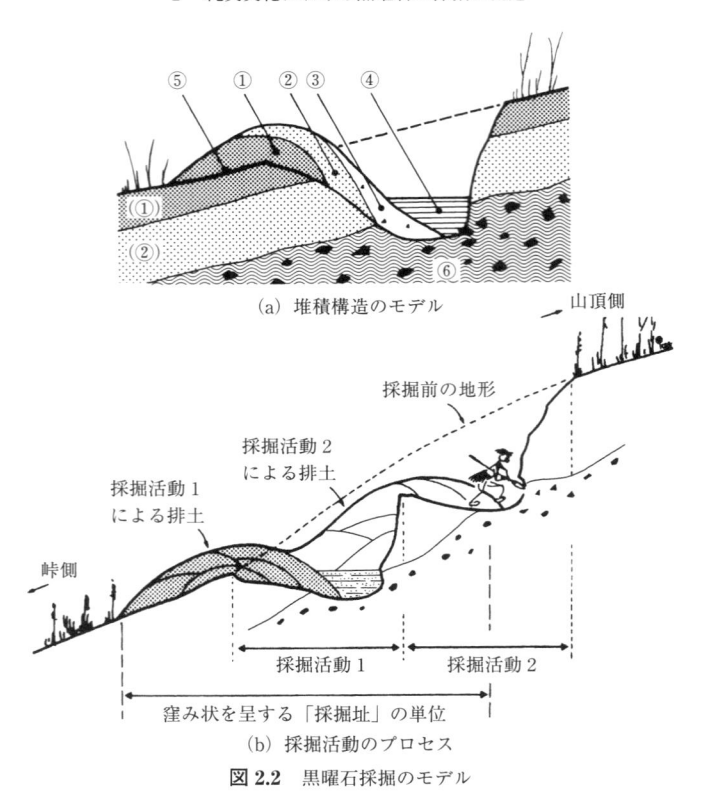

(b) 採掘活動のプロセス

図 2.2 黒曜石採掘のモデル

採掘活動の復原

　堆積過程：　やや模式的に整理しすぎたが，原則的には上記 4 種の土層がこのように一つの層群をなし，これに当時の地表面と採掘目標であった黒曜石を包含するプライマリーな白色粘土層とが組み合わさり，1 単位となる採掘活動に対応していると理解できる．すなわち旧地表面はそこからの掘り込みを示すものである．自然堆積とは逆の順序で堆積して傾斜する 3 種の土層は，表土層からローム層へ，さらに黒曜石を包含するプライマリーな白色粘土へと順次掘り進み，その際の排土が後方に排出され堆積した過程を示している（図 2.2 b）．掘り窪められたプライマリーな白色粘土は不透水層となり，その椀状の地形には地下水や雨水が溜り，周囲の排土からは砂や粘土が溶けだして，やがて互層をなす水成堆積土層が形成されると解釈される．これはとりもなおさずその場所での採掘活動の停

止と休止期間の存在を示すものである．

　第1号採掘址の解析：　さて，このような土層堆積を1回の採掘活動にともなって生じたものと理解したわけであるが，第1号採掘址には1単位をなす層群がこれまでに判明しただけでも10単位以上確認されている．そこで，基本的な堆積単位の理解に基づいて図2.3にみられるような複雑を極める採掘址全体の堆積状態を解析してみよう．まず，掘り込まれる面は必ずしも当時の地表面とは限らず，以前の採掘によって生じた排土の上面であったり，あるいは水成堆積土層の上面であったりする場合の方が目立つ（図2.3 a）．傾斜して堆積する3種の土層は全体の傾向としては確かに下位から黒褐色系土層・ローム質土層・白色粘土層の順になるが，実際にはたとえば前二者が交互に堆積する場合もあり（図2.3 b），むしろその方が一般的であるともいえよう．椀状に堆積する砂と粘土の互層からなる水成堆積土層は，想定される1回の休止期間で全体が堆積したものではなく，黒褐色系土層やローム質土層が中間に何枚か挟まれている状態も観察される（図2.3 c）．これは挿入される土層の枚数だけ，隣接する地点で何回かの休止期間を挟んで複数回の採掘活動が実施されたことを示している．掘り込み面から水成堆積土層までの間に堆積している傾斜する3種の土層は，上記のように微視的には交互に堆積している部分もあるが，全体としては不整合面をもって複数の単位が堆積している事例もみられる（図2.3 d）．これも不整合面を境として，採掘活動の休止期間が介在したものと理解できよう．

　採掘場所の更新：　以上の解析の結果，第1号採掘址では図2.4に示すような最低でも17回（掘方9回，排土8回）にわたる採掘活動が繰り返し実施されたことが判明した．全体的な傾向としては，特定の場所で繰り返される採掘は前回の採掘地点から再開されるのではなく，隣接しながらもややずれた地点で実施される．また第1回目の採掘ではおもに山体斜面の下側へと排土が投棄され，第2回目以降そのつど生じてくる排土は斜面下側へ投棄されたり，前回以前の採掘坑にも投棄されたりするようになる．中規模程度の採掘址であるのならば，その場所で十数回から数十回に及ぶ上記のような採掘が繰り返されたはずである．やがてその場所における黒曜石包含量が少なくなり，また度重なる採掘による排土の堆積によって採掘条件が悪くなった段階で，その場所は放棄され，そのすぐ上方の山体斜面へと採掘の場所が移動していく，というサイクルがあったことも想定される．

(a) 東壁土層断面図

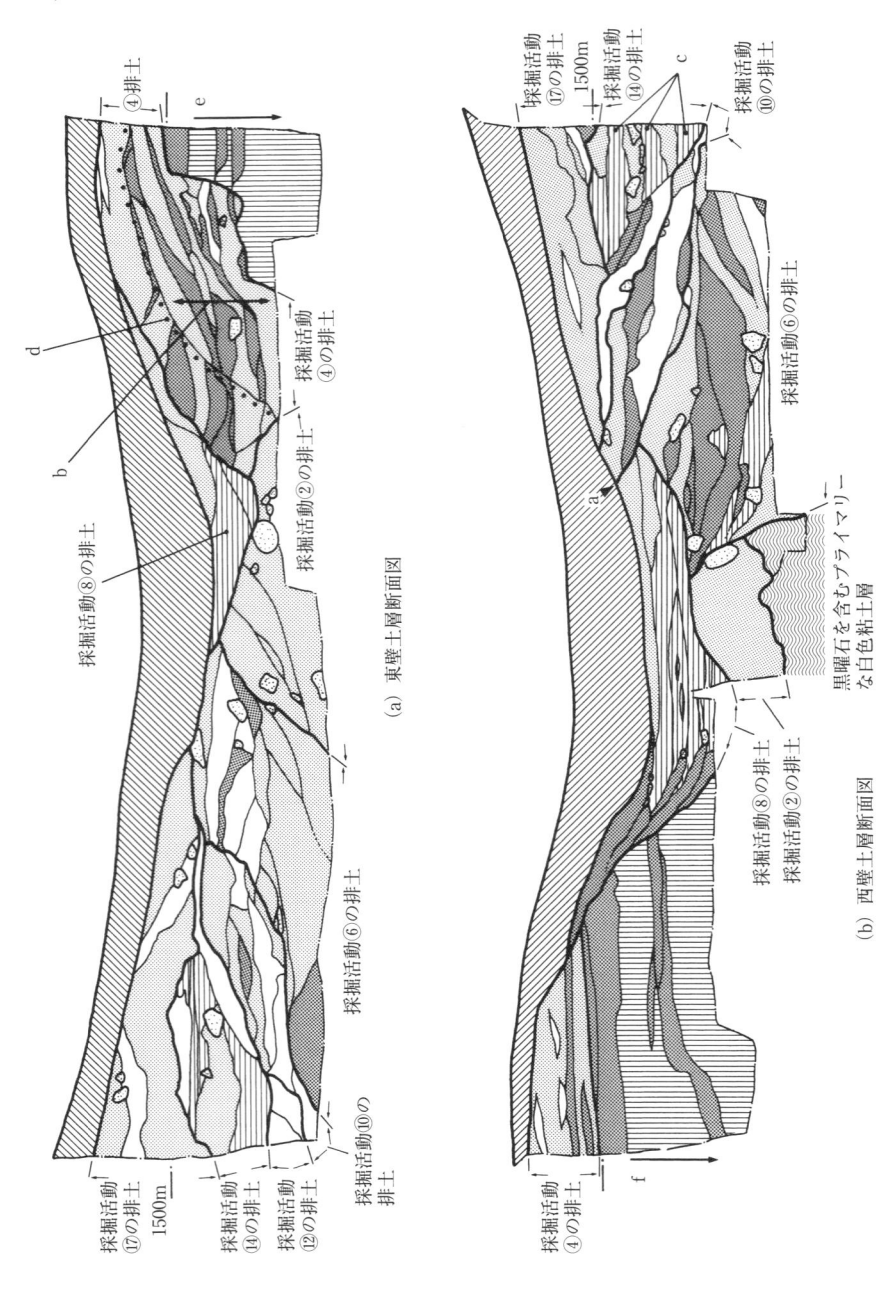

(b) 西壁土層断面図

図 2.3 第 1 号採掘址 1991 年発掘区土層断面図

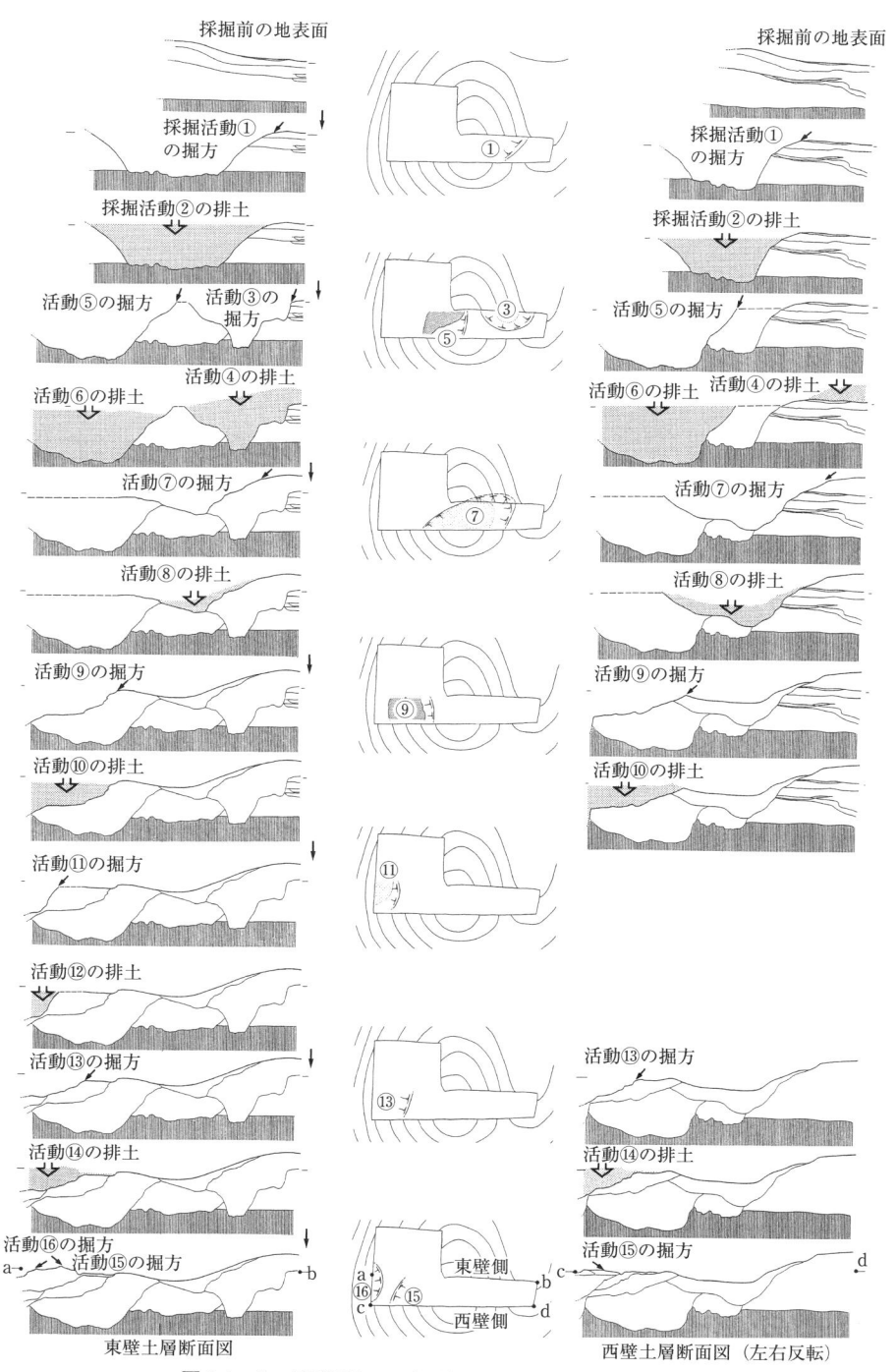

図 2.4 第 1 号採掘址 1991 年発掘区における採掘活動の復原

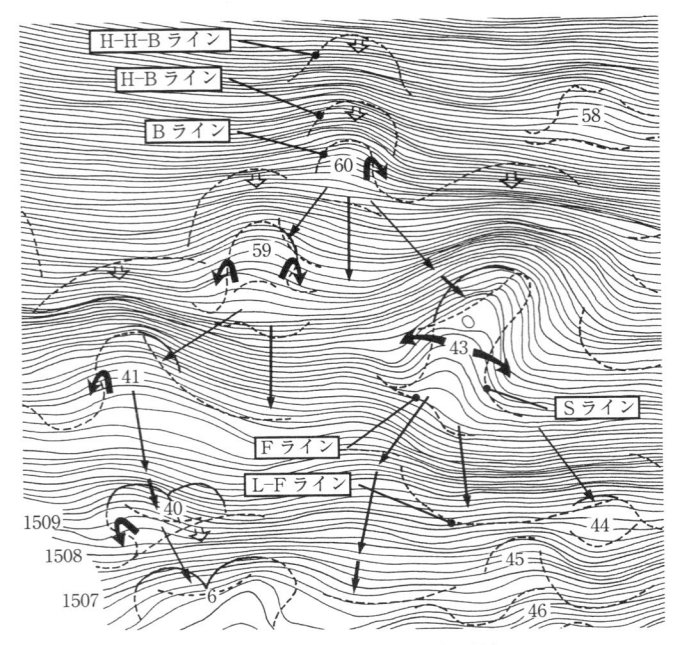

図 2.5 採掘址形態と先後関係の判定
黒矢印は排土の移動方向,白矢印は掘削方向を示す.

採掘址群の成り立ち

　採掘址の立体構成：　次に,以上のように復原された遺構としての一つの採掘址の形成過程や各採掘址の配置の規則性をもって,星糞峠黒曜石採掘遺跡全体の採掘址群の構成を読み解いてみよう.

　一定の範囲内において,何回もの採掘が隣接する地点で繰り返された結果,そこに一つの特徴的な形態が生じる.それは中央が窪み,その周囲が高まる形態である.その場所が山体斜面の急傾斜地であれば一見それは「肘掛け椅子形」を呈し,緩傾斜地であれば「擂鉢形」のように見える点については先にふれた.ただし,その基本形態は山体斜面の上側から窪みはじめ（上位が H–B ライン〔High-Back Line の意〕,下位が B ライン〔Back Line の意〕,H–B ラインのさらに斜面上側にはもう 1 段の窪みの始まりを呈する箇所があることがあり,それを H–H–B ライン〔Higher-Back Line の意〕とする）,両側が土手状に高まり,斜

面の下側が開口する（Fライン〔Front Lineの意〕）「肘掛け椅子形」であり，その形態的特徴が急傾斜地において顕著に現れるということである（図2.5）．採掘に伴う排土は両側にも捨てられ，そこに一定の高まりを形作る（Sライン〔Side Lineの意〕）が，その大半は斜面下側の開口部から下方へと廃棄される．急傾斜地での採掘では，その排土は斜面をくだり，そこに若干凸状を呈する盛り上がりが生じる（L-Fライン〔Low-Front Line〕の意）．そこに既掘の採掘址があれば，流れくだった排土はそれに覆い被さることになる．2基の採掘址の間で，このような関係が確認されれば，その形成順序を判定することが可能になる．

補註6：採掘址形態の理解について

　以上のような理解は第1号採掘址の発掘調査と1992-93年の第1次・第2次測量調査を経て到達したものであり，筆者はその内容の詳細についてこれまでいくつかの機会におもに口頭で発表してきた（参照；〔安蒜・小杉1993〕，〔鷹山遺跡群調査団1994：50-55〕〔小杉1994〕，〔小杉1995〕）．その後に刊行された「科研報告書」〔鷹山遺跡群調査団（研究代表者戸沢）1999〕や「概報」〔長門町教育委員会・他1999a〕，いわゆる「正式報告書」〔長門町教育委員会・他2001：例言〕においては，これに関する内容が島田和高によって繰り返し記述されている．筆者がこれまでに示した理解と類似した内容になっているが，現地での実際の観察と島田による表記内容との間には微妙なズレがあり，その点が補註7で指摘するように採掘址の総数の把握とともに遺跡全体の理解に重大な齟齬をきたしている主因の一つと思われる．旧稿での理解・用語との違いを以下に整理しておく．

　旧稿では採掘址の形態を急傾斜地の「肘掛け椅子形」と緩傾斜地の「擂鉢形」とに大別した．繰り返しになるが前者の基本的な形態は「山体斜面の上側から窪みはじまり，両側が土手状に高まり，斜面の下側が開口する」ものであり，後者は単なる擂鉢状の窪みであり，その規模の大きいものでは窪みの周囲がドーナツ状の盛り上がりを呈する事例もある．これに対する島田の理解と記述は「採掘址の斜面上方には『上端（うわば）』の盛り上がりが，対する斜面下方には『下端（したば）』の盛り上がりがある」・「上端から採掘址の両翼に展開する『尾根状微地形』」・「上端の土手状の高まりは，これをいわば谷頭として『谷状微地形』が発達し『テラス部』に連続する」・「谷状微地形と下端の間には，やや間隔のあい

たコンター群で示される『テラス部』が形成されている」〔島田2001a：18〕というものである．旧稿での用語法と対応させるならばH–BラインにはI「上端」，L–Fラインには「下端」，Sラインには「尾根状微地形」がほぼ相当する．しかし，筆者がH–Bライン・L–Fラインと対をなすものとして設定したBライン・Fラインはなくなり，代わって「谷状微地形」と「テラス部」が登場してくる．また，島田が「上端の盛り上がり」・「下端の盛り上がり」と表現する場所だが，「肘掛け椅子形」では後者については相対的な盛り上がりが多少観察できる事例もあるが，前者については実際に地表面が盛り上がることはない．これら点は単に語句や観察所見の違いとして済まされる問題ではなくて，遺構としての採掘址の形成過程，ならびにその配列順序の理解に決定的な差異をもたらすことになる．

また，「正式報告書」に掲載された地形測量図上には「採掘址の形状を強調しとらえやすいようにする」ために個々の採掘址に2種類の補助線が付されている（島田2001a：22）．点線は「個々の採掘址を他のものと区別する補助線」であり，実線は「個々の採掘址が，隣接する他の採掘址と共有している地形要素を強調している」ものである（同上：22）．しかし，そのような表現は先に取り上げた島田自身による「下端」や「谷状微地形」などとは明確に対応するものではなく，結局，測量図面上での遺構の「切り合い関係」（遺構形成の先後関係）を検討することはできなくなっている．この点は，図面上での理解というレベルの問題ではなくて，測量調査をする際の地形および遺構の理解の程度を示している．

ラインⅠ：　このような観点から採掘址群の配置の規則性を読み解けるのは，おもに急傾斜地の範囲についてである．その結果として，図2.6のように採掘址群全体をラインⅠ（第11号—第10号—第1号—第16号—第2a号採掘址を結ぶ，標高1495mないしは1500m相当のライン）をもって2分することができる．緩傾斜地にさしかかっている第16号採掘址では開口部（Bライン）が形成されず，かえって土手上の高まりとなってしまっている．

N群・S群：　ラインⅠよりも上側ないしは東側の急傾斜地における採掘址群の広がりは，排土の被覆の程度や採掘址の規模，配置の規則性などによって，さらにラインⅡをもって2区分できる（図2.6）．ラインⅡの北側に展開する採掘址群（N群）は個々の規模が比較的大きく，縦列斜位に配列される傾向にある．そ

鷹山遺跡群星糞峠黒曜石採掘遺跡

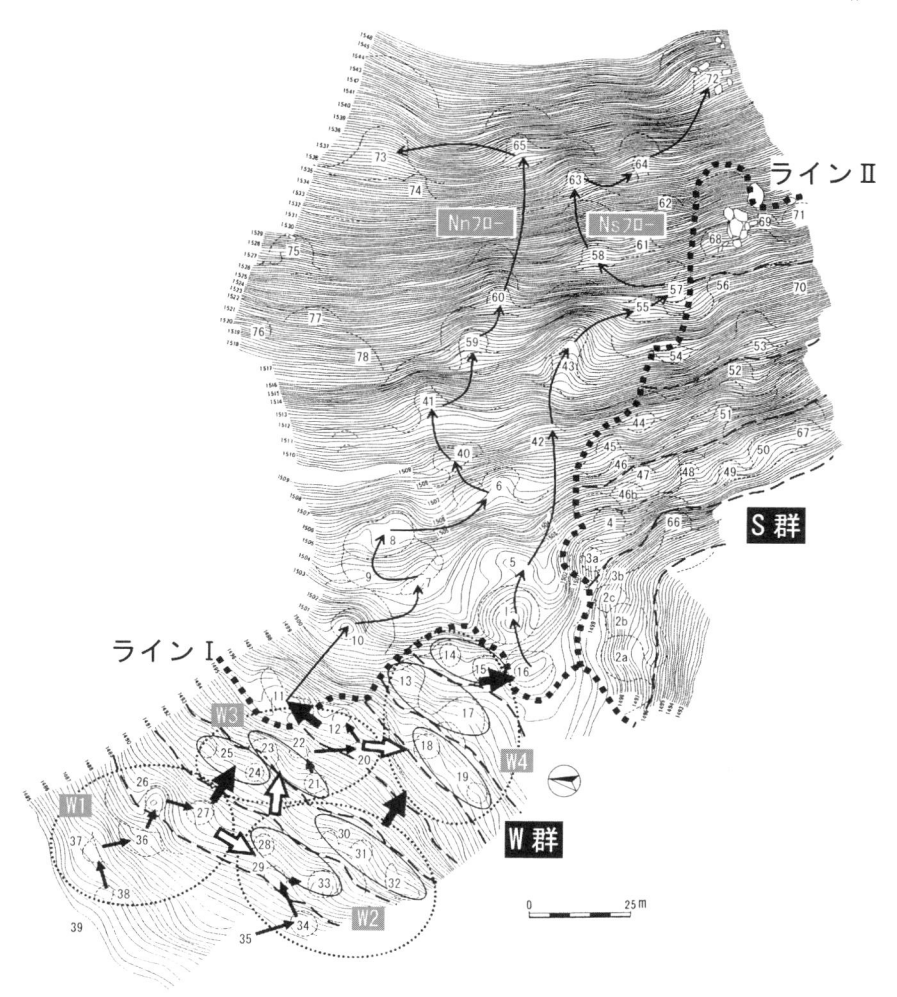

図 2.6 星糞峠黒曜石採掘遺跡の構成と形成過程
W 群の白矢印はジグザグに連接する 1 本のフロー．黒矢印は Wn フロー（W1→W3）と Ws フロー
（W2→W4）の 2 本のフローを示す．

の内部には下側から上側へと連接する 2 本のフローを読み取ることができよう
（Nn フロー：第 11 号→第 10 号→第 7 号→第 9・8 号→第 6 号→第 40 号→第 41
号→第 59 号→第 60 号→第 65 号→第 73 号，Ns フロー：第 16 号→第 1 号→第 5

号→第 42 号→第 43 号→第 55・57 号→第 58 号→第 63 号→第 64 号→第 72 号).ラインIIの南側の採掘址群（S群）は全体的に小振りであり，等高線に沿って横位に配列される傾向にある．

W群：　では，ラインIよりも西側の緩傾斜地に展開する採掘址群（W群）はどのように配置されているだろうか．個々の採掘址の規模としては，S群と共通して小振りの傾向にあるが，緩傾斜地であるがゆえに肘掛け椅子形の形態はあまり発達していない．配置の規則性としては，空間的なまとまりの単位が存在すること（W1・W2・W3・W4），等高線に沿って横位に配列される傾向，2基（ないしは3基）の採掘址が隣接して横位に配置される傾向，個々の採掘址が縦位にジグザグに配置される傾向，これらの複数の特徴を抽出できる．排土の被覆状態からは，やはり全体としては斜面の下側から上側への移動が想定される．細区分された4群の空間的なまとまりの間の関係としては，W1 → W2 → W3 → W4 とジグザグに連接する1本のフローの存在と，W1 → W3（Wn フロー）ならびに W2 → W4（Ws フロー）の直進する2本のフローの存在とを想定することができる．かりに後者の場合では，Wn・Ws フローはラインIで接するN群中の2本のフロー（Nn・Ns フロー）と直接的に接続する可能性も考慮されよう．

先後関係：　このように採掘址群の全体がN群・S群・W群の三つに区分されたわけだが，これら3者の関係はどうなっているのだろうか．ラインIIで接するN群とS群については，排土の被覆状態から全体としてはN群の方がS群よりも新しく形成されていることが読み取れる（S群→N群）．ラインIで接するN群とW群では，排土の明瞭な被覆状態を観察し難い．両群の接点に位置するN群中の第 11 号採掘址と第 16 号採掘址をともにW群に属させるならば，第 10 号と第 11 号との被覆関係，ならびに第 1 号と第 16 号との被覆関係によって，W群が先行し，N群が後続することになる（W群→N群）．さらにその場合，前述のN群中ならびにW群中の各2本のフローが接続する可能性も高いといえよう．

S群とW群とについては，直接に接していないのでその先後関係を決し難い．占地する地形条件も異なり，それによって個々の採掘址の形態や配置の規則性にも違いが生じているが，等高線を階段状に上側に向かって進行する点は共通する．

補註7：採掘址数のバブル的増加現象について

　旧稿では1994年第2次測量調査段階で確認・実測した約80基の採掘址群をもって，その全体的な構成と形成過程を分析・考察した．1998年の第3次測量調査の結果，地表面で確認できる採掘址の数は195基へと倍増以上にいっきに増えた〔長門町教育委員会・他2001〕．しかし，その激増した「採掘址」の内容と認定の精度を検討すると，第2次測量調査までに確認されたものとは根本的な違いがあることが判明した．よって，採掘址群全体の成り立ちを考える際には，これまでに発掘調査された採掘址のデータを参照枠としながら，地下の竪坑群の存在を確実に反映している地表面の凹部（すなわち94年段階の約80基）を分析対象とすることが，より堅実な方法だと判断した．ただし，このような異様なバブル的な増加現象はなぜ生じたのかは，遺跡全体を正しく理解するためにもその要因を究明しておく必要がある．測量対象面積が多少増えたことも一因であるようだが，主要な要因・問題点としては以下の三つが考えられる．

　理由の第1は，個々の採掘址の構成・形成過程についての理解に過ちがあったためである．この点はすでに補註6で解説したように，採掘址の模式的な解釈と実際の地形に現れた遺構ラインとの関係が理解されていないために，かつて筆者らが現地での測量の際にH-BラインあるいはH-H-Bライン，L-Fライン，Sラインとして実測したものなどを，図面上で個別の採掘址と解釈して，新たな遺構番号を付けてしまっている（おもに採掘址群東側半分の急傾斜地で生じたバブル的増加現象である）．たとえば，第60号採掘址のH-H-Bラインには「第141号」の名称，第43号採掘址のH-Bラインには「第164号」の名称，第65号採掘址のL-Fラインには「第139号」，第6号[東]採掘址のSラインには「第158号」の名称が付けられてしまった．このような把握では採掘址どうしの「切り合い関係」（先後の順序）などを解析することなどは不可能であり，後述する「鉱区」などの解釈もほとんど無意味な結果に終わっている．

　1994年第2次測量調査終了時点で確認できた採掘址の数は「80基を超える数」などと表記されて，必ずしも明確に実数としての提示がなされていなかった．その理由は，採掘址どうしの隣接状態が非常に密接していて，相互に区切ることが難しい場合は遺構番号にa・b等の記号を付して表記したり，あえて区分せず一括して一つの遺構番号を与えたりする方針をとったためである．実際に採掘址の遺構番号を付したものは94年段階で「78」までであり，それにaやbを，また

一括したものを細分して，どこまで算入するかで数の変動があった．それが，98年第3次測量調査では形成過程の十分な検討を経ぬままに，機械的に新番号への振り替えが行われたようだ（例：2b号→151号，2c号→152号，6号→6号＋157号，など）．採掘址のバブル的増加の第2の理由である．

星糞峠鞍部での地表面での起伏がまったく見られないところで01号竪坑が発見され，それを含む一群の竪坑が第112号採掘址として命名された．その結果を受けて，おそらくは現地表にほとんど起伏が表れていなくとも地下に竪坑（群）が存在する可能性が考慮され，多少の凹凸があればすべてを採掘址として認定しようとしたのではないだろうか．第3の理由である．そのために採掘址群の西側では，多くの「採掘址」が出現した．しかし，01号竪坑の存在状態から学ぶべきは，地表面での微妙な起伏は地下の採掘址の存否とは関係ないということである．地下に竪坑があるかないかを度外視して，ともかくあやしそうなものをすべて採掘址として「線引き」して遺構番号を付けたのでは，現地表面でその存在を確実に推定させる採掘址群をもって採掘址群全体の平面構成・形成過程を把握しようとする試みを無に帰するものである．

なお報告書では，個々の採掘址を形態的に区分して3類型を設け，その存在位置を採掘址群全体の中で評価しようと試みられている〔長門町教育委員会・他2001〕．結果として，「いわば星糞峠黒耀石採掘址群の中心（類型Ⅰ），本体（類型Ⅱ），そして周縁（類型Ⅲ）を構成する」〔島田2001b：72〕といった解釈になっている．また，これとは別に，採掘址の配列規則に関する従来からの指摘にそいながら「地形的なまとまり」を目安に「鉱区」なるものが38カ所設定されている〔同：74〕．その実質的な中身は，「等高線に沿って横方向に間隔をおいて配列する」〔安蒜・小杉1993：26〕ものをまとめただけのものが大半である．あるいは，かつてa・b・c等の記号を付して細分表記したものや一つの遺構番号で一括した採掘址〔安蒜・小杉1993：図2，安蒜1994：図4〕が，バブル的な増加の際に個々別々の採掘址として番号を付されたが，それらを再びまとめたのにすぎないものも目立つ（たとえば鉱区27・28，他）．その他は散在するものを一括してグルーピングした感が強い（たとえば鉱区4・37，他）．いずれにせよ，先の類型化による全体構成の理解との関係は検討されることもなく終わっている．

時期判定： さて，ここで発掘調査が実施された第 1 号採掘址と第 39 号採掘址，01 号竪坑の各採掘址の時期について整理しておこう．第 1 号採掘址では採掘坑の下場近くの排土の白色粘土層中から縄文後期の深鉢形土器（加曽利 B1 式）が完形に近い状態で出土している．採掘の時期をほぼその時期に限定できる．

現地説明会資料（1995 年 9 月）によると，星糞峠鞍部周辺，W 群の西端に位置する第 39 号採掘址では切り合った複数の竪坑の覆土や坑底面の周囲から旧石器文化の石器類が出土しているが，採掘の時期を確定するにはいたらなかったようである．一方，虫倉山とは反対側の高松山の斜面へと向かう峠鞍部に位置する 01 号竪坑では縄文草創期後半の土器破片が多数出土し，またそれと隣接して石器製作址であると想定された竪穴状遺構が数基発掘されている．そこでの採掘の時期はほぼ草創期後半に限定されている．

実は第 1 号採掘址においても草創期と早期の土器破片が出土しており，調査の当初は狩猟の目的などでこの地を訪れた草創期や早期の人びとに由来するものかと考えていた．しかし，採掘址群全体の上限が縄文草創期にまで遡るのであれば，第 1 号採掘址の草創期・早期資料についても再考を要する．先に第 1 号採掘址の堆積構造について論じた際に，第 1 回目の採掘が「当時の地表面」を掘削して開始されたことを述べたが，その「当時」とは縄文後期ということになる．地表面には表土層として黒褐色系の土層が堆積しているが，実はその下層には自然堆積のものとは異なりやはり排土の堆積かと思われる土層が堆積していた（図 2.3 e・f）．これによって後期よりもさらに以前に遡って，この場所で採掘が実施された可能性が示唆されたが，その時期については判然としなかった．この第 1 号採掘址が位置する N 群（Ns フロー）の南西隅は S 群と W 群の境であるので，以前に行われたそこでの採掘（「プレ第 1 号採掘址」と仮称する）が草創期（あるいは早期の可能性も考えられるが，開始時期としてはより古い段階を想定しておく）にあたり，なおかつ各群においては斜面下側から上側に向かって採掘が進行したのであれば，プレ第 1 号採掘址は S 群の最下位に近いグループ（その中でも最も西寄り）に属することになる．よって S 群もその形成の上限は草創期にまで遡る可能性がでてくる．その場合は W 群と S 群とにおいて草創期あるいは早期から採掘が開始され，やがて後期に至ると N 群の採掘に引き継がれる，という解釈になる．

(草創期)　　　　　　　　　　(後期)

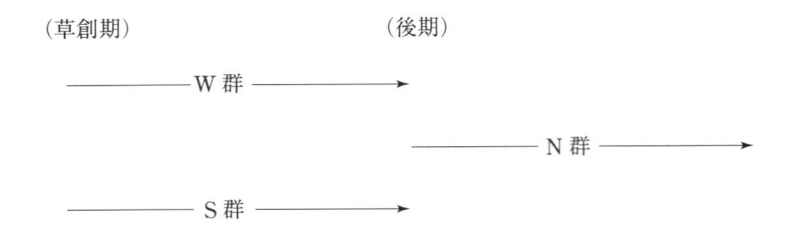

　　　　―――― W 群 ――――→

　　　　　　　　　　　　　　　―――― N 群 ――――→

　　――― S 群 ―――→

補註 8：第 1 号採掘址地点付近での採掘開始時期について

　『鷹山遺跡群Ⅲ』(1999) では，「トレンチ南側の崩落土中から回収」された 3 片の同一個体の土器破片（縄文早期・鵜ヶ島台式）が提示されている〔宮本 1999：81〕．また草創期後半の押圧縄文系土器の破片 7 点（「すべて同一個体」）については，そのうち 1 点は「トレンチ南側東壁の表土層下部」から出土し，他の 1 点は「トレンチ南側西壁の『旧地表面』層群の最下部」から出土，残る 5 点は「トレンチ南側の崩落土中から回収」されたものである〔岩泉 1999：80〕．（本文中に記載された「トレンチ南側の崩落土」について，「正式報告」〔長門町教育委員会・他 1999：例言〕においてはそれ以上の説明はなされていないが，それは 1992 年度の調査終了から翌年 1994 年度の調査が再開される間に生じたトレンチ南東壁の崩落によって生じたものである．）

　「この層群（筆者補足：『旧地表面』を構成する一連の堆積」層のこと）の下層より，縄文時代草創期後半の多縄文系土器が出土している．早期後半の土器片も，この層群中の出土である可能性が高い」〔野口 1999：79〕と記述されている．しかし正確に記すならば，早期の土器の出土層位については後期の採掘の排土にあたる「トレンチ南側東壁の表土層下部」か，後期よりも前の「トレンチ南側西壁の『旧地表面』層群」か，いずれかのはずである．前者の場合，先にその存在を予測した「プレ第 1 号採掘址」の帰属時期は早期鵜ヶ島台期まで下る可能性もあるが，ここでは既述どおりに「プレ第 1 号採掘址」の帰属時期を「草創期」と仮定しておく．なお，かりに「プレ第 1 号採掘址」が早期であったとしても，その排土中には草創期の土器が混在したことになるので，S 群全体の上限時期については草創期に遡る可能性を想定しておくのが妥当である．

補註 9：発掘方法と時期判定との問題点

　第 39 号採掘址と 01 号竪坑の発掘調査の成果は『鷹山遺跡群 IV』（2000）に掲載されている．第 39 号採掘址では「少なくも 7 基の竪坑」が確認されている〔野口・門内・三木 2000：47〕（ただし，同報告書の他の箇所〔安蒜 2000：221〕では，「14 基以上の竪坑から構成」と記述されている）．発掘調査区からは，無文の土器小破片 2 点と「黒耀石製石器は，遺物収納用コンテナ 10 箱分が回収」された〔野口 2000：54〕．「黒耀石製石器」の内容は，「ズリ状の小原石だけでなく，剥片，砕片を含み」，また「若干の後期旧石器時代の石器が含まれ」というものである〔同：54〕．しかし，「採掘址の時期を決定できる遺物は得られなかった」〔門内・野口・三木 2000：47〕，あるいは「第 39 号採掘址の場合，残念ながら，新旧竪坑群－採掘址の時期を判断するだけの材料がない」〔野口・門内・三木 2000：54〕ために，その帰属時期，すなわち採掘が行われた時期については，特定できていない．報告書等での第 39 号採掘址の帰属時期についての記述には不明瞭な点が多く，草創期であるとされたり（「草創期（01 号採掘址，第 39 号採掘址）」〔安蒜 2000：221〕），あるいは草創期であることがあえて記述から外されたりしている（「縄文時代草創期の例（01 号竪坑ほか星糞峠主要調査区）」〔安蒜・島田・鷹山遺跡群調査団 2001：124〕．「星糞峠主要調査区」には第 39 号採掘址は含まれない）．第 39 号採掘址の帰属時期を確定することは，W 群全体の構成を考えるためにもきわめて重要な点であるが，このように調査団内においても見解は不明確なものになっている．その背景として，「土層断面の確認により，採掘址の地下埋没部分の状況を把握すること」が「第一の目的」とされたために，「重機を併用して掘り下げを開始，表土を除去した時点」で「写真 7」〔長門町教育委員会・他 2000：46〕や「第 20 図」〔同前：49-50〕に示されたような明確な竪坑の切り合いを平面的に確認しながらも竪坑ごとの遺構発掘・分層発掘を行わずに，さらに「重機を利用して掘り下げを続行」するような発掘調査の方法〔門内・野口・三木 2000：46-47〕が採用されて，結果として「遺物の取り上げは，基本的には調査区一括」〔野口 2000 a：54〕という精度になってしまった点に問題があったためと思われる．

　一方，01 号竪坑の帰属時期については，『鷹山遺跡群 IV』（2000）において「各遺構，および『上部層群』の形成時期についても，基本的に草創期後半という時間幅の中に位置づけて考えることができる」〔野口 2000 b：158〕と結論さ

れている．星糞峠鞍部の「主要調査区」では，01 号竪坑の他に 1 号遺構・2 号遺構・1 号土坑・2 号土坑が発見されている．調査区全体は，「地山」・「各遺構を埋める覆土」・「上部層群」の三つの層群から構成されており，4 群に分類された土器片 389 片が出土している．その内訳は第 1 類「刺突・押圧縄文土器」（29 点）・第 2 類「回転縄文土器」（35 点）・第 3 類「無文土器」（267 点）・第 4 類「条痕文土器」（58 点）であり，前二者はおおむね草創期後半に比定され，出土数の最も多い第 3 類「無文土器」については不明，第 4 類「条痕文土器」については 1 号遺構から鵜ヶ島台式土器が出土していることから，早期後半に属する資料が確実に含まれることが示されている（田中・岩泉・矢澤・野口 2000：79-106）．01 号竪坑からも 4 群の土器破片が混在した状態で出土している〔同：103・第 45 図〕．この結果をもって 01 号竪坑を含む「主要調査区」については，「量的に多数を占める草創期後半の土器に対して，第 1 号採掘址における第Ⅲ群土器（筆者補足：加曽利 B1 式）のようなかたちでまとまった他時期の資料は認められない．したがって，基本的には草創期後半という時間幅の中で，資料が『混在』し包含されるに至った」〔野口 2000 b：157〕と論じているが，不適切な判断である．「量的に多数を占める」出土土器は，時期比定が不明である「無文土器」である（ちなみに，時期比定ができた最も新しい土器は早期後半の鵜ヶ島台式である）．また第 1 号採掘址の帰属時期が縄文後期に特定された根拠は，竪坑覆土中から「第Ⅲ群土器のようなかたちでまとまった」出土があったからではなくて，廃棄の原位置性を示している完形に近い第Ⅲ群土器の出土状態と，（竪穴覆土から出土した第Ⅲ群土器破片の中には第Ⅰ群土器（草創期後半）が混在していたが）より新しい時期の資料をもってそれらが出土した遺構や層位の帰属時期を判定するという「非常に初歩的な考古学上の層位論」〔野口 2000 b：157〕とによっているのである．あたかも第 1 号採掘址での出土状況が 01 号竪坑や「主要調査区」の帰属時期を判断する際の傍証となるような記述の仕方は公正ではない．

　形成過程：　W 群と S 群との個々の採掘址の形態や配置の規則性の違いは，単にそれぞれの地形条件の差異を反映しただけにとどまらず，採掘に携わった集団の相違もかかわっている可能性も考慮しておくべきだろう．N 群中には連続する採掘址の 2 本のフローが確認されたが，それぞれがそれ以前の W 群と S 群の系

統を引くとも考えられる（仮説1）．しかし，W群中における2本のフローとN群中のそれらとの連続性の強さを考慮するならば，W群からN群へと採掘は引き継がれ，その際にS群は星糞峠黒曜石採掘場から手をひいた，というような集団間に緊張した関係が生じた可能性も高いといえよう（仮説2）．あるいは，N群はW群およびS群の双方と系統的な関係をもたず，後期にいたり星糞峠黒曜石採掘場での採掘からW群とS群とが撤退した後に，新たに登場した可能性もないわけではない（仮説3）．以上の解釈を図式化すると次のようになる．

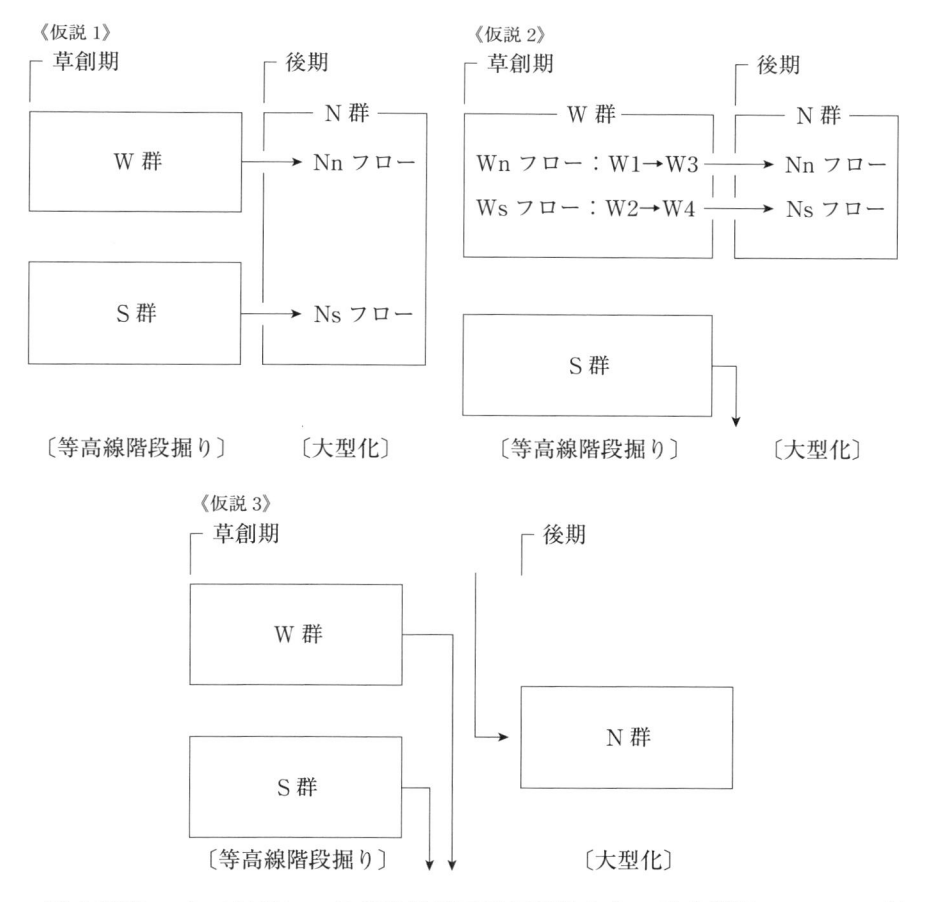

《仮説1》
草創期 — 後期
W群 → N群 → Nn フロー
S群 → Ns フロー
〔等高線階段掘り〕　〔大型化〕

《仮説2》
草創期 — 後期
W群
　Wn フロー：W1→W3 → Nn フロー
　Ws フロー：W2→W4 → Ns フロー
S群
〔等高線階段掘り〕　〔大型化〕

《仮説3》
草創期 — 後期
W群
S群
N群
〔等高線階段掘り〕　〔大型化〕

形成期間：　さて以前に，星糞峠黒曜石採掘遺跡全体の形成期間について，縄文前期から晩期にかけての期間を想定してみた〔小杉1994：5〕．その根拠とす

るところは，①最初に発掘調査の実施された第1号採掘址が縄文後期であり，それが採掘址群のほぼ中央に位置すること，②霧ヶ峰山麓周辺の縄文の遺跡では，中期のはじめころから集落内に集積された黒曜石原石の発見例が増加すること〔長崎1984：120〕，③星ヶ塔でも以前に星糞峠の採掘址と類似した遺構が発掘調査されており，そこからは晩期の土器が発見されていること〔藤森・中村1962：66〕，などであった．しかしその後の星糞峠黒曜石採掘遺跡での発掘調査の進展と，今回行った新たな分析によって，その開始期については縄文草創期まで遡り（W群・S群の開始期），その空間的な構成については複数の集団の関与（W群とS群）や時期的な変動（W群・S群→N群）が存在することが明らかになった．

採掘集団： では，いかなる単位・規模の集団が，どのような編成をもって星糞峠黒曜石採掘場での採掘に従事していたのだろうか．星糞峠黒曜石採掘遺跡の前半期にあたる草創期から（おそらく）後期初頭には，各時期のW群とS群とに対応する大きな単位の集団の存在が予測される．W群を例にするならば，その内部は異なるフローを形成する2群に分割され，その1本のフローは場合によっては並列する2基ないし3基の採掘址として顕在化してくる．すなわち1本のフローの各段階には，多いときで二つないし三つの小さな単位の集団が関与していることになる．単純に計算してW群全体ではその2倍の4単位ないし6単位，そして採掘址群の空間構成は異なるがS群にも同程度の規模を想定するならば，ある一時期に8単位ないし12単位の集団が星糞峠黒曜石採掘場で採掘に携わったことになる．

この概算は時期による増減を考慮していない観念的な数値であるが，要は一時期に複数単位の集団が採掘に従事していたことが確認されればよい．そして，それら各集団は毎回の採掘のたびごとに適当に場所を選んで採掘をしていたのではなく，採掘をする一定の区画があらかじめ定まっており，また新たな採掘場所に移る際にも，周囲の集団と歩調を合せながら実施していた様子がうかがえる．

そこで，並列する2基ないし3基の採掘址として顕在化するフローの下位の集団規模や，それらが集合して1本のフローを形成する一時期の集団規模，あるいはW群やS群などの一時期の集団規模が，これとは別の基準である住居址や集落遺跡を認識の核とする集団の把握と，いかに合致してくるのかが問題となる．

産出地外郭帯の遺跡群： 星糞峠黒曜石採掘場で採掘に従事したのは誰であろ

うか．この点に関しては以前に，霧ヶ峰山麓周辺に「産出地外郭遺跡群」とでもよぶべき集落址群が存在し，そこの人たちの一部が採掘に直接携わったと考えた〔小杉1994：6〕．正確に表現するならば，産出地外郭帯のなかに複数の共時的集落群集団が存在しており，彼らが単独で，あるいはいくつかの集団が連携して，霧ヶ峰周辺に点在する星糞峠をはじめとする，東餅屋，星ヶ塔などの黒曜石産出地を，それぞれに領有・管理し，そして採掘を行っていた，ということである．産出地外郭帯中のどこに位置する共時的集落群集団が，単独であるいは連携して，どこの産出地を，いつから領有していたのかを論じうるだけの十分な資料はいまだ揃っていないが，たとえば星糞峠黒曜石採掘場であるならば，その足下の鷹山湿地を流れる鷹山川が大門川，依田川へとつながり，やがて上田盆地で千曲川へと合流する北に開けた水系の流域に展開する遺跡群などが，その有力候補にあがってこよう．

このように考える根拠は，黒曜石を産出する標高が1500mにも達するところでは，当時の気候環境を考慮したとしても，越冬し1年間を通して集落生活を行うことは困難だと予測され，また実際に採掘址群の周辺にはそのような規模の集落遺跡は発見されていないからだ．先の鷹山川―大門川―依田川水系で縄文中期の採掘者の集落の一つと目される大仁反遺跡（長野県長和町）が現れてくるのは，標高700m付近の地点にまでくだってからである．

補註10：東俣・星ヶ塔遺跡黒曜石採掘址の発掘と大工原仮説について

鷹山遺跡群星糞峠黒曜石採掘遺跡の調査成果を受けて，1997年から2000年にかけて下諏訪町の星ヶ塔遺跡や東俣遺跡の周辺における分布調査と，そこで確認された擂鉢状の窪みでの試掘調査が実施された．その報告書は2001年に刊行された〔下諏訪町教育委員会2001〕，東俣遺跡2・6トレンチや5トレンチ（「9号凹み」）でも星糞峠第1号・第39号採掘址・01号竪坑の発掘結果と類似した竪坑状の掘方やブロック状の土層が重なり合う層群といった状態が確認された．またこの数年の間に，このような黒曜石採掘址での発掘成果や件数が飛躍的に増加してきた遺跡出土黒曜石の理化学的な産地同定の分析結果，さらにはみずから行った黒曜石の一大消費地である中野谷松原遺跡（群馬県安中市）の調査成果などを総合して，縄文文化における黒曜石の流通に関する鮮烈な論考・仮説が大工原豊によって立て続けに発表されてきた〔安中市教育委員会1998，大工原2001・

2002, 等〕．その中で直接的に言及・批判された，星糞峠黒曜石採掘址の調査結果と筆者がこれまでに発表してきた内容とに関しては，旧稿に補註を付して適宜補足説明を加えておく．

補註 11 ：採掘の開始時期と継続性について

　大工原は，群馬県域での黒曜石産地同定の結果を解釈するために，前期諸磯 b 式中段階と同新段階とを境として，黒曜石産出地における採掘区域が和田峠から星ヶ塔へと変わった点と，それと連動して運搬ルートが和田川―依田川から八島―大笹山―鷹山川―大門川へと変わった点を指摘する〔大工原 2002〕．そして，鷹山産黒曜石（星糞峠黒曜石採掘遺跡）については安蒜政雄の記述〔安蒜 2001：61〕を根拠として「前期の黒曜石流通とは直接関係していない」〔大工原 2002：82〕と述べている．霧ヶ峰全体の産出地帯において，開発・稼働時期に差があることを考慮している点は，今後の検討課題として評価できる．筆者は星糞峠黒曜石採掘遺跡での採掘の開始時期を推定する際に，霧ヶ峰山麓周辺の縄文の遺跡では，中期のはじめころから集落内に集積された黒曜石原石の発見例が増加すること〔長崎 1984：120〕などを根拠にして，前期まで遡る可能性を想定した．さらに，その後の発掘成果を受けて早期さらに草創期にまで遡る可能性も考えた．いずれにしろ，連続的でないにせよ断続的に採掘され続ける状態を念頭においている．

　これまでに星糞峠黒曜石採掘遺跡では，そのほぼ中央，標高 1500 m 付近（第 1 号採掘址）と峠の鞍部付近（第 39 号採掘址，01 号竪坑など）が発掘調査され，各採掘址の形成時期については縄文草創期と後期の 2 時期があることが確認された．この結果をもって，星糞峠黒曜石採掘遺跡全体における採掘の盛期を 2 時期と限定する〔安蒜 2001：61，大工原 2002：82〕のは尚早であろう．そのような理解も一つの可能性として考慮すべきではあるが，最少でも 2 時期，その他にも採掘が行われた時期，また盛況であった時期（早期の土器資料もすでに発掘されているのである）を想定しておくことが，今後の調査計画を立てるうえでも大切である．

黒曜石の流通

黒曜石原石

 梨久保遺跡： 次に，星糞峠黒曜石採掘場で採掘された黒曜石が，いかなる仕組みで遠隔の地まで運ばれていったのかを検討してみよう．そのためには星糞峠黒曜石採掘場を領有する，産出地外郭帯にある共時的な遺跡群中の集落遺跡を分析するのが最も望ましい．そのような位置にあり，すでに発掘調査もなされた遺跡の一つに，前記の大仁反遺跡がある．ただし現在も整理途中であり，いまだ成果を共有できない．ここでは次善の策として，水系を異にするものの同じ霧ヶ峰

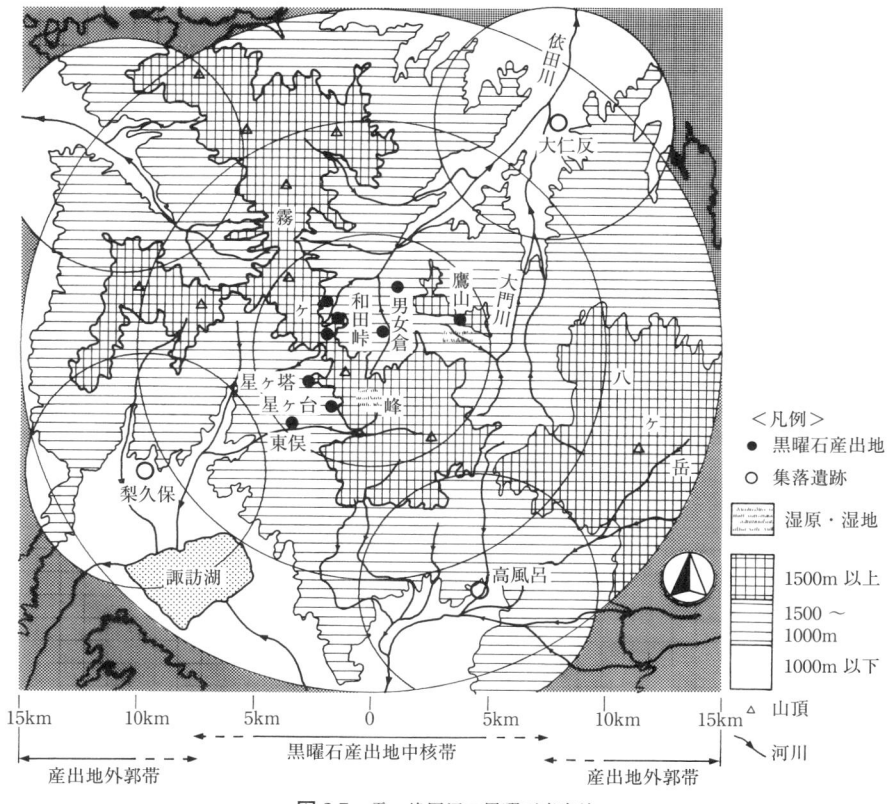

図 2.7　霧ヶ峰周辺の黒曜石産出地

山麓周辺の産出地外郭帯中の集落遺跡である梨久保遺跡を分析の俎上にのせてみよう（図 2.7）．

梨久保遺跡（長野県岡谷市）は，大仁反遺跡とは霧ヶ峰山中の黒曜石産出地中核帯を間に挟み，その反対側にあたる南西側に開けた水系の流域に位置する．縄文早期末葉から後期にかけて断続的に展開する集落遺跡であるが，ここでは大仁反遺跡に対比しうる中期を取り上げる．中期には（前期末葉〜中期初頭を除き）60 基の住居址が発掘されている．そのうち 5 基の住居址の床面から「黒曜石原石の集石址」が発見された〔梨久保遺跡調査団編 1986：93〕．ここでは遺存状態が良好で数量的分析が実施できる 3 基の住居址（E 地点 17 号，F 地点 55 号・60 号）を取り上げ，産出地外郭帯中の集落遺跡における黒曜石の原石と石核のあり方を探ってみよう．

なお，梨久保遺跡から出土する中期後葉の黒曜石原石の形状は多様で，全般的に転石が少なく，板状や角礫状などのものが多く，露頭から直接採取された可能性が指摘されている〔山田，他 1986：493〕．

住居内に集積された黒曜石：　ここで取り上げる 3 基の住居址では，床面から黒曜石が集積した状態で出土しており，また住居址竪穴覆土にも多量の黒曜石原石や石核が包含されている．集積されていた黒曜石の原石は石器材料としては使用されないままに，なんらかの理由でその場に遺棄された性格が強い．そこで遺存状態が異なる原石と石核の規模や数量的な割合を比較することによって，採掘されて集落に持ち込まれた黒曜石がどのような取り扱いを受けていたのかについて，ある程度の見通しをもつことができるであろう．

17 号住居址（中期中葉）では，床面の柱穴（Pit3）の西端から黒曜石の原石 9 点が出土している（注：報告書本文では「8 点」，付表 4 では 9 点分のデータが掲載されている）．55 号住居址（中期後葉）では，北西壁下の周溝の縁に 4 点の黒曜石原石が集積され，近接の小穴には黒曜石の石核 3 点，剥片 4 点が埋納されていた．60 号住居址（中期後葉）では，南西壁際の周溝と柱穴（Pit15）の間の位置から 8 点の黒曜石原石が集中して出土している．

石核とその原石：　住居址ごとに集積原石，覆土包含原石，石核，両極石核の平面規模の比較と，重量別個体数を示したものが図 2.8 である．集積原石は平面規模・重量ともに大きく，覆土中に包含されていた原石・石核・両極石核は平面規模が長径でも 4 cm ないし 5 cm よりも小さい値に集中する傾向が明瞭に読み

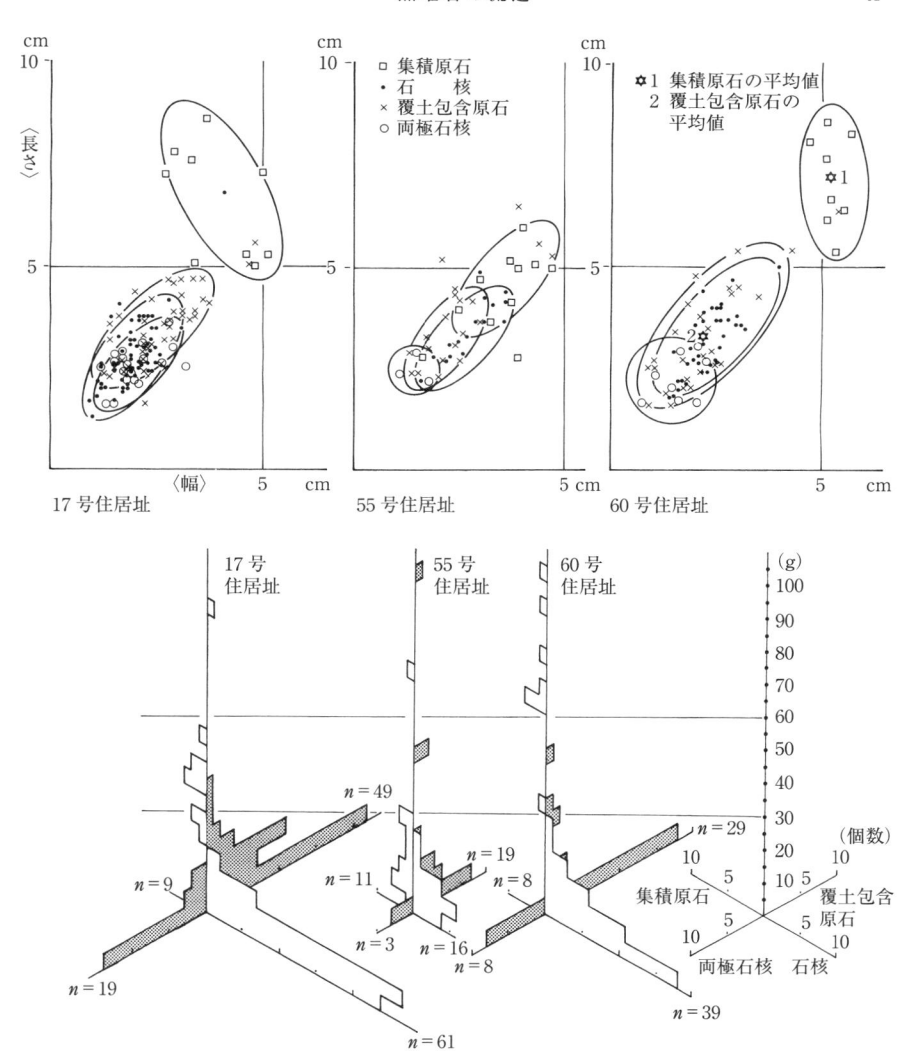

図 2.8 梨久保遺跡 17 号・55 号・60 号住居址出土黒曜石原石・石核の比較

取れる．後3者の関係では，覆土原石と石核は比較的にその分布が重なり，両極石核が最も小さい値を呈する．

　石核が覆土中の未使用の原石と共通する規模である点から，これら石核は残核

であったと判断できる．また，それら石核から剥離された剥片の数は少ないが，石核の素材となった原石は覆土中から多量に出土した原石程度の規模のものではなく，それらよりもやや大きなものと推定される．ただし，その推定される規模は集積原石ほどではなく，集積原石の平均と覆土原石の平均との中間の領域に入るものであろう（例：60号住居址・集積原石平均値重量70.6g・長さ7.2 cm×幅5.2 cm，覆土原石平均値重量9.3 g・長さ3.3 cm×幅2.2 cm）．

両極石核と覆土原石：　一方，両極石核は小さな原石から両極打法で剥片を剥離したものであり，出土数は少ない．両極石核の素材となった原石の候補としては平面規模や重量の比較から，未使用のまま覆土中に廃棄された膨大な量の原石が考えられる．ただし，数量において両極石核と未使用原石が不釣合である点に注意したい．両極打法によって剥片を生産することを目的として，膨大な数の覆土原石規模の黒曜石が遺跡に持ち込まれたのではない，ということである．

集積原石：　では，集積されていた最大規模の黒曜石の原石はいかなる性格のものであろうか．これについて報告者の山田晃弘は推測の域と断りながらも「交易品として利用されていた可能性」を指摘している〔山田，他1986：511〕．

筆者は以前に糸井宮前遺跡（群馬県昭和村）を「遠隔地黒曜石センター」として評価したが，それは産出地外郭遺跡群中の黒曜石採掘集落から黒曜石を入手し，自身の集落内で石器素材・半製品に加工し，それを周辺の集落へと供給する性格をもつ集落という内容のものであった〔小杉1994：6〕．このような遺跡の黒曜石原石・石核について検討し，産出地外郭遺跡群内の遺跡において最大規模の黒曜石原石が，本当に遠隔地への交易品として評価しうるものなのかを検証してみよう．ただし糸井宮前遺跡が集落として顕著な展開を遂げたのは縄文前期後半である〔群馬県教育委員会，他1986〕．そこで梨久保遺跡と同じく南西側に開けた水系の流域に位置する前期の高風呂遺跡〔茅野市教育委員会1986〕を取り上げることによって，中期の梨久保遺跡で指摘した集積原石についての評価が，前期においても妥当であるかを確かめておく必要がある．

補註12：糸井宮前と中棚

　筆者は黒曜石の流通と黒曜石製石器の製作（広義の製品化）を主体的に実施した遠隔地黒曜石センターとして糸井宮前遺跡を例示し，そこから供給を受けたであろう周辺遺跡の事例として中棚遺跡（群馬県昭和村）を取り上げた．この点に

ついて大工原によって,「両遺跡の距離はわずか0.5 kmと近接しており,それぞれが別の集団によって形成された遺跡とは考え難い.（…）もっと離れた場所に存在する複数の遺跡を供給先としてモデルを構築すべきであろう.」〔大工原 2002：125〕,「集落構造論的見地からみて,実際には中継地点に居住する集団の残した狩猟期の季節的キャンプサイトであった可能性が高い点を指摘した.むしろ,集団固有の生業テリトリー（この時期では半径10 km程度）を越えた場所に,本当の交換対象となる集団の一般的な集落（中規模集落）が存在していたと考えられる.」〔同：122〕といった批判が繰り返されている.

はたして大工原が述べるように,同じ集団に属する者が「0.5 km」といった近場に,竪穴住居を構築するような「狩猟期の季節的キャンプサイト」を実際に設けるだろうか.かつてHiggsらのSite Catchment Analysisの研究が紹介された際に,ホーム・ベースを中心とする半径10 kmあるいは5 kmといった円圏としてのテリトリーが提示された〔赤沢1976〕.ただし,その数値と形態は,実際には歩行距離2時間あるいは1時間として変換されるべきものであり,対象地域の地理的条件等によって円圏には当然歪みが生じてくる.〈半径10 km程度の生業テリトリーを排他的に占有する集団〉の存在を前提とする大工原の「集落構造論」なるものは,その円圏のイメージと距離感のみが純朴に堅持されているようだが,どうであろうか.別々の集落を営む集団が友好的な関係にあり,しかもその間で特定の物資に限定されるとしても需要と供給の依存関係が成立しているならば,かなり近接した距離にあっても両集落は並存しうる,という点を考慮すべきであろう.当該地域の縄文前期の集団関係を考慮するならば,彼らのテリトリーはCarrying Capacityのみで線引きされるような段階のものではないのである.

広域流通用の原石：　高風呂遺跡（長野県茅野市）では住居址の内外4カ所で黒曜石の集積址が発見されている.そのうち23号・37号住居址内の2例（集中箇所2・同3）と屋外の1例（集中箇所4）とが縄文前期初頭に属し,47号住居址覆土内で発見された1例（集中箇所1）は屋外の事例であり前期中葉以降に帰属する.これら各集積を構成する黒曜石の平均的な規模は図2.9に示すように,梨久保遺跡の集積原石の分布とほぼ一致する値を示す.また,このグラフに糸井宮前遺跡出土の黒曜石原石1点と石核4点の値を重ね合せると,石核の値の分布は高風呂・梨久保両遺跡の集積原石の分布内におさまり,原石1点のみが大きく

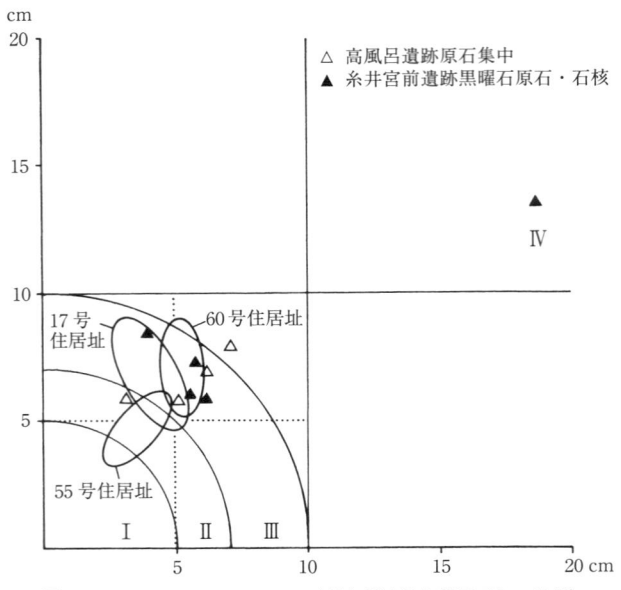

図2.9 黒曜石原石の4ランク（梨久保遺跡集積原石との比較）

かけ離れた値を示している結果が得られる．

このような検討から，産出地外郭遺跡群における黒曜石の集積原石が，広域流通用の交換財であった蓋然性は高いであろう．

4種の原石： 以上の結果を要約すると，産出地外郭遺跡群には3種類の規模と性格とを異にする黒曜石原石が存在していたことになる．その1は，覆土包含石核の原石であったと推定される中規模の黒曜石原石であり，おもに集落内で日常的に消費されたものである．その2は，大半のものは原料として使用されることなく，竪穴覆土中に廃棄された小規模の原石である．そのうちのごく少量の原石からは，両極打法で剥片が剥離されることもあった．覆土出土の両極石核がそれに相当する．その3は，集積された状態で出土する大規模な原石であり，広域流通用の交換財として遠隔の遺跡まで運ばれたのは，この規模のものが多かったであろう．

そして，これらとはランクを異にする巨大規模の黒曜石原石が存在することを，糸井宮前遺跡の事例から知ることができた．それは前述の「遠隔地黒曜石センター」で消費されることなく保管されていた点に特徴がある．おそらくそのよ

うな性格の遺跡と産出地外郭遺跡群中の採掘集落との間でパートナー関係を生み出し，交換関係を維持するうえで象徴的な働きをした「威信財」のカテゴリーに属する第4の原石だったのだろう〔小杉1994：6〕．

補註13：黒曜石原石のランクについて

　筆者は産出地外郭帯に位置する梨久保遺跡（中期）の事例を具体的に取り扱い，その結果に同じく産出地外郭帯にある高風呂遺跡（前期）と産出地から遠く離れた糸井宮前遺跡（前期後葉）とのデータを加えて，流通する黒曜石原石に四つのランクがあることを指摘した〔小杉1994〕．一方，大工原は各地域の遺跡出土原石のデータを収集して，重量によって区分される4グループ（超大形原石〔1.5 kg以上〕・大形原石〔300 g～1.5 kg〕・中形原石〔100 g～300 g〕・小形原石〔100 g以下〕）の存在を指摘することになる〔大工原2002：107〕．同じ4区分ではあるが，筆者が取り扱ったデータでは大工原による「大形原石」と「中形原石」のランクは欠落しており，約100 g以下の原石を大規模・中規模・小規模の3ランクに区分した結果，全体として4区分になったものである．産出地外郭帯の集落においては，中規模原石（約15 g～50 g）が日常的に消費され，大規模原石（約50 g～100 g）が広域流通用の交換財として取り扱われた状況を想定した．大工原が100 g以上1.5 kgにまで及ぶ中形・大形原石の存在を明確にした点は評価したいが，同じ視点から出発しながら各ランクの内容が先行研究である筆者の見解とは一致しないところがある以上は，他の点ではそうしているように，異なる結果が生じた要因についてそこでも議論すべきである．

集団関係と領有化問題

　産出地外郭遺跡群内の集団関係：　そこで一つの疑問が立ちあがる．それは竪穴覆土中から出土した未使用の小規模原石の量の多さである．この点について山田晃弘は「露頭にある原石をあまり選択することなく利用している」〔山田，他1986：493〕状況を想定している．しかし，石材の選定を獲得地では行わずに，不要なものまでも多量に集落へと持ち帰ったとするこの解釈に筆者は疑問をもっている．石器製作の技術と知識において今日の私たちよりもはるかに卓越していた当時の人たちが繰り広げる社会状況を，あまりにも素朴単純に理解してしまっているのではないだろうか．

黒曜石原石と石核の総数に対する使用されずに（正確には，使用しえずに）廃棄された原石の割合を廃棄率とよぶならば，たとえば17号住居址ではその値は40％を超えている．筆者が以前に，産出地外郭帯の遺跡群のなかにあっても，産出地で黒曜石を採掘できる集落とその権利をもたない集落があったのではないかと想定したのは，これらのデータによっている〔小杉1994：6〕．すなわち，梨久保遺跡は産出地外郭帯に位置しながらも採掘者の集落ではなく，同じ遺跡群中の採掘集団の集落から，使用不能な黒曜石原石まで含めた上記3種の黒曜石原石を一括して入手せざるをえなかった状況が想定されてくる．

補註14：大工原・黒曜石の「商品」化について

産出地外郭帯の集落遺跡で多量に出土する小規模原石（10g以下）の評価について，筆者と大工原の見解とは大きく異なっている．筆者の見解は旧稿に示したとおりであるが，大工原はそれを産出地外郭帯の集落で「サイズと量を基準とした選別行為が行なわれた」と考え，それを「原産地における質を重視した選別」とともに二段階の選別行為として理解する〔大工原2002：106〕．さらに，そこに「黒曜石の品質を維持しようとする一定の基準」〔同前：107〕が存在していたことを推定して，黒曜石原石の「商品」仮説を主張している．

採掘集団の系統性と領有化問題：　前述のように霧ヶ峰山麓周辺の縄文の遺跡では，中期のはじめころから集落内に黒曜石原石を集積した事例が多くみられるようになる．さらに，同様の事例は前期にまで遡り，また糸井宮前遺跡のように遠隔地黒曜石センターとしての顕著な性格を備えた集落遺跡が出現してくる時期もまた前期まで遡りうることを確認した．これらのことから星糞峠周辺での黒曜石採掘が本格的に開始された時期を縄文前期と想定し，また中部高地の黒曜石産出地を中心として遠隔地の集落を取り込んだ黒曜石流通網が本格的に整備されるのもほぼこの時期から，とする考えを以前に発表した〔小杉1994：6〕．

その後の星糞峠黒曜石採掘遺跡の調査の結果，黒曜石の採掘が縄文草創期にまで遡ることがほぼ確認されたので，従来の見解も一部修正しなければならない．そこで星糞峠周辺での採掘の時期については，先に論じたようにW群とS群において草創期から開始された可能性を指摘した．それ以降，各群において継続的あるいは断続的に黒曜石採掘が実施されたと理解したのであるが，各時期・各段

階において採掘に携わった集団間に系統的なつながりがあったのか否かが問題である．

　W群を例にとるならば，その内部には2本のフローをなす採掘址の配列がみられ，採掘集団間になんらかの系統性が存在したことが予測される．ただし，W群の最西端に位置し，草創期に採掘されたことが確認された01号竪坑は，上記の2本のフローに直結するとは判断しがたい位置にあるようだ．そこであらためて，フローが形成されるようになる最初の時期が問題となるが，これについてはやはり縄文前期中葉，遡ってもその初頭あたりからではないかと想定しておきたい．すなわち，この時期から産出地での黒曜石の採掘とそこから延びる黒曜石流通網とは，相互に関連しながら本格化したものと考えられる．そしてここでの採掘に携わった集団間の系統性についても，ほぼこの時期以降に明確化したことを予測しておこう．これは産出地の領有化の問題でもあり，平地の集落を中心とした領域の形成と密接に関連しながらも，それとは異なった規模と系統性の強さをもって展開したのではないだろうか．

　土器型式現象と黒曜石流通網：　さて，このように縄文前期中葉ころに黒曜石流通網の整備が本格化したことについての見通しを述べたわけだが，そのことの一つの傍証として以下のような「土器における型式学的な現象」（以下，土器型式現象と略記する）を指摘しておこう．なお，ここでいう土器型式現象とは，土器にみられる共通した文様や器形の特徴が，ある一定の空間的な広がりのうちに同時に存在し，かつ同一方向に同一歩調で変化する傾向や，土器型式圏と認定される広がりが，時間の経過とともに異なる土器型式圏に分割されたり，それとは逆に異なる土器型式圏どうしが一つのそれへと統合されたりする現象を包括するものと定義する．

　縄文前期前葉（前半），八ヶ岳北麓から東麓にかけての地域は神之木式土器圏に属し，一方北関東地域は関山2式土器圏の一部であった．相互に土器を媒介とした交渉は存在したが，両土器型式は明瞭な相違をもって区分されるものである．それが前期中葉になると，両地域ともに「大形菱形文土器」を組成の主要な一部とする土器型式圏へと変化していく．この土器は前時期の八ヶ岳北〜東麓域の神之木式土器との型式学的連続性を強くもつものである．ただし両地域において一見して同じである「大形菱形文土器」は，それぞれの地域の伝統的な土器製作法を踏襲しており，八ヶ岳北〜東麓域では胎土に繊維を混ぜず，北関東地域で

は繊維を混ぜるといった顕著な相違点も備えている．この点に着目して，両地域をもって異なる二つの土器型式圏として理解し，それぞれを別の土器型式名でよぶ研究者もいる〔鳥羽1985：371〕．しかし，「大形菱形文土器」における繊維含有の有無は，当事者にあっては両者を相互に弁別するための特徴ではなく，意識下のことであっただろう．むしろ彼らにとっては「同一」の有文土器を製作し使用しているという意識の方が強くはたらき，かつ重要であったはずである．前期前葉にも両地域間に土器を媒介とした交渉は認められるが，前期中葉の「大形菱形文土器」の成立は両地域間の交渉関係がきわめて濃密化したことのあらわれと理解される．

　黒曜石産出地から遠隔の地にある北関東地域の人たちが，潤沢かつ安定して黒曜石を得るために，それを擁する八ヶ岳北〜東麓域の人たちと緊密化する一手段として，上記のような土器型式現象における同一化を達成したのか，あるいは黒曜石流通網の整備の結果，そのような現象が引き起こされたのか．時間的な因果関係のみをもってするならば，前者の見解が支持されるが，実際はそれほど単純には推移していないであろう．この時期の中部高地やその周辺地域では，上記の土器型式現象の変化に象徴されるような集団関係の再編成が活発になされた可能性が高い．それに黒曜石採掘の本格化と黒曜石流通網の整備とが密接にかかわっていたことは確かなようである〔小杉1997a：290，小杉1997b：92〕．

補註15：土器型式現象と黒曜石流通

　以前に筆者は有尾期をもって黒曜石流通網の整備が達成されたような表現をしてしまったが不正確な記述であった〔小杉1997a：290，小杉1997b：92〕．正しくは旧稿のように，糸井宮前例を一つの根拠として「黒曜石流通網の整備」を認め，その期間を有尾期から諸磯期にかけての「前期中葉」に求めるべきである．大工原データ〔大工原2002：73・表1〕にも見られるように，有尾期は前後の時期と比べて「黒曜石流通量の減少」が見られる時期でもある．よって，〈有尾期の「大形菱形文土器」に見られた土器型式現象における同一化〉と同地域における黒曜石流通との活発化とには時間的なズレがあることがわかる．これをどのように評価するかが重要な課題である．次期の諸磯期になると，学史上の経緯で別名が付けられるが，また微視的には確かに各地の地域色は存在するが，実際には関東から中部高地東部は「諸磯式土器」として今日の我々が把握しうる〈一

つ）の土器型式圏が形成される．このような土器型式現象が成立する前段階として，両地域における有尾期の「大形菱形文土器」の成立を位置づけることができるであろう．まさに，両地域における黒曜石流通の退潮期に，以前にも増した土器情報レベルでの交渉が活発化して，さらに次期に至り両地域間で同一土器型式圏が形成されるとともに，黒曜石流通網も整備された，と評価することができるであろう．

補註16：時間の経過と理解の程度

　これまでの筆者の研究では，縄文前期の半ばを境として，縄文文化後半期における黒曜石流通の基本的な仕組みが産出地と遠隔地の間に形成される見通しを論じてきた〔小杉1994〕．この点に関して大工原は「小杉は（筆者補足：大工原の）第2段階と第3段階を一緒に捉え」ており，「時系列的に実態に即していない」と批判している〔大工原2002：122〕．後続する大工原の研究成果と比べて，確かに時間的な展開過程についてはそれほどに細かくは捉えていないが，筆者が提示した内容は大工原の第1段階から第2段階にかけての変化過程に対応するような時期と内容であり，「黒曜石流通の通時代的な変化を把握しておら」〔同前：69〕ないわけではない．

付記：2006年12月に補註を加えた後，2007年7月に長和町が主体となって新たに鷹山遺跡群調査団（団長：矢島國雄）が結成され，星糞峠黒曜石採掘遺跡の史跡整備のための調査が実施された．1994年以来13年ぶりに第1号採掘址の発掘調査区の土嚢が取り外され，1991年トレンチが拡幅され，新たな土層断面が削りだされた．今回の調査で，1991年に同トレンチ東壁面の「採掘活動⑩の排土」（層群）中から出土した縄文後期土器（加曽利B1式）に接合する破片が，西壁面「採掘活動⑧の排土」（層群）中から出土した．これによって前者の層群と後者の層群との切り合い関係が逆転する可能性が高まった．あるいは両層群の括り方の問題かもしれないが，図2.3の層群の括り方，および図2.4の採掘活動の復原工程図の順序は一部再考しなければならない（2008年3月）．

文　献

1)　秋田県埋蔵文化財センター：曲田地区農免農道整備事業に係る埋蔵文化財発掘調査報告書Ⅱ―家

ノ後遺跡―．秋田県埋蔵文化財振興会，1992．
2) 安蒜政雄・小杉　康：黒耀石原産地における原石の採掘と石器の製作―長野県小県郡長門町鷹山遺跡群―．日本考古学協会第59回総会研究発表要旨，24-27，1993．
3) 安蒜政雄：星糞峠・鷹山黒燿石原産地―長野県小県郡長門町鷹山遺跡群―．日本考古学協会1994年度大会研究発表要旨，11-14，1994．
4) 群馬県教育委員会・群馬県埋蔵文化財調査事業団：糸井宮前遺跡Ⅱ．群馬県考古資料普及会，1986．
5) 小杉　康：縄文人の採掘．月刊歴史手帳，**20**-6，15-17，1992．
6) 小杉　康：黒燿石産出地における採掘活動の復原―長野県鷹山遺跡群の調査―．日本文化財科学会第11回大会研究発表要旨集，5-8，1994．
7) 小杉　康：遥かなる黒燿石の山やま．戸沢充則編，縄文人の時代，121-151，新泉社，1995．
8) 小杉　康：関東南部の縄文前期中葉の土器群―土器製作の技術相関論と集団関係論との視座より―．谷藤保彦・関根愼二編，第10回縄文セミナー前期中葉の諸様相，281-356，縄文セミナーの会，1997 a．
9) 小杉　康：関東南部の様相―関東南部の縄文前期中葉の土器群―．谷藤保彦・関根愼二：第10回縄文セミナー前期中葉の諸様相―記録集―，82-104，縄文セミナーの会，1997 b．
10) 小杉　康：縄文時代の集団と社会組織．高橋龍三郎編，現代の考古学6　村落と社会の考古学，115-134，朝倉書店，2001．
11) 斉藤　進・松崎元樹・及川良彦：縄文時代中期の粘土採掘坑群の調査―多摩ニュータウンNo.248遺跡―．日本考古学協会第57回総会研究発表要旨，25-28，1991．
12) 茅野市教育委員会：高風呂遺跡．茅野市教育委員会，1986．
13) 鳥羽政之：溜井・大久保遺跡出土の縄文土器（第7群土器）について．赤城村教育委員会・群馬県教育委員会編，見立溜井遺跡・見立大久保遺跡，369-371，赤城村教育委員会，1985．
14) 長崎元廣：縄文の黒曜石貯蔵例と交易．長野県考古学会編，中部高地の考古学Ⅲ，108-126，長野県考古学会，1984．
15) 長門町教育委員会：大仁反遺跡―長野県小県郡長門町大仁反遺跡発掘調査概報―．長門町教育委員会，1987．
16) 梨久保遺跡調査団編：梨久保遺跡―中部山岳地の縄文時代集落址―．長野県岡谷市教育委員会，1986．
17) 藤森栄一・中村龍雄：星ケ塔黒曜石採掘址―縄文文化晩期の採礦―．古代学，**11**-1，58-67，1962．
18) 山田晃弘・樋口喜重子・桜下光男：石器分析の方法と出土石器の検討．梨久保遺跡調査団編，梨久保遺跡―中部山岳地の縄文時代集落址―，490-542，長野県岡谷市教育委員会，1986．

補註追加文献

1) 赤沢　威：先史学における解釈．日本の旧石器文化5　旧石器文化の研究法，215-288，雄山閣，1976．
2) 安中市教育委員会：中野谷松原遺跡．安中市教育委員会，1998．
3) 安蒜政雄：縄文時代草創期黒耀石採掘鉱山の成り立ち．鷹山遺跡群Ⅳ，219-227，長門町教育委員会・鷹山遺跡調査団，2000．

補註追加文献

4) 安蒜政雄：黒曜石の産地．季刊考古学，77号，59-61，2001.
5) 安蒜政雄・島田和高・鷹山遺跡群調査団：星糞峠縄文時代黒曜石採掘鉱山の研究—長野県鷹山遺跡群—．日本考古学，11号，123-132，2001.
6) 岩泉辰子：第1号採掘址の出土遺物（第Ⅰ群土器：草創期の土器）．鷹山遺跡群Ⅲ，79-99，長門町教育委員会・鷹山遺跡調査団，1999.
7) 門内政広・野口 淳・三木陽平：調査の方法と経過．鷹山遺跡群Ⅳ，46-47，長門町教育委員会・鷹山遺跡調査団，2000.
8) 小杉 康：縄文のマツリと暮らし．岩波書店，2003.
9) 島田和高：黒曜石採掘址の地形的な特徴と類型．鷹山遺跡群Ⅴ，17-25，長門町教育委員会・鷹山遺跡調査団，2001 a.
10) 島田和高：採掘址の分布と「鉱区」のあり方．鷹山遺跡群Ⅴ，70-76，長門町教育委員会・鷹山遺跡調査団，2001 b.
11) 下諏訪町教育委員会：黒曜石原産地遺跡分布調査報告書—和田峠・霧ヶ峰—Ⅰ．下諏訪町教育委員会，2001.
12) 大工原豊：縄文時代前期における黒曜石流通の転換—群馬から山梨へ—．山梨県考古学会誌，12号，163-167，2001.
13) 大工原豊：黒曜石の流通をめぐる社会．縄文社会論（上），67-131，同成社，2002.
14) 鷹山遺跡群調査団：長野県鷹山遺跡群の調査．明治大学考古学博物館館報 No.9，47-56，1994.
15) 鷹山遺跡群調査団（研究代表者戸沢）：長野県鷹山黒曜石原産地遺跡群の研究（課題番号08401013）．明治大学鷹山遺跡群調査団，1999.
16) 田中祐二・岩泉辰子・矢澤健太朗・野口 淳：出土土器．鷹山遺跡群Ⅳ，79-106，長門町教育委員会・鷹山遺跡調査団，2000.
17) 長門町教育委員会・鷹山遺跡調査団：概報・鷹山遺跡群1．長門町教育委員会・鷹山遺跡調査団，1999 a.
18) 長門町教育委員会・鷹山遺跡調査団：鷹山遺跡群Ⅲ．長門町教育委員会・鷹山遺跡調査団，1999 b.
19) 長門町教育委員会・鷹山遺跡調査団：鷹山遺跡群Ⅳ．長門町教育委員会・鷹山遺跡調査団，2000.
20) 長門町教育委員会・鷹山遺跡調査団：鷹山遺跡群Ⅴ．長門町教育委員会・鷹山遺跡調査団，2001.
21) 野口 淳：第1号採掘址の試掘調査．鷹山遺跡群Ⅲ，71-79，長門町教育委員会・鷹山遺跡調査団，1999.
22) 野口 淳：第39号採掘址の出土遺物（黒耀石製石器）．鷹山遺跡群Ⅳ，54-60，長門町教育委員会・鷹山遺跡調査団，2000 a.
23) 野口 淳：1995〜1997年度調査の成果と課題（遺構の埋没過程と遺物の出土状況）．鷹山遺跡群Ⅳ，155-161，長門町教育委員会・鷹山遺跡調査団，2000 b.
24) 野口 淳・門内政広・三木陽平：第39号採掘址の構造．鷹山遺跡群Ⅳ，47-54，長門町教育委員会・鷹山遺跡調査団，2000.
25) 宮本淳一：第1号採掘址の出土遺物（第Ⅱ群土器：早期後半の土器）．鷹山遺跡群Ⅲ，79-99，長門町教育委員会・鷹山遺跡調査団，1999.
26) 明治大学黒曜石研究センター：黒曜石文化研究．2号，明治大学黒曜石研究センター，2003.

第3章

弥生時代の青銅器の生産形態

井 上 洋 一

　弥生文化は，縄文文化の伝統性と中国および朝鮮半島からもたらされた大陸文化の先進性，そして弥生人自らが生み出した独自性の融合によって誕生した文化である．

　大陸からの小規模な人々の渡来は，弥生時代以前からあったに違いない．北部九州の各地域には大規模な集団の渡来のほかに，恒常的に小規模な渡来があったと見られる．一方，小規模ながら日本海に面する山陰・北陸地域でも北部九州経由の一元的な動きとは異なる直接的な渡来を想定することができる．日本列島に中国大陸・朝鮮半島からもたらされた数々の文物・技術・思想は，そこに暮らす人々そのものにも大きな影響を及ぼした．

　大陸からもたらされた技術の中でとくに注目されるのが金属器の生産である．中でも青銅器の生産は弥生社会に大きな変革をもたらした．日本の場合，青銅器と同時期あるいはそれにやや先行するように鉄器の存在が明らかとなっているため，西アジアやヨーロッパ等にみられる純然たる青銅器時代は存在しないことになる．しかし，その文化内容は互いに共通するものがある．

　かつて，V. G. チャイルドは，青銅器時代を「金属（銅と青銅）が主要な刃器や武器に用いられて，それ以前の石製や骨製や木製の用具にとってかわるか，あるいはそれを補充する工芸上の段階」とし，この時代の特徴として，効率のよい生産工具と武器の出現，採鉱と溶鉱に関する科学的な知識のはじまり，専門的工人の登場，社会的分業の成立，閉鎖的な自給自足的経済体制から組織的な広域経済体制への移行，都市の形成，文字の使用，統治組織の確立，畜力の利用などをあげ，青銅器時代の社会経済史上の意義を説いた[1,2]．研究史を紐解くと，弥生時代における青銅器の研究は，こうしたチャイルドの視点で検討されてきたといえる．

　本章では，こうしたチャイルドの視点を尊重しながら弥生時代の青銅器に関す

る各遺跡の遺構・遺物のあり方を追い，そこに鉛同位体比の研究の成果を重ね合わせた分析をとおし，弥生時代の青銅器の生産形態について考えてみる．

青銅器の生産形態

　その地で青銅器が生産されたことを端的に証明するのが鋳造遺構の発見である．また，鋳型・坩堝(るつぼ)・取瓶(とりべ)・羽口(はぐち)（送風管）・銅滓といった鋳造関係遺物の発見も間接的ではあるが，その地での青銅器の生産を示唆する．しかしながら，現在までに発見されている鋳造遺構はきわめて少なく，それだけで弥生時代の青銅器の生産を論ずることは不可能である．そこで注目されるのが鋳造関係遺物のなかでも比較的まとまった発見数のある鋳型である．弥生時代の鋳型には石製と土製があるが，圧倒的に残存率が高いのは石製である．とくに北部九州の場合，伝統的に青銅器の鋳造には石製鋳型が用いられている．鋳型に彫り込まれた型の種類と型式の認定を行い，その鋳型と製品の同定作業を行うことによって青銅器の生産と流通の関係を知ることが可能となる．また，近畿地方における銅鐸の石製鋳型と製品の関係から，後述するようにかなり広範囲にわたる青銅器流通ネットワークの存在が想定できる．ただし，石製鋳型は多くの場合，その使用を終えた後，砥石として転用されているため，その出土地が直接青銅器の生産地として確定できないことは注意しておかなければならない．これに対し，中型の存在はその製作地に直結すると考えてよい．銅矛・小銅鐸・銅鋤先といった中空部をもつ青銅器の製作のためには土製の中型を必要とする．この中型はそのままでは何の転用価値もなく，その廃棄場所はすなわちその製作場所と考えてよいだろう．したがって，こうした遺物のあり方はその地での青銅器の生産を端的に示すものといってよい．

生産工房の実態

　まず，青銅器生産の中核をなす九州地方と近畿地方に分け，それぞれの地域の青銅器生産工房ならびに青銅器生産の状況について述べる．

　九州地方

　福岡県・佐賀県を中心とする北部九州の地から炉跡をともなう青銅器鋳造関連遺跡が発見されている．

　中でも注目すべきは福岡県春日市に所在する須玖(すく)坂本遺跡である．この遺跡は

名前こそ須玖坂本遺跡となっているが，報告者によれば須玖岡本遺跡群の坂本地区という表現の方が適切だという．1899年に発見された須玖岡本遺跡の王墓地点から約150m南西の距離にある．1990年以降，断続的に調査は継続され，これまでに各種の鋳型や坩堝をはじめとする青銅器鋳造関連遺物や遺構が多数発見され，ここが大規模な青銅器工房跡であることが確認されたのである[3]．また，周辺には弥生時代のガラス器工房が確認された須玖五反田遺跡，青銅器工房が確認された須玖永田遺跡，鉄器工房とみられる須玖唐梨遺跡などが存在する．こうした遺跡にはガラス器・青銅器・鉄器といった高熱処理を伴う生産工房が集中的にみられ，この地域一帯が金属器ならびにガラス器生産工房のセンターであった状況が推定できる．

これまでに須玖坂本遺跡で発見された青銅器鋳造関連遺物は，石製鋳型・中型・坩堝・取瓶・坩台・鞴(ふいご)の羽口・銅滓，ガラス器製作関連遺物は勾玉鋳型・坩堝などである．この他，石製鋳型の未製品，貨泉，分銅形土製品などがある．

ここでとくに注目されるのが石製鋳型の種類の多用さとその量の多さである．種類としては矛・剣・戈(か)・鐸・鏃(ぞく)・鏡・筒状銅製品があり，その総数は約30点にのぼる．また，この他器種の認定できない鋳型片や未製品など数十点も発見さ

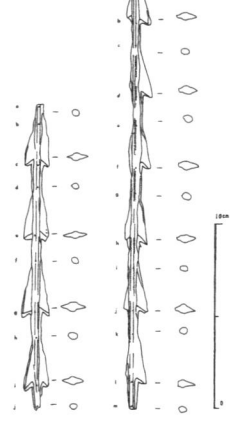

図3.1 連鋳式銅鏃の鋳型と製品
左：福岡県須玖坂本遺跡出土[3]．右：滋賀県伊香郡出土（小），滋賀県内出土（大）．

れている．これらの石材は石英-長石斑岩と報告されている．また，銅矛・小銅鐸・青銅製鋤先などの土製中型の発見も重要である．とりわけ銅矛の中型は総数400片以上も発見され，銅矛の大量生産の状況も窺うことができる．

また，筒状銅製品鋳型は2面を鋳型として使用し，一つの面に筒状製品と棒状製品の型が，もう一つの面に無茎鏃の型が彫り込まれている．この鋳型で鋳造されたと考えられる製品は福岡県新宮町夜臼・三代遺跡から出土している．

鏃の鋳型はきわめてユニークなものである（図3.1）．表裏2面を鋳型面として使用し，それぞれに連続する鏃を彫り込む，いわゆる連鋳式銅鏃の型となっている．全長33.3 cm，最大幅14.9 cm，最大厚6.2 cmを測る．表面には1列7個の鏃型が7列，裏面には1列4個の鏃型が2列彫り込まれている．表裏で異なる型式の銅鏃を同時に大量生産できるものである．これまでにこうした連鋳式銅鏃の石製鋳型は福岡市井尻B遺跡など数例が知られていたが，これほど大量の銅鏃を一度に鋳造できるタイプのものはなかった．ちなみに，近畿・北陸地方では奈良県田原本町唐古・鍵遺跡，奈良県橿原市一町遺跡，滋賀県野洲市下々塚遺跡，滋賀県守山市服部遺跡，兵庫県神戸市玉津田中遺跡，石川県羽咋市吉崎・次場遺跡，小松市一針B遺跡といった各遺跡からこうした連鋳式銅鏃を製作したと考えられる土製鋳型外枠が発見されている．また，福岡・滋賀・大阪・石川等の各府県からは連鋳式銅鏃そのものが発見されている．

以上のように，須玖坂本遺跡では弥生時代中期から後期にかけて九州地域から出土する青銅器のほぼすべての器種の鋳造が行われていた．とくに銅矛ならびに銅鏃の大量生産は当時の奴国の社会情勢を反映しているのであろう．また，ここでは工房跡と推定される掘立柱建物跡が連結するように発見されたが，この付近から竪穴住居跡が発見されることはなかった．これは当時の工房が住居区域とは離れ，谷の出入り口部に営まれていたことを示すものであり，集落内における鋳造工房のあり方を考える上でも重要な発見といえる．

奴国王墓と考えられる須玖岡本遺跡の王墓との関係を重視すれば，須玖坂本遺跡の存在は官営工房的な性格が想定される．そして，奴国王を中心とした有力者層は工房を統括し，青銅器やガラス器を鋳造させ，各地に配布していたと推測される[4]．

ところで，須玖坂本遺跡のような平野部に営まれた大規模な青銅器鋳造センターの様相を呈する遺跡が存在する一方で，内陸の山間部に形成された青銅器鋳造

工房もある．福岡県添田町の庄原遺跡がそれである．この遺跡は修験道の霊場として知られる英彦山山塊に囲まれた遠賀川水系の彦山川，中寺川などによって挟まれた地域に位置する．この遺跡は弥生時代中期前半の貯蔵穴から鉇の鋳型が発見されたことで知られ，その後，弥生時代中期後半のものと考えられる国内最古の金属溶解炉4基が多くの砥石や輸入鉄器とともに発見されたことで全国的にも注目されるようになった[5]．

　この遠賀川上流域からは飯塚市立岩遺跡で前漢鏡・銅矛など，嘉麻市原田遺跡で小銅鐸，嘉麻市鎌田原遺跡では銅戈などが発見され，彦山川流域では糸田町宮山遺跡で銅戈9口，田川市上ノ原遺跡では銅剣，田川市下伊田遺跡では銅鋤先，大任町柿原遺跡では銅剣が発見されていることからも弥生時代中期にはこの地域にも青銅器文化が浸透していたことが窺われる．そして，庄原遺跡における鋳型および金属溶解炉の存在は，この地で確実に青銅器の鋳造が行われていたことを示すもので，きわめて重要な意味をもつ．

　ここで発見された鉇の鋳型は，残存長7.5 cm，最大幅5.0 cm，厚5.1 cmを測る切先部の鋳型である．砥石として転用されるなどの二次的加工はみられない．鉇の鋳型はこれまでに国内では佐賀県小城市の土生遺跡，和歌山県御坊市の堅田遺跡，そして鉇の可能性をもつ本行遺跡の例が知られるのみである．

　鉇自体は現在までのところ，福岡県で7例，佐賀県で3例，熊本県で1例，大分県で1例，長崎県原ノ辻遺跡で1例が知られている．佐賀県本村籠遺跡，釈迦寺遺跡では甕棺の副葬品として発見されているが，その他のものは生活遺構からの発見が多い．時期的にはこれらの多くは弥生時代中期前半頃に属するものである．庄原遺跡から発見された鉇の鋳型も同様に弥生時代中期前半に属する．先に述べたように庄原遺跡は英彦山山麓の内陸最深部に位置している．しかし，こうした地にあってもいち早く青銅器鋳造の技術が導入され，その生産が行われていたことをこの遺跡の状況は物語っている．また，弥生時代中期後半の金属溶解炉も発見されていることからすれば，その生産は当初より連続的に行われ，ここから各地に製品が送り出されていたことを窺わせる．一般にはこうした内陸部に朝鮮半島から直接的に青銅器鋳造技術が導入されることは考えにくいとされたが，こうした解釈には再考が必要であろう．

　このほか，炉跡とともに銅鐸・銅矛などの石製鋳型が発見された佐賀県鳥栖市安永田遺跡や銅剣・銅矛・巴形銅器などの石製鋳型，青銅片・銅滓・錫片・炉壁

片が発見された佐賀県吉野ヶ里遺跡などの例も見逃せない.

　後藤直の研究によれば,鋳造遺構と鋳造関係遺物が出土し,青銅器の鋳造を行ったことが確実な地域は,北部九州地域においては福岡・春日・鳥栖・佐賀の4地域である[6].その内容は表3.1のとおりであるが,これらの地域の状況をまとめると以下のようになる.

表3.1　鋳造遺物(後藤,2002,一部改変)

遺　跡 (＊は鋳型が出土していない)		中　型		送風管	取瓶・坩堝		土製品	銅滓など
		矛	その他		取瓶	坩堝		
福岡市 博多区	那珂遺跡(8次)	1			3			
	那珂遺跡(23次)		鋤先状1					
	比恵遺跡(40次)				6			
	板付遺跡(6次)							
	雀居遺跡(4次)	1		1				
	井尻遺跡(17次)				取瓶・坩堝○			
福岡市 南区	笠抜遺跡＊	10						銅矛極小片 (鋳損じ?)
福岡県 春日市	須玖永田遺跡A地点(1次)	11	鋤先1	2	11			銅滓17
	(3次)	1						
	(4次)	○						銅滓1
	須玖盤石遺跡	11						
	須玖唐梨遺跡(1次)	11						銅滓若干
	五反田遺跡(1次)	8			1			
	(2次)	1						
	須玖坂本遺跡(1次)	144	鋤先?7		取瓶・坩堝41			銅滓62
	(2次)	10						
	(3次)	99	鋤先?1 小銅鐸2					銅滓22
	(5次)	86		1	取瓶・坩堝36			銅滓7
	(6次)	12		1	1	1		銅滓1
	須玖岡本遺跡(5次)	24	小銅鐸?1		取瓶・坩堝?7			青銅片1
	(7次)	○			取瓶・坩堝?○			
	黒田遺跡	>40						銅滓>10
	御領遺跡	○				○		
	須玖尾花町遺跡(1次)	14			取瓶・坩堝27			銅滓2
	(2次)	6	5			1		
	タカウタ遺跡＊	5						
	平若遺跡C地点(1次)			1				溶銅塊
佐賀県 鳥栖市	安永田遺跡			1				
	柚比前田遺跡			1				
	本行遺跡	○		○				
佐賀県 神埼市	吉野ヶ里遺跡	1		2		1	炉壁片 ?>2	青銅片,銅滓, 錫片1

①福岡地域では弥生時代中期後半から後期まで青銅器の生産を行っていた．

②春日地域では弥生時代中期中頃から後期後半まで青銅器の生産を行っていた．

③鳥栖地域では確実には弥生時代中期末から青銅器の生産を行っていたが，柚比前田遺跡から出土した鞴の羽口が中期中頃以前のものと考えられ，また，本行遺跡から発見された細形および中細形の銅剣・銅矛などの石製鋳型の型式から考えると中期前半から中頃の鋳造も考えられる．

④佐賀地域では吉野ヶ里遺跡で発見された鋳造遺構ならびにその関連遺物から中期前半から青銅器の生産が行われていた可能性がある．

その他，筑豊地域では先に見たように庄原遺跡では弥生時代中期前半から青銅器の生産が開始されていたことが明らかとなっている．また，北九州市松本遺跡でも前期末から中期初頭に属する小銅鐸ないし銅矛と考えられる鋳型が発見されていることから，この地域の青銅器生産の時期は前期末に遡る可能性がある[7]．

また，近年注目されるのは熊本平野の状況である．熊本県熊本市八ノ坪遺跡では小銅鐸，細形銅戈・銅矛などの石製鋳型ならびに羽口，銅片，銅滓，そして炉壁の可能性がある焼土塊が発見されている．このうち，小銅鐸の鋳型は朝鮮小銅鐸のものと考えられ，共伴した土器から中期前半の古い段階に位置づけられている．その他のものも共伴土器はないものの遺跡から中期中頃までくだる土器が発見されていないことから，中期初頭から前半のものと考えられている．この遺跡からは朝鮮半島系の牛角取手付土器や無文土器も発見されており，青銅器生産にかかわった渡来人が持ち込んだ可能性が指摘されている[8]．このほか，八ノ坪遺跡から2～3kmしか離れていない白藤遺跡からも細形銅戈の石製鋳型が発見され，この地域も弥生時代中期前半には青銅器の生産を行っていたことが明らかとなってきている．こうした資料によって有明海を通じた青銅器の生産と流通のネットワークが形成されていたことがわかる．

以上のことから，九州における青銅器の生産は細形の銅剣・銅矛・銅戈や鉇から開始されたといえる．その時期は確実には弥生時代中期前半であるが，中期初頭ないし前期末に遡る可能性は十分にある．

青銅器の生産は，まず，春日・鳥栖・佐賀そして筑豊の地域で開始される．そして中期中頃には福岡地域でも生産は開始され，中期後半には早良・粕屋・筑後地域へと拡大される．しかし，生産の核となったのは春日・福岡・鳥栖・佐賀の

地域であり，中でも春日と福岡の両地域は中期後半以降大量生産を行っている．とくに銅戈は中細形の段階で九州内における大量埋納との関連で盛んに生産が行われたと考えられる．しかし，その後銅戈は激減．それにかわり中期後半以降，中広形銅矛が対馬・壱岐・中国・四国といった遠隔地へ供給されるために大量生産が行われるようになる．そして後期には広形銅矛がこの両地域を中心に集中的な大量生産が行われる．その他，小銅鐸・巴形銅器・銅釧・銅鏡などもこの両地域を中心に生産が行われる．そこには複数あった青銅器生産の核となる地域が最終的には春日・福岡の両地域に集約される過程が見てとれる[9]．その背景には北部九州全域を取りまく社会的規制が存在したものと思われる．

近畿地方

近畿地方における青銅器生産工房としてまず注目されるのが唐古・鍵遺跡である．この遺跡は，奈良県田原本町に位置する弥生時代から古墳時代にかけて営まれた日本最大級の環濠集落である．この遺跡から弥生時代中期後半の青銅器鋳造の炉跡が発見されている．この炉は上部が失われているが，その規模から1回に銅鐸2,3個分にあたる10 kgの銅を溶かすことができたと推定されている．また，その周辺からは銅鐸・銅鏃・銅戈などの土製の鋳型の外枠片40点以上，鞴の羽口3点，取瓶の破片5点が検出されている．

これまでの調査では，鋳型の外枠破片は100点を超え，銅鐸は大小12セット，銅戈などの武器形青銅器が20セット，銅鏃2セット，銅鏡2セット以上が確認されている．また，重弧文を伴う銅鐸（4区袈裟襷）の石製鋳型の破片2点も確認されている[10]．土型は石型に比べ大量生産に適したものである．ここで大量に生産された各種青銅器が各地に流通していったとみられる．

この遺跡には弥生時代中期後半以降，近畿地方はもとより，東は東海地方，西は山陽地方，北は北陸地方からさまざまな土器が流入している．また翡翠も北陸の地域からもたらされている．こうした現象はここが人々が集住する都市的機能を備えた一大拠点集落であったことを如実に物語るものである．

近畿地方における最大規模の青銅器鋳造センターとして注目されるこの唐古・鍵遺跡とならぶのが大阪府茨木市に位置する東奈良遺跡である．この遺跡は二重の環濠の内部に大型建物や多数の住居があり，その一画から石製の銅鐸鋳型35点のほか，銅戈やガラス勾玉を製作する土製の鋳型などが発見されている．そして，ここで生産された銅鐸が大阪・兵庫・香川の各府県から発見されている[11]．

また，土製の銅戈の鋳型は大阪湾型銅戈であり，北部九州型銅戈とは異なり大阪湾沿岸地域に分布する銅戈の生産工房の一つがここ東奈良遺跡であったことも判明している．ここから各種青銅器が近畿地方一円ならびに四国地方にまで流通したわけである．

　唐古・鍵遺跡，東奈良遺跡は弥生時代中期後半から後期にかけての青銅器鋳造センターの状況をよく示しているが，近年，これらに先駆けて近畿地方で青銅器の鋳造が行われていたことを示す遺跡が発見され注目されている．和歌山県御坊市に位置する堅田遺跡である．ここからは三重の環濠が発見され，その内外から弥生時代前期の竪穴住居跡17棟（うち4棟が松菊里型住居）などとともに覆屋をもつ溶炉状遺構が検出されている．そして遺物としては国内最古とされる鉇の鋳型ほか，朝鮮系無文土器，瀬戸内西部から東海に至る沿岸地域や四国南部地域からの搬入土器などが検出され，この遺跡は瀬戸内海と太平洋を通る，東と西を結ぶ交流ルートを中継する拠点集落と考えられている[12]．

　覆屋をもつ溶炉状遺構は，横1.80 m，縦1.25 m，深さ0.35 mを測る平面楕円形の土坑を掘削し，断面舟底状の底に貼り土を行って，0.2 mの厚さの基礎をつくっている．ここから検出された溶壁は，分析の結果1200℃の熱を受けていることが判明している．また，この遺構をおおう掘立柱建物は，2間（3.50 m）×3間（4.00 m）の規模で方形に近いプランを呈している．

　鉇の鋳型は，砂岩製で縦6.5 cm，横6.0 cm，厚さ6.1 cmを測る．環濠集落北西部の内環濠で発見されたもので，再掘削後に堆積した黒色粘質土から畿内第Ⅰ様式（新）段階の後半，弥生時代前期後半の土器とともに出土したという．

　この発見は，日本における青銅器生産開始年代を確実に引き上げるものとしてきわめて重要である．

　このほか，北陸地域では，石川県小松市一針B遺跡では鋳型の外枠ほか炉材と考えられる焼土塊も出土している．また，石川県金沢市大友西遺跡では連鋳式銅鏃が弥生時代後期後半から終末期の大溝から出土するとともに，布堀建物跡の柱穴からは弥生時代後期後半以降の有段高杯の杯部両面に鉱滓状の付着物が認められるものが発見され，取瓶としての使用が指摘されている．さらに，石川県かほく市鉢伏・茶臼山遺跡の第1号竪穴住居跡の床面からは焼土とともに親指大の銅塊（重さ24.047 g）が発見されている．そして，滋賀県では東近江市石田遺跡から完全な形の鞴の羽口が発見されており，弥生時代後期には青銅器鋳造工房が

各地に拡散する状況が窺える[13]．

　以上のように，近畿地方でもまず青銅器の鋳造が開始されるのは鉇である．しかし，その時期は北部九州よりも先行し，弥生時代前期後半まで遡る．鉇という「道具」から青銅器の生産が開始されるという状況は，きわめて自然の流れであるが，北部九州ではその初期段階から生産が行われた武器形青銅器は近畿地方ではほとんどみることができない．かろうじてその生産を確認できるのは東奈良遺跡から発見された銅戈の土製鋳型が示すように中期後半以降である．そしてその型式も北部九州型ではなく，この地域独特の大阪湾型である．このタイプの銅戈の広がりはその名が示すように大阪湾沿岸地域を中心に分布するが，それを土器に描いた例が唐古・鍵遺跡で発見され，また，その土製品が新潟県上越市の吹上遺跡から発見されている．吹上遺跡は弥生時代中期に，全国に先駆けて翡翠製勾玉の大量生産を行った遺跡で，関東をはじめ西日本各地にまで勾玉を供給していたと考えられる遺跡でもある[14]．さらに銅戈は銅鐸（奈良県 石上（いそのかみ）銅鐸など）にも表現され，近畿地方およびその周辺地域でも特殊な青銅器として重視されていたことが窺える．このほか，武器形青銅器に関しては，兵庫県田能遺跡で中細形aと考えられる銅剣の石製鋳型が，畿内第Ⅲ様式の古段階の土器を主体に畿内第Ⅱ様式の土器が混在する土坑から出土しているにすぎない[15]．

　一方，近畿地方を中心に分布する銅鐸は，最古の例として京都府鶏冠井（かいで）遺跡出土の銅鐸の石製鋳型をあげることができる．この銅鐸の型式は菱環鈕式ないしは外縁付鈕1式と考えられる．この時期は共伴した土器によって前期末から中期初頭に位置づけられている[16]．また，これとほぼ同型式と考えられる銅鐸の石製鋳型が愛知県朝日遺跡や福井県坂井市下屋敷遺跡（未製品）からも発見されている．ちなみに菱環鈕1式で出土地が明らかなものは，兵庫県洲本市中川原，島根県簸川町神庭荒神谷（かんばこうじんだに）の2例であるが，さきの鋳型の分布ならびに菱環鈕2式銅鐸の分布（兵庫・島根・岐阜・三重）と照らし合わせてみると，その当初からかなり広範囲にわたり銅鐸の生産地が拡散されていた可能性がある．その後中期前半には東奈良遺跡を中心とする大阪地域で外縁付鈕式が集中的に生産され各地に流通する．それが扁平鈕式の段階になるとさらに西方への広がりをみせ，中期末には佐賀県鳥栖市安永田遺跡，福岡県赤穂ノ浦遺跡といった北部九州にも拡散する状況が見て取れる．

　銅鐸の鋳型は，扁平鈕式後半段階から石製から土製へと変化を遂げる．そして

後期，銅鐸の最終段階としての突線鈕式となると拡散していた銅鐸の生産工房は徐々に近畿地方を中心に分布する近畿式銅鐸と東海地方を中心に分布する三遠式銅鐸の生産工房に集約され，両地域でこれまでにない大型の銅鐸が生産されていたと考えられる．この時期北部九州では盛んに広形銅矛が生産され，対馬などの遠隔地に供給されている．それが後期後半には近畿式銅鐸の生産工房だけに集約されていく状況が見て取れる．

工人の実像

　かつて佐原眞は，遺跡から出土する銅鐸や武器形青銅祭器などの鋳型のあり方から青銅器の生産形態について以下のように想定した．すなわち，青銅器の鋳型が1遺跡から多数発見される場合と，1遺跡からごく少数発見される場合があることから，前者の遺跡は青銅器の「中心的工房」の位置を占め，工人たちが常駐あるいは長期間滞在し，集中的に鋳造に携わった．これに対し，後者の遺跡は，むしろ「周辺的工房」であって，工人たちは一時的に短期滞在し，鋳造が終われば立ち去った，と想定した．佐原はこうした状況を坪井良平が指摘した中近世の梵鐘工人たちが注文に応じ各地を渡り歩いていた状況と重ね合わせ，弥生時代の工人たちを「遍歴の鋳物師たち」と表現したのである．さらに佐原はヨーロッパ青銅器時代の工人たちも同様に遍歴の鋳物師であったことを指摘した上で，ある村で銅鐸がつくられることになると，鋳型用の石や青銅素材が運ばれ，工人がやって来て，鋳型をつくり鋳造し，銅鐸を仕上げるまで滞在する．仕事が終わると工人はひきあげ，あとに鋳型が残される．これが壊れたりすると砥石に転用されることもある．このようにして周辺的工房に遺跡からは，一つ二つ程度の鋳型がみつかるのではないか，と解釈した[17]．

　これに対し，都出比呂志は，工人の「渡り」は認めるものの，それは決して自由な渡りを意味するのではなく，銅鐸工人の場合は，畿内地域の拠点的集落に根拠地的工房をもちながらその首長に統轄され，畿内各地の拠点的集落に派遣される形での渡りであった可能性を指摘する．都出はその背景に畿内における物資や技術者の流通を統轄する中枢機構の存在を考えたのである．そして，ヨーロッパの青銅器時代のようなムラを巡回する自由な工人でもなく，また M. ヴェーバーのいう村抱えの職人（デーミウルギー分業）でもない第三のタイプの工人の姿を弥生時代の鋳物師にあてたのである[18]．

ところで，チャイルドは工人たちを「都市の職人たちは社会的余剰を収集できるエリートたちによって生活をささえられ，金属産業など特殊な工芸に従事する常勤の工人たちであった」と考えた．また，銅鉱石の採掘などの専業は，「共同体が実施する非常勤の専業であり，社会経済的重要性も高くなかった」と述べている[19]．しかし，後述する中国・銅緑山遺跡などのあり方をみると，少なくとも古代中国においては銅鉱石の採掘などは非常勤では勤まらない状況が見て取れる．そしてそれは社会経済的にもきわめて重要な意味をもつものでもあった．また，チャイルドは専業の生産者と消費者関係（独立か従属か），専門度（常勤か非常勤か），規模（個人単位か家族単位か工房単位か村単位か大規模なものか）で識別する見方を提示している[20]．

　チャイルドの考えを的確に整理した西秋良宏は，生産者の消費者に対する従属関係をいう視点の重要性を指摘する．西秋の研究によれば，こうしたチャイルドの考えを発展させたのがT. アールである．彼は専業を独立専業（independent specialization）と従属専業（attached specialization）に分類した．独立専業とは一般マーケットの需要に対する生産活動であり，従属専業とは一部エリートの管理統制下にある，お抱えないしお雇い工芸である．さらに彼は独立専業では日用品の製作が主体であるが，従属専業では政治・交易に用いるための奢侈品・貴重品を主として生産したと考えた．そして前者が経済的要因，後者が政治的要因により生まれたものと考えたのである[21〜23]．

　こうした考えを先の生産工房の実態に即して考えた場合，弥生社会における青銅器の工人の位置づけは「従属専業」であり，政治的要因によって青銅器の生産が行われたと考えられる．資料的制限があるなかでこうした工人たちの実像を追い，青銅器の生産形態を把握することは決して容易なことではない．しかし，同じ鋳型から製作された製品の分布や製品にみられる特殊な技法を追うことにより少しはその実態に迫ることが可能となるだろう．

青銅器の生産と流通

同笵銅鐸

　同じ鋳型で製作された，いわば兄弟銅鐸を同笵銅鐸と呼んでいる．これまで同笵銅鐸は5個（兵庫県桜ヶ丘1号銅鐸のセット）ないし6個（島根県加茂岩倉22号銅鐸のセット）のセットが知られていたが，近年，8個（伝兵庫県・大月山

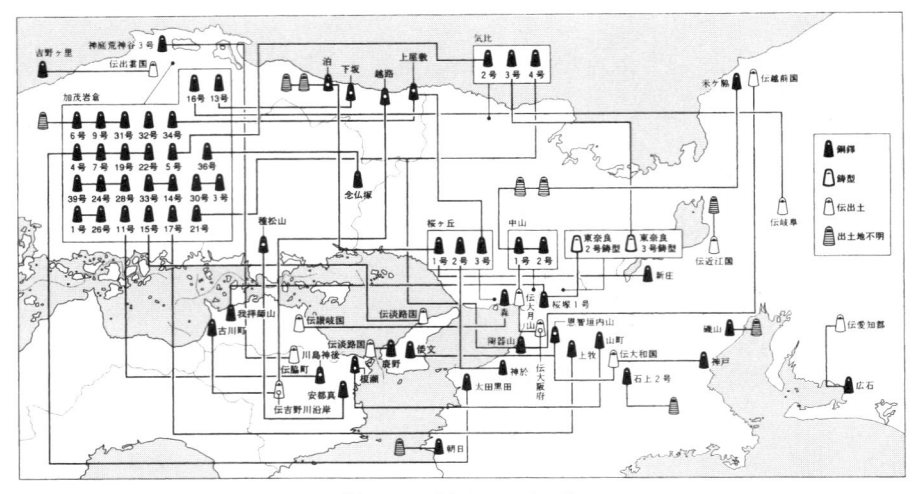

図 3.2 同笵銅鐸の分布図[26]

銅鐸のセット）以上のセットがある可能性が指摘されている[24]．同笵銅鐸はそのほとんどが石製鋳型で製作されている．鋳型の傷み具合が銅鐸の器面に笵傷として現れ，その突線の伸び具合，入り具合によって鋳込まれた順番がわかるのである．現在最も古い銅鐸と考えられている出土地不詳・東博 35509 号銅鐸（菱環鈕 1 式）にもこの笵傷が確認できるので，同笵銅鐸の製作はすでにこの段階ではじまっていた可能性が高い．しかし同笵銅鐸の製作が盛んになるのは，外縁付鈕 1 式からである．そして扁平鈕 1 式まではその製作が続いているがその数は少なくなる．おそらく扁平鈕 2 式以降，鋳型の材質が石製から土製に変化することに起因するのだろう．ただし，土製鋳型で製作されたと考えられる同笵銅鐸もわずか 2 組ではあるが存在することも忘れてはならない．

これまでに 29 組 80 個の同笵銅鐸が確認されている[25]．その分布を見てみると，外縁付鈕式の段階では大多数の組のうち，いずれか一つの銅鐸が畿内地方で出土している（図 3.2）．このうち鋳型と同笵銅鐸の組み合わせが確認されているのが大阪府東奈良出土鋳型と大阪府桜塚銅鐸・香川県我拝師山銅鐸である．また扁平鈕式の 2 組は瀬戸内海沿岸同士，東海地方同士の同笵関係であることから，古くから畿内地方が銅鐸生産の中枢を担っていたことが推測できるとともに，銅鐸の生産がしだいに畿内周辺部におよぶ過程を読み取ることができる[26]．

青銅器の生産と流通　　　85

銅矛にみられる特殊な技法

　銅矛の中には脊部や袋部に直径 2 〜 3 mm の青銅製のピンが確認できるものがある（図 3.3 中）[27]．これまでに確認しえたのは，福岡県小塩，佐賀県目達原，佐賀県検見谷，長崎県佐保キロスガ浜，島根県神庭荒神谷から発見された銅矛であり，いずれも中広形に属するものである．このピンの機能は，型持と考えるのが妥当であろうが，時間的にも空間的にもきわめて限定的な技法である．

　さらに，注目すべきは，武器形青銅器に見られる「研ぎ分け」という技法である．これは刃部全体に矢羽状の研ぎを施したもので，陽にかざすと独特の光を放ち矢羽状の文様が浮かび上がる（図 3.3 右）．銅矛では福岡県下淵（中広形），福岡県小塩（中広形），福岡県須玖岡本 D 地点（細形），伝福岡県藤田天神浦（中広形），佐賀県目達原（中広形），佐賀県検見谷（中広形），佐賀県千々賀庚申山（中細形？），大分県谷迫（中広形），島根県神庭荒神谷（中広形），銅剣では福岡県吉武高木（細形），福岡県上月隈（中細形），銅戈では福岡県吉武大石（細形）の例などに確認できる．型式的には中広形が主体をなすが，細形の段階からみら

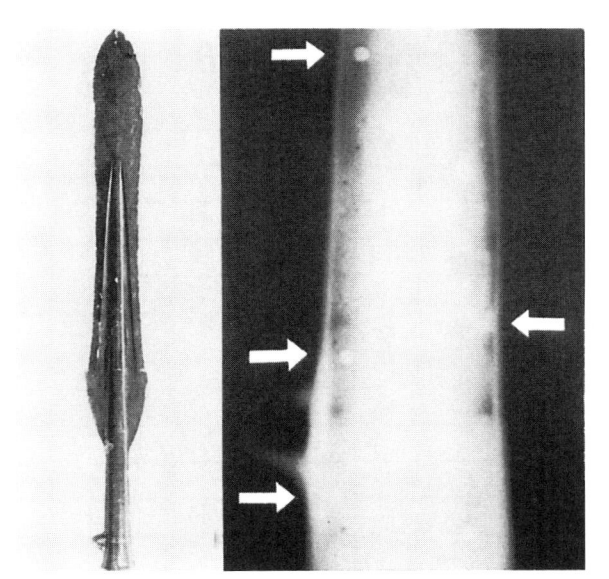

図 3.3　銅矛にみられる特殊な技法[27]
左：福岡県小塩出土中広形銅矛．中：同，袋部に検出されたピン（X 線写真）．右：同，刃部に施された「研ぎ分け」．

れる技法である[28]．

　この両者の技法をもつものは，福岡県小塩（中広形），佐賀県目達原（中広形），佐賀県検見谷（中広形）から発見された銅矛である．こうした特殊な技法を用いた銅矛の生産は，限定された工人集団により行われたと考えた方が自然である．その製作の中心は佐賀地域であり，そこから島根・対馬といった遠隔地に供給された状況が窺える．同笵銅鐸と鋳型の関係のように武器形青銅器において製作地と供給地の関係が明らかとなるきわめてまれな例といえよう．

鉛同位体比からみた原材料供給システム

　さて，青銅器の生産形態を考える場合，先に見たような技術的アプローチとともに重要なのが青銅器自体を作り出した原材料の問題である．この問題を考えるには鉛同位体比の研究がきわめて有効である．

　日本では馬淵久夫・平尾良光らがこの研究をリードし，弥生時代の青銅器に含まれる鉛は，多鈕細文鏡や細形銅利器類に代表される朝鮮半島タイプと前漢鏡に代表される中国華北タイプに二分されること，また，弥生時代の日本列島産青銅器はほぼこの両タイプに属しているが，古墳時代の日本列島産青銅器には，その大部分のものがこれらとは明らかに違った後漢鏡に代表される中国華中または華南タイプの鉛が含まれていることを確認した．また，銅鐸を佐原眞による型式分類にしたがい鉛同位体比を測定してみると，菱環鈕式から外縁付鈕1式銅鐸は朝鮮半島の鉛，外縁付鈕2式から扁平鈕式・突線鈕1式銅鐸は華北の鉛，それ以降の突線鈕式銅鐸は華北でも画一的な材料を供給する地域の鉛が使用されていることも確認された．さらに，この銅鐸に見られる型式ごとの鉛同位体比の値の変化は，銅剣・銅矛・銅戈の細形・中細形・中広形・広形（平形）という4段階の型式変化にもほぼ相当することも確認された[29]．

　しかし，これをもう少し詳細に見ていくと，銅鐸と銅矛および銅戈の鉛同位体比はそれぞれの型式ごとに比較的明確に推移することが確認されたが，銅剣に関しては他の武器形青銅器のように明確には型式的な変遷は見られないことが明らかとなった．むしろ銅剣に関しては，型式によらず原材料に最もばらつきがあるように見える．こうした鉛同位体比の研究成果からは器種の異なる青銅器であっても時間的に並行関係をもつ型式ごとに原材料の供給推定地域がまとまる傾向を確認することができる[30]．こうした現象の背景にはそれぞれの時期ごとに固定

化された原材料の供給システムが存在したことを窺わせる．

海外の事例にみる原材料供給システム

ところで，こうした原材料供給システムの問題を考える場合，国内事例だけでは解明することは困難である．そこで海外事例を参考に考えてみることにしたい．

まず，参考となるのが，中国・湖北省大冶県銅緑山遺跡の事例である．この遺跡では南北約 2 km，東西約 1 km の範囲にいくつかの類型の坑道と規模・形態を異にする溶解炉，各種の採鉱用具，銅錠および大量の鉱滓の堆積が確認されている．とくに，ここで発見された春秋戦国時代の坑道と溶解炉の存在は，古代中国における金属鉱石の採掘と製錬の高い技術水準とその大規模経営を端的に物語るものとなっている．その内容を見てみると，春秋時代の採鉱場では，発掘された 50 m^3 の範囲内に 8 本の立坑（約 80 cm 四方），1 本の斜坑が，戦国時代に採鉱場では発掘された 120 m^3 の中に 5 本の立坑，1 本の斜坑および 10 本の水平坑道が確認されている．そしてこの 2 カ所の古坑道で 100 点にのぼる採掘・鉱石搬出用の道具が発見され，1000 m^3 もの大型の坑木が出土している．春秋期の坑道は深さ 40 m，戦国期のものは深さ 50 m に達するものもある．しかし驚くべきことに，こうした深い坑道での通気・排水・鉱石搬出・照明などの一連の複雑な技術的問題がすでに克服されているのである．

また，この坑道の周囲には大量の古代の鉱滓が残されている．その堆積は数 m，総量は 40 万 t 以上とされ，これに基づき銅緑山から産出された粗銅は約 4 万 t との推定もなされている．この付近から 10 基を超す銅鉱の溶解炉が発見されている．その大部分は春秋期のものであり，型式的には竪炉に属する．当時すでに高水準の製錬能力を有していた炉の使用が確認され，さらに，こうした炉の構造とともに燃料，鉱石，鉱滓，粗銅や作業台，砕石台，ふるい場など冶金の補助施設も明らかとなった．この他，先にあげた古坑道からは鉄製工具や大型銅斧，銅鍬，銅手斧などの銅製工具なども発見されている．発見された大型銅斧は，ほぼ同じ型式で重量はそれぞれ約 3.5 kg を測る．また，この古坑道付近では銅のインゴットである銅錠（円盤状，直径約 20 cm，重さ約 1.5 kg）が十数個発見されている（図 3.4 左）．これらの銅錠は，分析の結果，当地で製錬されたものであり，銅斧などは当地で製錬された銅で鋳造されたものであることが判明

図 3.4 銅と鉛のインゴット
左：銅錠，湖北省大冶県銅緑山遺跡出土[32]．右：鉛錠，山西省侯馬本鋳銅遺跡出土[34]．

している．こうした点を積極的に解釈すれば，ここ銅緑山遺跡では採鉱から製錬までの一連の作業が行われ，青銅器の主成分となる銅を抽出し，それをインゴットとして製作し各地に供給していた状況が想定される．そして，自分たちが使用する身近な工具等はそこで鋳造していた状況も把握できる[31,32]．

このほか，湖北省江陵県紀南城内では戦国時代の冶金鋳造工房が発見されている．ここでは2基の溶解炉が発掘され，付近で錫滓，錫塊，銅滓，陶範，送風管，焼土塊などが発見され，溶解炉の炉底には錫滓が残されていたという[33]．また，山西省侯馬市鋳銅遺跡では春秋から戦国期の溶解炉とともに銅や鉛のインゴットの集積遺構も発見されている（図 3.4 右）[34]．さらに，銅緑山と同様の銅のインゴットは陝西省・懐珍坊遺跡などでも発見されている．こうした状況は，単に銅のインゴットだけが各地に流通していたわけではなく，錫や鉛も同様にインゴットという形態で各地に流通していたことを端的に示しているといえよう．そして，その背景にはこうした生産システムを可能にした組織と分業体制がすでに確立していたと見るべきであろう．おそらくインゴットの生産およびその流通に関しては王権によりコントロールされ，こうした原材料供給システムが安定した地において青銅器の生産が行われたと考えられる．

青銅器の原材料の供給システムを考える場合，さらに参考となるのが地中海世界の状況である．この地域に広がる後期青銅器時代（前2千年紀後半）の遺跡からは牛革形インゴット（Oxhide ingot）と呼ばれる長方形の四隅が突出した形態をもつインゴット（10〜50 kg）が多数発見されている．このインゴットこそが

地中海を舞台に展開された銅交易の実態を教えてくれるのである．

その分布は，東地中海沿岸から西はサルディニア島，北は黒海のブルガリア沖，そして実物資料ではないが，エジプトの壁画にも表現され，基本的に海上交易を通してかなり広範囲に広がっていたことが推測される．トルコ南岸で発見されたゲリドンヤ・ブルヌやウル・ブルンの沈没船には大量の銅インゴットが積み込まれていた例がある[35]．後者に積載されていた銅インゴットの総量は約10tにも達するという．しかし，三宅裕の指摘のように海から隔たったアナトリア高原のボアズキョイやバクダッド近郊のカル・クーフなどの内陸部からもこうしたインゴットが発見されていることを考えると，単に海上交易だけでなく陸上交易の材料としても広く用いられていたと考えるべきであろう[36]．なお，ゲリドンヤ・ブルヌでは長楕円形を呈する青銅製のインゴット（約0.5 kg）も発見されている．したがって主体的とはいえないがこの地域には青銅のインゴットも流通していたことは認識しておかなければならない．

さて，重要なのが英国・オックスフォード大学の研究グループにより提示されたこの地域から発見された牛革形インゴットの鉛同位体比の測定結果である．その報告によれば，東地中海の各地，ギリシャ本土，サルディニア島から発見されたこれらのインゴットの銅は，そのほとんどがキプロス産であるというのである[37]．しかし，キプロスではその生産の痕跡を見出すことはできていなかった．それゆえ，このインゴットがどこで製作されていたのかが長年の問題となってい

図 3.5　牛革形インゴットの鋳型（シリア，ラス・イブン・ハーニ遺跡出土）

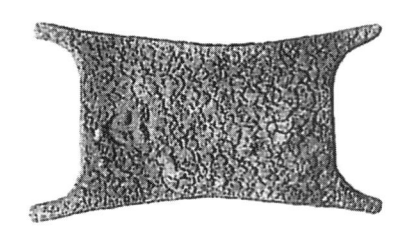

図 3.6　牛革形インゴット（キプロス，エンコミ出土）

た．それがキプロスのエンコミと特別な関係をもっていたとされるシリア・ウガリット近郊の王宮と考えられるラス・イブン・ハーニから，このインゴットの石製鋳型が発見されたのである（図3.5）[38]．そしてこの鋳型に付着していた銅の鉛同位体比もキプロス産の銅を示す値が出たのである．この結果は，東地中海沿岸地域に分布する牛革形インゴット（図3.6）がキプロスの銅鉱石をもとに北シリアの地中海沿岸部で銅の生産が行われ，この鋳型で牛革形インゴットが鋳造され，そこから各地に送られたことを推測させる．また錫に関しても先のウル・ブルンでは，銅のインゴットと同様の形態をもつインゴットが約1t発見されているという．西アジアにおける錫の産地に関しては遠くアフガニスタンなどからもたらされたとする意見もあるが，はっきりしていない．しかし，少なくともキプロスやシリア周辺からは錫は産出しないという．あるいは，銅のインゴットと同様，錫も他地域からもたらされ，この地域で牛革形インゴットに改鋳されたのであろうか．いずれにせよ，地中海を舞台とした銅と錫の海上交易をコントロールする組織・集団がキプロスからシリア北西部の地域に存在した可能性がある[39]．

　なお，西アジアの銅に関して鉛同位体比分析に基づく産地推定に従えば，前16〜15世紀にはイランやアフガニスタン産の可能性がある銅が主として流通したのに対し，前14〜13世紀になるとキプロス産の銅が主体的になる．これは時代によって銅の供給地に明確な変化があったことを示している．その背景には大きな政治的要因が絡んでいるのであろう．

日本列島における原材料供給システム
　以上のような海外事例を参考に日本列島の状況を考えてみよう．
　まずⅠ期（銅鐸：菱環鈕式〜外縁付鈕1式，武器形青銅器：細形〜中細形）に

は，朝鮮半島から北部九州を中心に瀬戸内海沿岸地域および山陰・北陸の日本海沿岸地域に原材料がもたらされる．続くⅡ期（銅鐸：外縁付鈕2式〜突線鈕1式，武器形青銅器：中細形〜中広形）には，原材料の供給地は朝鮮半島から中国・華北地域に移るが，華北からもたらされた原材料はやはり北部九州を中心に瀬戸内海沿岸地域に供給されたと考えられる．そしてⅢ期（銅鐸：突線鈕式2式〜5式，武器形青銅器：広形）には，華北でもある特定地域からの原材料（インゴット）の供給が考えられているが，華北からもたらされた原材料は北部九州から瀬戸内海沿岸地域を通じ近畿・東海地方まで広がりを見せる．画一化された原材料しか供給されないという背景には中国国内における鉛鉱山の自然淘汰や集約化が考えられる．すなわち鉱山の枯渇に伴う閉鎖あるいは政治的影響による鉛鉱石採石所の集約化が行われたと推測されるのである．

　また，このように原材料の鉛同位体比が青銅器の器種，型式，分布地域を越えて時期ごとに共通することは，原材料の供給をコントロールする集団が日本列島内に存在していたことを示唆している可能性が高い．そして，その集団が日本列島内の各地域に広がる拠点的集落（青銅器鋳造工房）に向け，原材料を供給していたと考えられるのである．おそらくその集団はこれまで見てきたように青銅器鋳造遺構や鋳造関連遺物等の関係から北部九州に存在し，彼らが海外からの原材料の輸入権を独占し，各地に配給していた可能性が高い．

　海外の状況の変化（鉱山の閉鎖等）がそのまま日本列島各地に広がる青銅器の原材料に反映されているのは，受け手である日本列島側の集団が一組織にまとまったものであるからこそ起こる現象と考えられる．だからこそ原材料が時期ごとに器種，型式，地域を越えて共通したのであろう．

結びにかえて

　以上みてきたように，日本列島における青銅器の生産は，弥生時代前期末から中期初頭には開始されている．その製作の初期段階には朝鮮半島産の原材料が用いられ，その生産は比較的小規模な形態で行われていた．そして，その製作を担ったのは朝鮮半島からの渡来人たちであったと考えられる．それが中期前半以降，青銅器の原材料は中国・華北産のものへと変化する．それとともに青銅器の生産が安定し，武器形青銅器や銅鐸が大型化をたどるようになる．しかし，それは中国からの安定した原材料の供給があってはじめて実現したことだろう．

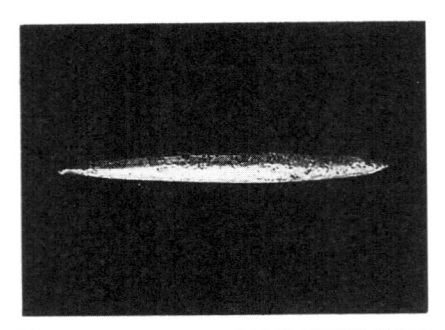

図 3.7 銅のインゴット（岡山県高塚遺跡出土）[40]

　馬淵久夫は，「漢代に中国で製錬された銅がインゴットとして将来され，それに倭国内のいくつもの鋳造工房でわずかなスズ・鉛，あるいは少量の青銅スクラップを加えて鋳造した」と考えている[40]．その銅のインゴットの一つが岡山県高塚遺跡から発見された棒状銅製品（図 3.7）と考えられている．興味深いのは，この遺跡から発見された流水文銅鐸（近畿式・突線鈕 2 式）と貨泉の鉛同位体比がこの棒状銅製品とまったく同一の値を示したことである．この事実は前漢王朝（王莽期を含む）の中心部から青銅器の原材料が日本にもたらされたことを裏づけている．こうした現象を積極的に解釈すれば，そこには以下のようなモデルが提示できる．すなわち，中国から原材料が北部九州にもたらされる．その供給にあたっては中国側での王権によるコントロールがなされていた．このコントロールされた流通原理の中で北部九州地域がそれを受容する基盤を固め，日本国内における新たな流通システムを構築した．そこには中国王権と結びついた北部九州地域における王権の存在が推定される．また，この王権は近畿地方を支配する王権とも結びつく．そして，こうした王権の支配の下，都市的機能を備えた集落において集中的に青銅器の生産が行われ，その製品は各地に供給されたものと考えられるのである．

　大阪府東奈良遺跡出土 3 号鋳型から製作された銅鐸は，およそ 120 km も離れた兵庫県の日本海側の豊岡市気比遺跡から発見されている．また，近畿地方を中心に分布する同笵銅鐸のあり方からもこうした状況は推測できよう．そして，地方にも青銅器のもつ価値が浸透した段階でそれぞれの地で青銅器の生産が行われたと考えられる．この価値観の伝達こそ，支配者層が権力や経済を統制するため

の装置である．そしてこの装置の影には，モノの価値の創出に深くかかわる「商人的集団」の存在が潜んでいるように思う．この点は別稿に譲るが，こうした青銅器の生産と流通を媒介とした中核地域と地方とのネットワークの形成は，急速に複雑化する弥生社会の動きを敏感に反映しているものといえるだろう．

引用文献

1) Childe, V. G. : *The Bronze Age,* Cambridge, 1930.
2) 桑原久男：青銅器時代．日本考古学事典，三省堂，2003．
3) 春日市教育委員会文化財課：弥生時代の鋳造工房跡—福岡県須玖岡本遺跡—．考古学雑誌，**86**-4，83-89，2001．
4) 文献3）に同じ．
5) 添田町教育委員会：庄原遺跡．発掘調査概報，1994．
6) 後藤　直：弥生時代の青銅器生産地—九州—．東京大学考古学研究室研究紀要，第17号，113-143，2002．
7) 北九州教育文化事業団埋蔵文化調査室：永犬丸遺跡群2．北九州市埋蔵文化財調査報告書，第216集，2002．
8) 熊本県教育委員会：八ノ坪遺跡Ⅰ，2005．
9) 文献6）に同じ．
10) 唐古・鍵考古学ミュージアム：弥生時代の青銅器鋳造，2006．
11) 東奈良遺跡調査会：東奈良，1976．
12) 久貝　健：和歌山県御坊市堅田遺跡の弥生時代前期環濠集落跡．考古学雑誌，**85**-1，57-70，2001．
13) 石川県埋蔵文化財センター：石川県埋蔵文化財情報，第5号，2001．
14) 文化庁：発掘された日本列島2006．新発見考古速報，p.83，朝日新聞社，2006．
15) 尼崎市教育委員会：田能遺跡発掘調査報告書，1982．
16) 向日市教育委員会：向日市埋蔵文化財調査報告書，第10集，1983．
17) 佐原　眞：遍歴の鋳物師たち．考古学ジャーナル，No. 194，p. 1，1981．
18) 都出比呂志：農耕社会の形成．講座日本歴史1 原始・古代1，東京大学出版会，117-158，1984．
19) Childe, V. G. : *Social Evolution.* World Publishing Co., Cleaveland, 1951.
20) 文献18）に同じ．
21) 西秋良宏：工芸の専業化と社会の複雑化—西アジア古代都市出現の土器生産—．西アジア考古学，日本西アジア考古学会，第1号，1-9，2000．
22) Earle, T. K. : Comment on P. Rice, "*Evolution of Specialized Pottery Production : A Trial Model.*" *Current Anthropology,* **22**-3, 230-231, 1981.
23) Lewis, B. S. : The role of attached and independent specialization in the development of sociopolitical complexity. *Research in Economic Anthropology,* **17**, 357-388, 1995.
24) 難波洋三：同笵銅鐸の展開．シルクロード学研究叢書，シルクロード学研究センター，2000．
25) 文献24）に同じ．
26) 井上洋一：銅鐸．考古資料大観，第6巻，140-148，小学館，2003．
27) 井上洋一：銅矛に発見された青銅製のピンについて．日本古代における金属器製作技術の伝来と

その発達に関する研究，平成元年度科学研究費補助金（一般研究 A），2-3, 1990.
28) 井上洋一：旧有馬家所蔵銅矛について．MUSEUM（東京国立博物館），第 462 号，29-34，1989.
29) 馬淵久夫・平尾良光：鉛同位体比からみた銅鐸の原料．考古学雑誌，**68**-1, 42-62, 1982.
30) 井上洋一・松浦宥一郎・平尾良光・早川泰弘・榎本淳子・鈴木浩子：東京国立博物館所蔵弥生時代青銅器の鉛同位体比．MUSEUM（東京国立博物館），第 577 号，5-37，2002.
31) 雷従雲（谷　豊信訳）：中国湖北省銅緑山古坑道・冶金遺跡と春秋戦国時代の採鉱冶金業．考古学雑誌，**68**-3, 68-84, 1982.
32) 黄石市博物館：銅緑山古礦冶遺址．文物出版社，1999.
33) 文献 28) に同じ．
34) 山西省考古研究所：侯馬鋳銅遺址，上・下．文物出版社，1993.
35) Bass, G. F. : Evidence of Trade from Bronze Age Shipwreck. *Bronze Age in the Mediterranean,* ed. by N. H. Gale, 69-82, 1991.
36) 三宅　裕：銅をめぐる開発と交流—新石器時代から銅石器時代まで—．西アジア考古学，日本西アジア考古学会，第 2 号，7-20, 2001.
37) Stos-Gale, Z. A., G. Maliotis, N. H. Gale and N. Annetts : Lead Isotope Characteristics of the Cyprus Copper Ore Deposits Applied to Provenance Studies of Copper Oxhide Ingots. *Archaeometry,* **39**, 83-123, 1997.
38) Bounnio, A., E. Lagarce and J. Lagarce : *Ras Ibn Hani, I : Le Palais Nord du Bronze Récent. Fouilles 1979-1995, Synthése Préliminaire.* Bibliothèque Arahérologique et Historique T. CLI. Beyrouth, Institut Francais d'Archéologie du Proche-Orient, 1998.
39) 文献 33) と同じ．
40) 馬淵久夫：鉛同位体比による青銅器研究の 30 年—弥生時代後期の青銅原料を再考する—．考古学と自然科学（日本文化財科学会誌），第 55 号，1-29, 2007.

参考文献

1) 岩永省三：日本列島産青銅武器類出現の考古学的意義．古代化談叢，第 33 集，1994.
2) 岩永省三：金属器登場．歴史発掘 7，講談社，1997.
3) 片岡宏二：弥生時代渡来人と土器・青銅器，雄山閣出版，1999.
4) 後藤　直：鋳型等の鋳造関係遺物による弥生時代青銅器の編年・系譜・技術に関する研究，2000.
5) 後藤　直：弥生時代の青銅器生産地—九州—．東京大学考古学研究室研究紀要，第 17 号，113-143，2002.
6) 平田定幸：福岡平野における青銅器生産—春日丘陵とその周辺を中心として—．考古学ジャーナル，359 号，1993.

第4章

中国古代における生産と流通
―青銅製品を中心に―

吉 開 将 人

　殷王朝の実在を証明した甲骨文が発見されてから100年余りでしかないが，私たちが中国古代について描きうる時代像は，新たな遺跡の調査や新出資料の発見によって飛躍的な進歩をとげた．殷王朝に先立つとされる「夏」王朝の存否についてはいまだ意見が分かれるものの，中国大陸における「国家」形成は紀元前3千年紀にまでさかのぼって議論されているのが現状である．

　そこから殷・周2代の初期王朝をへて，秦・漢統一帝国の時代を迎えるまでのおよそ2000年間は，中国古代文明の形成から確立にいたる時期といえる．文明社会の成立を読み取る指標の一つに手工業生産の専業化があるが，中国古代ではどのようなあり方をみせているのだろうか．これを中国考古学の現状に即して整理し，各時期の状況とその歴史的な変化について見取り図を示すのが本章の目的である．対象となる資料の中には，東アジアの他地域と比較して，銘文をもつものが多く，文献史学の成果と重なり合う論点も少なくないため，研究においても他地域とは異なる分析視角が必要となる．その一端を異なるフィールドの研究者に紹介することが本章のもう一つの目的である．

　限られた紙幅のなかで論点を明確にするために，以下の議論では，青銅器を中心に取り上げ，資源獲得・製作・流通・消費の各項目ごとに検討を進めていきたい．

資源獲得と素材流通

　中国大陸は全体としてみるなら資源が豊富だが，地域ごとにみれば資源の偏りが著しい．その国家形成のあり方については，そうした資源をいかにして集め，生産の素材として活用したかという点から解釈してみる必要がある．

　陝西省西安市の半坡遺跡は，黄河中流域の新石器文化の一つ，仰韶文化期

（前4800〜3000年頃）の代表的な聚落遺跡である．出土した石器には40種類もの石材が利用されていたが，そのほとんどが付近の河川礫に由来することが明らかとなっている[1]．半坡遺跡から20 kmと離れていない所にある臨潼県の姜寨遺跡は，仰韶文化期の有名な環濠聚落遺跡である．ここでは聚落址（第一期）から出土した石斧150点のうち86点までが未成品と報告されており[2]，これを半坡遺跡の状況と重ね合わせると，広範な交易によらず地元で独自に素材を獲得し，それぞれの聚落で加工から仕上げまでを行うという，自己完結的なシステムが想定される．

長江中流域でこれとほぼ同時期に展開したのは大渓文化（前4400〜3300年頃）とよばれる文化だが，長江の河岸に立地する湖北省宜都県の紅花套遺跡では，大量の河川礫と未成品が出土したことによって石器製作工房址と推測された遺構群が発見されている．周囲の聚落遺跡では未成品が見当たらないことなどから[3]，半坡や姜寨遺跡の場合とは異なり，交易を前提とした石器製作・流通のシステムが成立していたものと考えられる．

黄河中流域の山西省南部にもこれとよく似た状況が推測される例がある．襄汾県の大崮堆山遺跡である．この遺跡は発見後長いあいだ旧石器時代の石材採掘址と考えられていたが，近年では付近の遺跡から出土する石器群との比較によって，採掘が新石器時代においても続いていたとする見方が有力となっている[4]．露頭付近と聚落遺跡のそれぞれから出土した資料を比較すると，現地で形を大まかに整え，それを聚落に持ち込んで仕上げるという一連の作業工程が復元される．大崮堆山遺跡は典型的な黄土地帯の中心に立地し，周囲には他に良質の石材が産出しないことから，かなり広い範囲においてこの石材が利用されていた可能性が考えられる．この大崮堆山の直下には，仰韶文化期に続く龍山文化期を代表する大聚落遺跡である陶寺遺跡（前2500〜1900年頃）が存在し，当該遺跡内や近隣の遺跡群からは目立って多くの石器未成品が確認されている．この地の新石器時代の最後を飾る陶寺遺跡群の盛衰は，石材利用のあり方の変化と重ね合わせて説明できるかもしれない．

中国大陸では新石器時代から石器と並んで玉製品の製作が盛んに行われ，玉文化の高度な発展がみられた．したがって玉器もまたこの時代の生産・流通論についての検討材料となる．はじめ実用の装飾品や利器として出現した玉器は，龍山文化期に前後して璧や琮など象徴性の高い器種として定型化し，以後に続く伝統

の礎が形づくられた．この時期の優れた玉器を多数出土することで近年とくに注目を集めているのは長江下流域であり，それらと類似した作風をもつ玉器が中国大陸の広い範囲から相ついで発見されている．玉器製作にかかわる工具や廃材が長江下流域の地元で出土しており，またその素材についての鑑定結果によると，玉材の鉱脈としての由来は単一的であり，地元産の玉材がもっぱら用いられたと考えられる[5]．質量ともに発達した状況をうかがわせるこの時期の玉器文化だが，素材の流通面からするなら，異なる由来をもつ玉材が広く利用されていた王朝時代以後とは，生産のあり方に質的な差があったと理解されるのである．

中国大陸に確実なかたちで青銅製容器が出現するのは，「夏」王朝と結びつけられることの多い二里頭文化期（前2千年紀前半）に入ってからである．陝西省藍田県の懐珍坊遺跡はこれに続く殷代二里岡期（前2千年紀中葉）からそのやや後にかけての遺跡だが，発掘によって銅製錬用の炉址や大量の銅滓・木炭片，重さ1.5 kgの丸い銅錠（インゴット）などが発見されている[6]（図4.1（a））．鋳型など青銅器の鋳造にかかわる遺物が未発見で，付近には銅鉱山もあることなどから，銅製錬を専業的に行った製錬址とみることができる．そこから東に約400 kmの河南省鄭州市内には同時期の中心的な城址遺跡である鄭州商城遺跡が存在し，城壁の外側から鋳造工房の遺構が大量の鋳型とともに発見されている．製錬と鋳造という青銅器生産における二大工程が，異なる「聚落」形態をとって空間的にも区分され，その間をインゴットが取り結ぶという分業のあり方が，この時期までに成立していたことがこれによって知られる．鋳造工房の規模から見ればこの2地点にとどまらないより広域なシステムを想定すべきであり，「王朝」成立以後の資源獲得の一側面を見て取ることができる．

この時期には青銅器上に文字あるいは記号を銘文として鋳込んだ例も現れ，殷末から西周時代にかけて，長文化したものが数を増していく．そうした銘文のなかには青銅資源の獲得にかかわる文字や語句が確認され，同時期のインゴットと推測される品も実際に出土している[7]．優美かつ大型の青銅器が数多く製作されたこの時代に，原料となる銅・鉛・錫などの金属素材が，一体どのようにして「流通」していたのか，それが政治・社会構造とどのように結びついていたのかという点は，この時期の歴史像に迫るための重要な観点となるはずである[8]．

近年では，相ついで報告される新たな調査データによって，南中国の銅資源に関心を寄せ，中原の歴代王朝が各時代にそれと取り結んだ政治的・文化的な力関

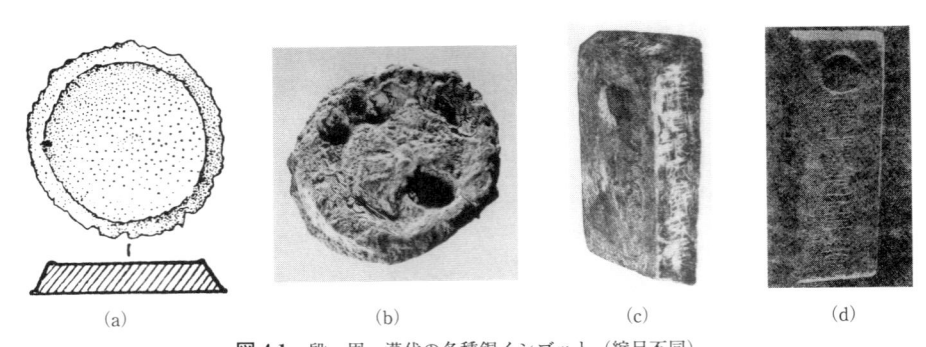

図 4.1 殷・周・漢代の各種銅インゴット（縮尺不同）
(a) 藍田懐珍坊銅錠[6]，(b) 大冶銅緑山銅錠[9]，(c) 漢長安城銅錠[11]，(d) 彭山双江銅錠[12]．

係の変化を読み取ろうとする議論が盛んとなっている．そのきっかけとなったのは湖北省大冶県の銅緑山遺跡の発見であった．春秋・戦国時代を中心に経営されていたと考えられるこの鉱山址からは，坑道や製錬の炉址などの遺構のほか，広域にわたって大量の銅滓が検出されており，その量から当時においておよそ4万トンもの粗銅が生産されたとする推算も示されている．鉱山のふもとには集積地と推測される同時期の城址が発見され，水運を示唆するかのように，長江に通じる湖畔から10点の銅インゴットも出土している[9]（図4.1（b））．重量はいずれも前述の懐珍坊遺跡の例と同じく約1.5 kgであり，形まで一致することからすれば，これらの銅資源がかなり細かく秩序づけられた広域システムを前提に獲得され，インゴットに姿を変えて広く流通していたことが推測される．

長江中下流域ではこの銅緑山遺跡のほかにもいくつかの鉱山遺跡が確認されているが，各遺跡で出土する土器群は，青銅器の生産拠点であったと考えられる同時期の王朝下のものとは異なった，在地のより古い伝統に連なる様式を主体としている．この時期における鉱山と鋳造工房は，文化的系譜を異にする集団が個別に経営していたとみる必要があろう．これに対して前述の懐珍坊遺跡の場合，黄河中流域における殷様式の組み合わせをもつ土器群のほぼ西限に遺跡そのものが位置しており，出土する遺物にも地域色は認められず，殷系文化集団が直接進出して製錬（および採掘）に従事していたと推測される．同じようにインゴットが製錬と鋳造地を結ぶ分業形態とはいえ，懐珍坊と銅緑山ではその性質が大きく異なっているのである．

先に懐珍坊遺跡から実物が出土したことにより，インゴットが鉱山と工房を取り結ぶ関係は殷代二里岡期にまでさかのぼりうると指摘したが，鄭州の工房址からは銅鉱石そのものも出土しており，この時期にはインゴットによらない素材の搬入システムも併存していたと推測される．それが春秋時代になると，有力諸侯国の一つである晋の都城址の外で発見された春秋後期から戦国前期（前6〜4世紀）にかけての侯馬鋳銅遺跡では，検出された数多くの炉址に製錬の痕跡がなく，銅や鉛のインゴットばかり集積された遺構が確認されているように[10]，インゴットだけを媒介にした素材流通のあり方が確立していたと考えられる．鋳銅遺跡の規模から判断するなら，王権が素材流通そのものを直接統御していた可能性を想定すべきだろう．

　前漢（前205〜後8年）初期には地方権力が温存されたため，各地で独自に金属資源が開発される状況があったが，前漢の半ばまでには制度改革の一環として中央政府直轄の「銅官」などに組み替えられて資源流通の集権化が図られた．しかしその後しばらくすると民間業者によっても銅素材の流通が行われるようになっていたことが，陝西省西安市郊外の漢長安城付近から出土した「汝南（郡）富波（県）にある宛里の田戎（という人物が）売った」という銘文をもつ銅インゴットによって確認される[11]（図4.1（c））．「富波」は西安から東南に400 kmほど離れた安徽省阜陽県付近にあたるが，そこでは銅は産出しない．この銘文は，鉱産地と消費地とを仲介する民間業者の存在を意味するのである．これ以外にも，その類品が西安から西南に400 km以上離れた四川省彭山県などで数点出土しており[12]（図4.1（d）），銘文や共伴遺物から王莽期（9〜24年）に年代づけられている．その画一的な形と分布範囲の広さからみて，この時期における銅素材の流通は，官製品と個人ブランドという二つのあり方によって行われていたと考えられる．

生産体制・労働力

　中国古代青銅器の技術的な特徴は，粘土を焼いてつくられたパーツ状の鋳型（陶范）を複雑に組み合わせて鋳造されるという点にある．またその初現期において，利器よりも酒器など祭祀用の容器類に重点がおかれているという点も，他地域の青銅器文化のあり方とは大きく異なる点といえよう．

　現在最も古い青銅製の容器が確認されているのは二里頭文化期だが，この時期

の青銅器生産の状況については，まだほとんどわかっていない．遺構としての鋳銅工房がまとまった形で確認されるのは上述の殷代二里岡期からであり，それに続く殷代殷墟期（前14～11世紀頃）についても殷墟遺跡などでこれまでに複数の工房址が確認されている．

この殷代の青銅器については，紋様など器物そのものの属性を検討することによって，複数の「流派」が帰納法的に抽出できるという指摘があり，それらが競合しあうように併存していた様子が，殷墟遺跡内の工房関連遺構や鋳型などの出土状況に読み取れるといわれている[13]．また鄭州商城と殷墟周辺の各鋳銅工房址から出土した鋳型からみると，鋳造されていた青銅器の器種構成は地点ごとに大きく異なっており，それぞれの工房間において生産の内容を変えた分業のあり方が確立していたと考えられる．

王朝の中心地をはるか離れた地域からもこの時期の青銅器は数多く出土する．そうしたものの多くは鋳型や鋳造にかかわる遺構などをともなわないが，紋様などに地方的な特徴が目立つことからみて，地方が中央との関係のなかで独自に製作したものと考えられる．殷代に続く西周時代（前11世紀～771年）になると，名義上の製作者（注文者）である「作器者」や祭祀対象を記した長文の銘文をもつものが急増する．このなかに周王を作器者とするものと，周王によって各地に封建された諸侯を作器者とするものとの区別があることは，これまでも銘文内容によって漠然と認識されてきた．近年では銘文そのものの内容構成・文字様式・紋様などの属性から，王室によるオリジナルの銘文を諸侯側が独自に改作するなど，こうした区別のさらに奥深くにある青銅器の複雑な製作事情を，製作工房の差の問題として積極的に読み取ろうとする新たな研究視角も提示されている[14]．

西周の後半期になると周王の権威は徐々に低下し，8世紀には王朝の拠点も関中盆地から黄河中流域の洛陽に移り，それに続いて春秋・戦国時代が始まる．分裂と戦乱の時代にあって，国の二つの柱である祭祀と軍事の鍵となる青銅器は，王朝の中心だけでなくそれぞれの諸侯国で活発に生産されたと考えられる．その実態の多くは明らかでないが，黄河中流域の山西省南部にある侯馬鋳銅遺跡では例外的にこの時期の中心的な工房址が発見されており，諸侯国における青銅器生産の様相をうかがうことができる．

侯馬は周の有力な封建諸侯国の一つである晋が，春秋後期から戦国前期（前6～4世紀）にかけて国都をおいた土地である．鋳銅遺跡は城壁の外側に位置し，

約100万 m² の範囲のうち約5万 m² が発掘され，計5万点もの鋳型片が出土したと報告されている[10]．

この時期になると，青銅器の紋様鋳造に際しては，同じパターンを容易に繰り返すことができるスタンプ状工具が利用されるようになり，従来のようにそれを一つずつ原型に刻む手間が大幅に省かれることになった．臘製の原型を利用した鋳造技法「失臘法(しつろうほう)」が普及して複雑な形の鋳造が容易になったのもこの時期であ

図4.2 侯馬鋳銅遺跡からみた青銅器の生産と流通 (1)
左：侯馬鋳銅遺跡出土の模（母笵），右：笵（鋳型）（Robert Bagley (ed.)：*Art of the Houma Foundry*. Princeton Univ. Press, 1996)

図4.3 侯馬鋳銅遺跡からみた青銅器の生産と流通 (2)
左：推定侯馬産銅鼎影，右：文様拓本（上海博物館：上海博物館蔵青銅器．上海人民美術出版社（上海），1964)

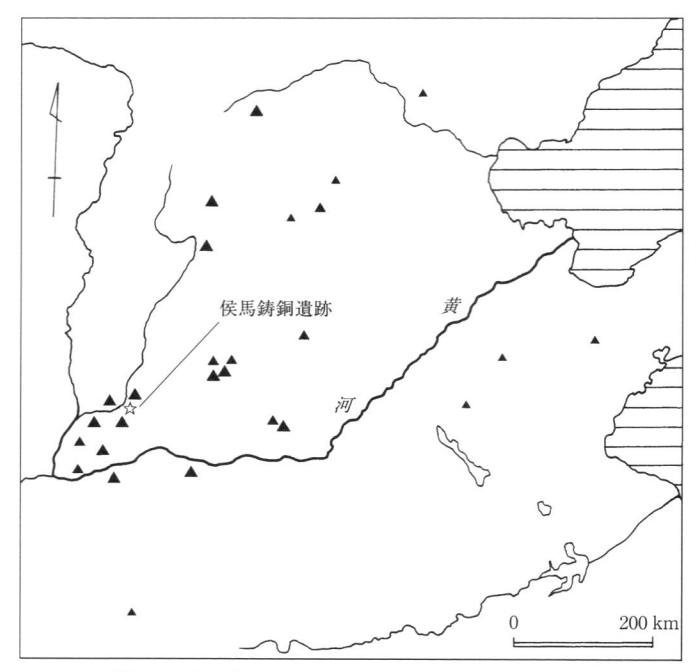

図 4.4 侯馬鋳銅遺跡からみた青銅器の生産と流通（3）
侯馬系青銅容器の出土状況（分布図は文献[10]ほか多数のデータから筆者作成）

る．こうした技術面での展開が，使用者層の社会的拡大という動きと結びついて，この時期，青銅器生産の量的，質的な飛躍がなされるに至った．その結果として残されたものが，膨大な数のこれらの模（原型）や笵（鋳型）の破片である．

　この侯馬出土の模や笵（図 4.2）を各地から出土した青銅容器そのもの（図 4.3）と比較すると，一部には同笵と思われる例を含め，侯馬産の可能性をもつものが華北全域に広く分布することが明らかとなる（図 4.4）．青銅容器が当時どのような経営形態のなかで生産されていたのかは不明な点が多く，相同な紋様と器形に組み合わせをもつものをただちに一つの工房で製作されたとしてよいか否かについては明らかでない．だがこれらが一定の脈絡をもつ工房で鋳造されたのは疑いなく，そうしたものが少なくともこれだけの範囲に広がって発見されていることについては，この図が示すとおりである．

他地域ではこれほどの規模の鋳銅遺跡は今のところ報告されていないので，比較例として陶製品の生産状況をみることにしたい．

　湖北省荊門市の郊外にある紀南城遺跡は，一般に戦国時代の楚の国都「郢（えい）」と推測されている都城遺跡である．城内では戦国中・後期（前4～3世紀）の窯址群が多数発掘されており，そのうちのある窯址では儀礼用青銅容器を模した埋葬用の陶製品（明器）が日用の陶器とともに焼かれていたことが確認された[15]．そこでは明器の種類も高位貴族の封君クラス用と一般の士人クラス用のものが混在しており，異なる階層用の副葬用明器を日用陶器と同じ窯で焼き分けるという，広範な消費者層を対象とした経営方針がうかがえる．一方で同じ紀南城内では瓦や豆（高杯）など特定の器種を専門に焼いた同時期の窯址も確認されており，この時期の楚における陶製品の生産には，専業的な生産のあり方と多角的な経営とが共存しあう複雑な状況があったものと考えられる．

　陝西省西安市の漢長安城は前漢時代の首都の遺跡であり，その内外には手工業生産にかかわる遺構や遺物が少なくない．城内西北角では副葬用の陶製人形である陶俑（とうよう）[16]や鉄器・銅銭を鋳造する鋳型を焼いた一大窯址群が発見されているが，基本的にこれ以外の製品が生産された痕跡はみられない．この時期の文献には，帝室の葬送器物を管轄した「東園匠（とうえんしょう）」や鋳銭の官である「鍾官（しょうかん）」についての記述がみえる．これらはそうした中央の官営工房にかかわる遺構と考えられよう．

　この時期には，民間レベルにおいても青銅器の生産が行われ，流通が図られていた．中山靖王劉勝墓（ちゅうざんせいおうりゅうしょうぼ）に副葬されていた「洛陽の市で手に入れた」という内容の銘文をもつ青銅器は，そうしたあり方が遅くとも前漢半ばには存在していたことを示す貴重な手がかりとなる．後漢代には「蜀郡〇氏作（しょくぐん）」などの銘文をもつ青銅器がみられるようになり，また広範な消費者層を意識した吉祥句が各種の青銅容器に記されるなど，民間レベルにおける青銅器の生産・流通の活発な様子がうかがえる[17]．しかし一方で，蜀郡や隣接する広漢郡の工官，あるいはその監督下の私営工房で生産された製品も同時期には存在しており，この時期における青銅器の生産と流通は，官・民双方が競合するなかで展開していたと考えられる．これは前節で指摘したこの時期のインゴットの流通のあり方とも共通する点である．

　ではこうした手工業生産には一体どのようなかたちで労働力が編成されていたのだろうか．青銅器生産についていえば，鋳型が墓に副葬されていた例は，殷墟

などで若干例みられるのを除くと，中国内地には例が乏しく，石笵による鋳銅工芸の伝統が長く継続した中国大陸の周縁地域に目立つ傾向がある．中国各地で鋳型など手工業生産にかかわる遺物が全体的にどのような出土状況をみせるかといったデータもこれまで総合的に整理されておらず，「渡り」であったのか「定住」であったのかという点も含め，その労働の具体的なあり方については今のところ甲骨文や金文による研究成果をこえる理解は得られていない．

　ただ殷・周の王朝交替に際してみられる手工業製品の様式的な動きは，この時期の手工業生産における労働力の性質について推論する一つの手がかりとなりそうである．殷末・周初では，政治的文化的中心地が大きく移動したと考えられるにもかかわらず，青銅器の器種・形態・紋様・文字のすべての面において様式的な変化は認められない．王朝交替を乗り越えて青銅器文化の系譜は連続しているのである．この時期には，土器についても，殷系統の様式が周の拠点地域で在来の伝統に再編されて，「西周式土器」という新たな様式がつくりだされる過程があとづけられるという[18]．こうした状況からは，青銅器も含め，この時期の一連の手工業伝統の再編には，人為的かつ組織的な性格が色濃く認められる．王朝交替に際し，手工業生産の各レベルで殷系の工人（集団）そのものが大きく編成し直されたと考えるのが自然だろう．ただし，そうした工人（集団）の性格が，はたして中国大陸でいわれる「奴隷制」の概念に結びつくものであるか否かという点は，さらに多くの角度から検証されるべき課題である．

　秦漢時代にくだると，こうした事例がより具体的なかたちで確認される．衆知のとおり，兵馬俑に代表される陝西省臨潼県の秦始皇帝陵は，前221年に戦国の世を統一した秦始皇帝の陵墓である．これまでにその陵園内や周辺では度重なる発掘調査が行われ，地名や人名を印で押した瓦や塼（レンガ）が数多く出土している．これらは責任の所在を示すために陶工の貫籍地と名前を記したものと考えられ，兵馬俑にもそれが刻まれている例が認められる．付近では陵墓の造営に従事した刑徒の墓地も発見されており，墓誌によってまたその貫籍地が判明する．こうしたデータを総合して，秦の皇帝が動員した労働力の編成を複数の次元から復元したのが図4.5である．陶工がおもに秦の故地である関中地区（内史〔郡〕）や比較的早い時期に攻略したその隣接地域を中心に徭役として動員されているのに対し，陵墓造営の労役に従事した刑徒たちはいずれも旧6国，つまりかつて秦に敵対した国々の領域から広く動員されていることが容易にみてとれる[19]．

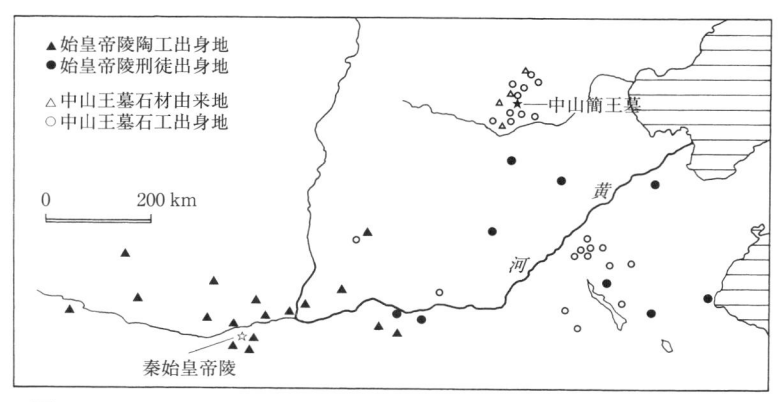

図 4.5　皇帝陵と王墓の造営にみる労働力の編制（文献[19,20] のデータから筆者作成）

これと対比すべきものは，河北省定州市郊外で発見された漢墓である．被葬者が後漢の諸侯王国の一つ，中山国の簡王劉焉（90年没）と推測されるこの墓の墓室は，磚積みの壁の外と天井部分が4000点もの石材で構築されており，そのうち170点以上の石材にその由来とみられる地名や石工の貫籍地・名前などが記されていた[20]．それを整理し，上述の秦始皇帝陵にみる労働力の動員のあり方と図4.5のなかに対比させた．石材は基本的にすべて当時の中山国の領域内で採掘され，作業に従事した石工の大半もまた国内各地から広く動員されている．帝国の支配者たる皇帝陵のそれとは性質を異にした，郡国制下の諸侯王墓としての労働力編成のあり方が認められる．石工のある部分については山東東部の東平国や魯国その他の郡県から動員されているが，山東東部の地は画像石など優れた石刻を今日に数多く残すことで知られ，また劉焉と当時の東平王は光武帝の異母兄弟の関係にあった．そうした背景のもとで，王国の外から相当数の労働力が重点的に動員されたと考えられる．

手工業生産からみた聚落・都市

次にこのような手工業生産が，居住と活動の場である聚落または都市のなかで，どのように空間的に配置されていたか，またその変遷にどのような歴史的意義が認められるかについて考えてみたい．

環濠聚落として有名な姜寨遺跡では，上述のように数多くの石器未成品が出土

しているが，報告されているものについてみる限り，その大部分は環濠内に同心円的に配された住居址群の分布状況と重なるように出土しており，分布の偏りは認められない．聚落間はもとより聚落内でも分業が顕著でない，自家生産・自家消費型の生産システムを想定することができよう．

　湖北省天門市にある石家河遺跡（前3000〜2000年頃）は，土壁をめぐらす新石器時代中後期の聚落としては長江中流域で目下最大の遺跡群であり，土壁の内外にいくつかの遺跡を包括する．そのうち手工業生産の関連で注目されるのは，羅家柏嶺遺跡と程徐塆遺跡である．羅家柏嶺遺跡では玉石器工房址と推測される大型建築址や銅器片・銅渣などが検出され，その東に位置する程徐塆遺跡では石器の未成品が大量に出土している[21]．これらの地点で手工業生産が活発に行われていたのは疑いないが，どちらも環状土壁の外のほぼ同じ区域内に立地する．この時期の中心的な聚落では，生活区の土壁内側でなくその外側の空間に，半ば独立したあり方で手工業生産区が設けられていたと推測されよう（図4.6（a））．

　河南省の鄭州商城では工房址と城壁が早くから発見されていたが，従来は城壁の外に工房があると理解されていた．ところが近年になり，そのさらに外側にもう一重の城壁が存在したことが判明し[22]，工房は内外二重の城壁の間に設けられていたと考えられるようになった（図4.6（b））．興味深いことに，この鄭州商城だけでなく殷墟でも，どこか1カ所にかたまるのではなく，いくつかの方向に分かれて各種工房が発見されている．すでに記したように，鋳型からみるとそれぞれの工房で生産された品目は著しく異なっていたと考えられる．殷代の王都あるいはその拠点において，異なる性格をもつ工房群がバランスよく周囲に配置され，その間で分業が活発に行われている状況からみるなら，当時それらの手工業が王権に直結する性格のものであった可能性が読み取れよう．

　春秋から戦国時代になると，多くの都城では内城と外郭に分かれる構造が確立していく．そうしたなかで，工房は郭内に配置される傾向が強い．上でみた晋の侯馬鋳銅遺跡でも，鋳銅工房は城外の一つの区域でまとまって発見されており，また戦国時代の韓の鄭韓故城遺跡においても，郭内への配置が遺構の分布状況として確認される[23]（図4.6（c））．郭の部分に工房が置かれるという点では殷代からの流れをうけつぐが，鋳銅工房が一つの地区にまとまり，鋳型の種類の偏りから内部にさらに複数の区画が設けられて分業を行っていたと推測される状況は，それ以前には確認されない新たな展開ということができる．

手工業生産からみた聚落・都市

前漢代の首都である漢長安城の城外近郊には，銅銭を鋳造するための原型（模）や鋳型（笵）がまとまって出土する遺跡がいくつか確認されている[24]（図4.6（d））．その多くは民間による私鋳を禁じた時期の銅銭にかかわるものであり，上述のように漢長安城内にも同時期の関連工房が想定されていることから，この時期の長安城では，城内だけでなくその近郊を一体として手工業生産そのものが編成されていたと考えられる．これは文献に記される官営鋳銭工房，「上林三官」や「鍾官」などの記述とも符合する点である．この時期には，地方レベル

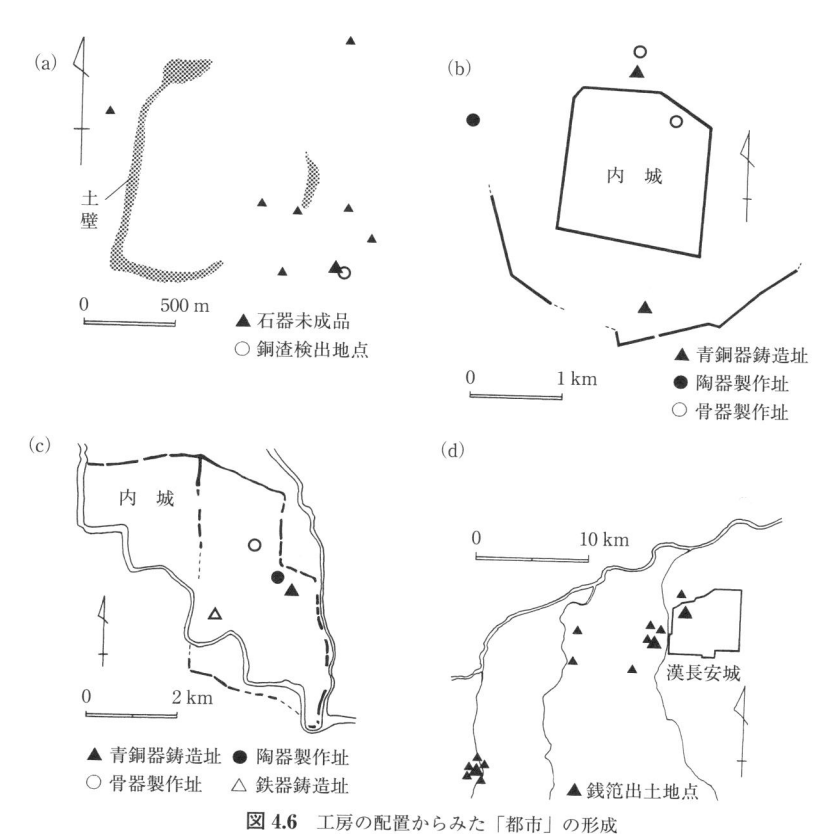

図 4.6 工房の配置からみた「都市」の形成
（a）石家河遺跡，（b）鄭州商城，（c）鄭韓故城，（d）漢長安城（北京大学考古系：石家河遺址群調査報告．南方民族考古（成都），No.5，218，1992，文献[23,24]などのデータから筆者作成）．

でも「工官」などの官営工房が設置されていたことが確認され，漢長安城とその近郊，さらに地方とを結ぶ，かつてない規模の官営工房のネットワークが成立していた．こうしたあり方が，躍進する民間活力との競合のなかで，漢代における生産と流通の歴史を織り成していったと考えられるのである．

流　　通

　中国古代の青銅器に銘文をもつ例が少なからず含まれることはすでに上でも述べた．その内容は，戦国時代より前であれば名義上の製作者である作器者と祭祀対象との関係についての記述を中心とする記念文，前4世紀の戦国後半から漢代にかけては実際の製作者（地）や設置場所などの記録文であることが多い．どちらの場合もその銘文によってそれが本来かかわることが想定されていた場が明らかとなるのだが，実際の出土状況をみると両者が合致する事例ばかりではない．製作や設置場所からまったくかけ離れた土地で孤立的に出土する例，あるいは複数の脈絡を示す銘文をもった青銅器がいくつかのグループをなして一つの墓に副葬されている例などがある[25]．なかには一度記された銘文のなかで作器者名や祭祀対象の部分だけが磨り消されて新たな文字が刻み直された例もあり，戦国の終りから秦漢時代にかけては，あえて古い銘文を残して別の書き手が新たに銘文を刻むという例も少なくない．こうした資料の検討はいまだ個別にしか行われていないが，それを一つずつ読み解いて体系づけることにより，青銅器の「流通」の軌跡とその歴史的展開が具体的な姿で描き出されるはずである．

　器物そのものの紋様などの属性が，そうした文字内容による判断を補完して，「流通」のあり方の一端を物語る場合も少なくない．その一例，山西省の侯馬鋳銅遺跡については，すでに上で紹介したとおりである．

　モノそれ自体の流通に関連してここで紹介しておきたいのは，中国大陸における「封泥」研究の可能性である．封泥とは文書や物資を封印するために粘土に印を押したものがそのまま残った粘土片のことをいう（図4.7）．戦国時代にも例があるが，制度として発達し出土例が多いのは秦漢時代の事例である．特定の遺構から一括出土することも少なくないが，ばらばらに採集されたり，骨董商を通じて分散してしまうことが多く，共伴関係が確認できる例はわずかでしかない．

　内モンゴル自治区フフホト市の郊外に位置する二十家子漢代城址はそうした恵まれた例の一つであり，遺跡からは合計95点の封泥がこれまでに出土している．

このうち「安陶(あんとう)」の 2 文字をもつ例が 34 点と圧倒的に多く，漢代定襄(ていじょう)郡の安陶県城と推測されることとなった．ほかには同じ郡内の県名が 8 点，県の下の行政区分である郷が 7 点で，他郡の県名は 1 点だけにとどまっており[26]，漢代において県城がもっていたネットワークが，おもに下位の郷レベルとの上下の関係，さらに同じ郡内の他県との横の関係を基本とするものであったことが明らかとなる．これに対し，漢代の楽浪郡治址と考えられる現在の平壌市郊外で収集された資料には，地名をもつ計 108 点のうち，「楽浪」の 2 文字が見えるものが 21 点，郡内の県名が 55 点を占め，郷レベルの地名をもつ例は 1 例も報告されていない[27]．また文字内容や字体などから秦代のものとして注目を集めている陝西省西安市北郊発見の封泥群では，北は長城地帯から南は四川方面にいたる広い範囲の各郡県にかかわるものが含まれており，前二者との性格の違いが際立っている[28]．

図 4.7 封泥の使用状況（湖南省博物館ほか：長沙馬王堆一号漢墓．文物出版社（北京），1973）

この時期の中国大陸に国都-郡治-県城の各レベルでまったく様相を異にするネットワークが存在し，それを一点にまとめ上げるものとして国都が機能していたことを，これらの封泥はきわめて雄弁に物語っているのである．

消　　費

流通の結果として消費にいたるが，消費の最後にいきつくものは，墓への副葬，廃棄，再利用，伝世などであり，実際にそれを反映したさまざまな遺物や遺構が中国各地で発見されている．

その一つ「窖蔵(こうぞう)」とは，埋納および遺棄にかかわる遺構を総称したものであり，中国大陸の各地から，時代のみならず文化的背景を異にする窖蔵が数多く発見されている．偶然の機会に発見され，後から追跡調査される場合が一般的であり，遺構としての状況を層位的なデータなどとあわせて報告している例はまれだが，前述の鄭州商城でみつかった殷代二里岡期の青銅器窖蔵では，土坑のつくり

や坑内の器物の配置に丁寧さが目立ち，祭祀的な性格の強いものであったことが推測される．その一方で，西周王朝の故地である陝西省の「周原」におけるいくつかの例のように，土坑のつくりも粗く，また器物の配置や組み合わせにも配慮が乏しいなど，隠匿あるいは遺棄の性格の強い窖蔵も存在する．中国考古学における窖蔵とは，複数の概念を含んだ，ある種の「消費」パターンを総称したものということができる．

こうした窖蔵からの一括遺物が実用品で，年代幅のあるものが混在する場合には，その種の器物がどの程度の耐用年数をもっていたのかについて推測する手がかりとなる．上述した鄭韓故城遺跡でかつて土坑内から一括出土した戈や矛など青銅製武器およそ180点について銘文を整理し文献記載との比較を行った結果によると[29]，そのなかには韓国の桓恵王（かんけいおう）2年から末代韓王安（あん）の8年（前271〜231年）まで実に41年分の武器が混在していたという．これらの発見場所は当時の工房地区に近く，また破損品が目立つため，原料としての再利用を意図したものである可能性が高い．したがって当時における一般的な使用状況とは多少異なるかもしれないが，戦国時代における青銅武器の大まかな耐用年数をうかがい知ることができよう．

結びにかえて

中国古代における生産と流通というテーマについてはこれまでにも研究が少なくないが，純粋な考古学の方法論だけで描ける初期王朝以前の状況と，急増する出土文字資料によって解明の進む戦国以後の状況とは，互いに重なりあうことのないままそれぞれに歴史像を描き続けている．生産と流通という2本の柱によってそれぞれの成果をつなぎ合わせ，先史時代から歴史時代への切れ目のない見取り図を描くことが，本章において筆者が意図した点である．

まず最初に青銅器製作の原料となるインゴットの問題を取り上げたのは，それを資源の原産地と消費地，すなわち鋳造工房とを結ぶ媒介として重視したためである．その前提となる状況を理解するために，本章では金属資源と同様に，素材産地の限られる石器などに注目し，新石器時代を議論の出発点とした．従来まとめて整理されることのなかった石器と青銅器を相互補完的に扱うことによって，資源獲得と製作システムにみられる時代的な変化のあり方を，新石器時代から漢代までの一連の流れとして整理しようと考えたのである．

工房はそれらの素材と製品とを結ぶ結節点であり，生産した製品を通じてその消費主体である社会の諸相に結びついている．工房間分業など具体的な生産状況について整理し，またその空間配置に都市の成立過程との関係を読み取ろうとしたのは，こうした理解に基づいている．労働力の編成や製品の流通・消費のあり方についても，この点から関心を抱き，参考となるいくつかの事例について整理を試みた．

　鉄器生産や鉛同位体研究など，重要な問題でありながら論じ残した点も少なくないが，以上のさまざまな面についての整理を通じ，素材流通システムや分業などの生産システムが，新石器時代半ばから漢代までおよそ4000年もの時間のなかで大きく変化していることは，ある程度まで示すことができたのではないかと考える．

　その過程で，生産・流通システムの展開にみられる地域差や画期となる時期など，いくつかの課題が浮かび上がった．近年では，都城や大墓の出現など，目にみえやすい指標による「文明起源」論が盛んだが，それについてもこうした角度からの検証が必要であろう．おそらくそのなかで，かつて中国大陸でイデオロギーと共鳴しながら熱く議論された「生産様式」の問題や「時代区分」論などの社会経済史的課題が，当時のいくつかの仮説の再評価をともなって，今日的な新しい論点として再生することが予測される．

(1998年9月3日提出)

文　献

1) 王新録：従半坡周囲的区域地質環境看半坡人的石質工具的材料来源．環境考古研究 (1)，科学出版社 (北京)，71-77，1991.
2) 半坡博物館ほか：姜寨．文物出版社 (北京)，1988.
3) 厳文明：中国新石器時代聚落形態的考察．慶祝蘇秉琦考古五十五年論文集，文物出版社 (北京)，1989.
4) 陶富海：山西襄汾県大崮堆山史前石器製造場新材料及其再研究．考古 (北京)，No.1，1-7，1991.
5) 聞広：高郵神居山二号漢墓玉器地質考古学研究．文物 (北京)，No.5，83-94，1994.
6) 西安半坡博物館：陝西省藍田懐珍坊商代遺址試掘簡報．考古与文物 (西安)，No.3，48-53，1981.
7) 松丸道雄：西周時代の重量単位．東洋文化研究所紀要 (東京)，No.117，1-59，1992.
8) 間瀬収芳：中国で相いつぐ古銅鉱の発見をめぐって．東洋史研究 (京都)，**49**-1，151-162，1990.
9) 湖北省黄石市博物館ほか：銅緑山．文物出版社 (北京)，1980.

10) 山西省考古研究所：侯馬鋳銅遺址．文物出版社（北京），1993．
11) 賀梓城：西安漢城遺址附近発現漢代銅錠十塊．文物参考資料（北京），No.3, 82, 1956．
12) 丁祖春：四川彭山県出土新莽西順郡銅板．文物（北京），No.11, 94, 1979．
13) 難波純子：殷墟後半期の青銅彝器（下）．泉屋博古館紀要（京都），No.12, 93-113, 1996．
14) 松丸道雄編：西周青銅器とその国家．東京大学出版会（東京），1980．
15) 湖北省文物考古研究所：紀南城新橋遺址．考古学報（北京），No.4, 413-451, 1995．
16) 中国社会科学院考古研究所漢城隊：漢長安城窯址発掘報告．考古学報（北京），No.1, 99-129, 1994．
17) 岡村秀典：秦漢金文の研究視角．古代文化（京都），No.9, 59-69, 1991．
18) 西江清高：西周式土器の成立（下）．東洋文化研究所紀要（東京），No.123, 1-110, 1994．
19) 袁仲一：秦代陶文．三秦出版社（西安），1987，鶴間和幸：秦始皇帝陵建設の時代．東洋史研究（京都），**53**-4, 30-54, 1995．
20) 河北省文化局文物工作隊：河北定県北荘漢墓発掘報告．考古学報（北京），No.2, 127-194, 1964．
21) 湖北省文物考古研究所ほか：湖北石家河羅家柏嶺新石器時代遺址．考古学報（北京），No.2, 1994．
22) 河南省文物研究所編：鄭州商城考古新発現与研究．中州古籍出版社（鄭州），1993．
23) 河南省博物館新鄭工作站：河南新鄭鄭韓故城的鑽探和試掘，文物資料叢刊（北京），No.3, 56-66, 1980．
24) 陝西省銭幣学会編：秦漢銭範．三秦出版社（西安），1992．
25) 吉開将人：曽侯乙墓出土戈・戟の研究．東京大学文学部考古学研究室研究紀要（東京），No.12, 1-49, 1994．
26) 張郁ほか：呼和浩特市郊区二十家子漢代城址出土的封泥．内蒙古考古文集（1），中国大百科全書出版社（北京），354-364, 1994．
27) 藤田亮策：楽浪封泥続考．朝鮮考古学研究，高桐書院（京都），357-403, 1948．
28) 周暁陸ほか：秦代封泥的重大発現．考古与文物（西安），No.1, 35-49, 1997．
29) 郝本性：新鄭"鄭韓故城"発現一批戦国銅兵器．文物（北京），No.10, 32-40, 1972．

第5章

中国北方系青銅器の製作

髙 濱　　秀

は　じ　め　に

　中国北方系青銅器とは，中国の北に伸びる長城に沿って見出される青銅器の全体的なよび方である．それらが数多く発見される黄河湾曲部のオルドス地方の名をとって，「オルドス青銅器」とよばれることもあるが，実際は，西は新疆ウイグル自治区，東あるいは北は黒龍江省まで，中国北方地域全体にわたって分布している．これらの青銅器は，現在の中国領北辺において見出されるが，中国の青銅器文化というよりは，ユーラシア北方草原地帯の青銅器文化の系統を引いたものである．しかしそれに加えて中国青銅器文化の影響を受け，また遼寧地方や朝鮮半島とも関連をもつという，複雑な性格をもっている．時期は，前2千年紀前半に始まり約2000年間続くが，紀元後の数世紀よりも後になると，すでに鉄器時代に入っていたこともあり，いわゆる北方系青銅器としての特色が希薄になる．

　中国北方系青銅器とほぼ同時期の中国青銅器の種類には，祖先を祭るための祭器であった容器類を主として，ほかに馬具，武器，鏡などが知られている．容器類には時折かなり大型のものも見られる．しかし中国北方系青銅器においては，容器類は鍑とよばれる種類のものが1種類あるだけで，他はほとんどが武器や馬具，そして装飾品である．それらは基本的に持ち運びのできるものであり，遊牧生活に適したものといえよう．定住民の青銅器とはまったく異なっていたのである．

　これらの青銅器の製作技法を考えるにあたっては，草原地帯の他の青銅器文化との共通性を考慮しなければならない．またこれは牧畜民の文化なので，中国中原文化のような定住農耕民のそれとは，青銅器の種類だけでなく，製作のためのシステムも異なっていたと考えられる．ここでは，ほぼ同様な遺物が出土するザ

バイカリエやシベリアの類例を随時参考としたい．

中国北方系青銅器のあらまし

　中国北方系青銅器は，その分布が広い地域にわたり，また年代もほぼ2000年近くに及んでいるので，空間的，時期的に多くの変化がある．製作についての細かな検討に入る前に，中国北方系青銅器の枠組みを簡単に述べておきたい．

　中国北方系青銅器の最初の例として知られるのは，内蒙古伊克昭盟朱開溝で発見された短剣と刀子である．これらは朱開溝における第5段階，すなわち中原の二里岡期に併行すると考えられている．前2千年紀の半ば頃ということになる．短剣は南シベリアのカラスク文化のものと似ているところもあるが，いまのところ類似品は知られず，孤立した例といえる．刀子は後の商代後期に見られるものとよく似た環頭刀子で，これといった区別がつけがたい．

　商代後期には，獣頭あるいは鈴が柄頭に付く剣や刀子が見られる．刀子は，柄の断面が楕円形である大型のものを除くと，断面Ｉ字形のものが多い．この時期の青銅器は，河北省・遼寧省あたりにいくつかの一括埋納品が見られるほか，殷墟においても出土し，また山西省と陝西省の境目あたりにも一つの文化の中心がある．また青海省においては，ほぼこの時期あるいは西周時代と考えられる卡約文化が存在し，特異な青銅器が発見される．

　西周時代に相当する時期の青銅器は確実な例があまり知られていない．北京市昌平県白浮の西周時代の墓から，南シベリアのカラスク文化のものとよく似た剣などの北方系の青銅器が出土している．ほかに北京市延慶県西撥子村で，刀子などが鍑のなかに入って発見された例がある．

　西周時代後期から春秋時代の初め頃には，赤峰市を中心とする内蒙古自治区東部に夏家店上層文化が見出される．代表的な遺跡には南山根101号墓，小黒石溝などがある．この文化にはカラスク文化の系統を引くと思われる剣や飾金具が発見される一方で，動物紋様や馬具などにスキタイ系文化（初期遊牧民文化）との多くの共通点をもっている．ユーラシア草原地帯のスキタイ系文化のなかでも早い時期の文化と考えられ，その起源を考える上にも重要な位置を占める．

　その次の時期，春秋時代の中ごろから戦国時代にかけて，中国北辺ではいくつかの地域において，スキタイのアキナケスに類似する剣や，二枝式の銜，動物紋様などを備えた，本格的なスキタイ系文化といえる文化が見出される．燕山地

区，すなわち北京および河北省，オルドス地方などを含む内蒙古中南部，そして隴山地区，すなわち甘粛省と寧夏回族自治区である．これら3地域の文化には，その墓の構造や遺物などに地域的な特色を見ることができる．内蒙古中南部の文化は，遺跡の地理的分布などからさらに二つ，あるいは三つに分けることもできよう．そのほか甘粛省の永昌県付近では，以前から沙井文化とよばれる文化が知られていたが，最近新たに墓地が発掘され，その内容が明らかになってきた．この地域もまた北方系青銅器の一つの地域と考えることができる．これらの文化のなかでは，燕山地区の文化が最も早く，春秋時代中期頃からのものと思われる．夏家店上層文化やザバイカリエの板石墓文化と共通する飾金具などが発見される．

　秦時代の末頃には，モンゴル高原を本拠として，冒頓単于の率いる匈奴がユーラシア草原地帯東部にまたがる強大な帝国をつくり上げた．前漢時代と考えられる北方民族の墓地のおもなものには，遼寧省西豊県西岔溝，寧夏回族自治区同心県倒墩子などがある．これらの墓地では，中国の鏡や銭など多くの中国的要素が見出されるが，顕著な北方的なものとして，帯飾板がある．これらの帯飾板とほぼ同類のものは，南シベリアやさらに西方でも発見される．また後漢時代に相当する北方系民族の遺跡も多く知られており，鮮卑のものと考えられるものが多い．

製作についての手がかり

　一般に青銅器の製作技法や製作システムについての手がかりには，工房址などの遺構から得られるものと，発見された鋳型のような遺物や，製品そのものに現れた痕跡などから得られるものとの2種類がある．遺物から得られる手がかりのうちには，青銅の成分分析のデータも含まれる．一括で発見された埋納品も，製作システムを考察するための資料になるであろう．本章ではそれらについて述べていく．

採　　鉱

　内蒙古の赤峰市林西県大井遺跡は，採鉱および精錬，鋳造の大規模な遺跡である[1]．2.5 km^2 を占め，露天掘りの採鉱の溝が47条発見されている．その合計は1570 mに達し，深さ20 mに達するものがある．採鉱や選鉱に用いられた，たが

ね，ハンマー（錘），環，球，盤，研磨器など1500点に達する大量の石器が発見されている．また多孔窯形と楕円形の2種類の精錬用炉が発見された．これらに伴って，陶片，坩堝片，かなくそ，木炭，馬首形陶製鞴管，鋳型の破片などが発見されている．この遺跡は，出土した陶器などから夏家店上層文化に属すると考えられているが，さらに早くから用いられていた可能性も検討されている．

鋳型の発見例

また鋳型の出土も知られている．朱開溝では，斧の石製鋳型の破片が発掘されている[2]．一つの耳の部分が残り，本体は斜格子紋で飾られている．おそらく中原の二里岡期に相当する時期に，この地で青銅器の鋳造が行われていたことがわかる．

内蒙古自治区昭烏達盟敖漢旗李家営子では，牧民によって3組の石製鋳型が発見された（図5.1）[3]．いずれも2枚からなるもので，一つは鏊付きの戈，一つは両耳付斧，一つは長桃形装飾品3個と錐1本を鋳造するための鋳型である．これらは風の吹いた後に発見されたもので，付近で人骨は発見されておらず，墓の副葬品ではないと考えられている．戈と斧の鋳型には，中子は伴っておらず，石製ではなく土で臨時につくったと推測されている．いずれも鋳型を合わせるための印が随所に刻まれているほか，戈の鋳型には合わせて縄で縛る際の窪みなどもつくられており，ぴったりと合わせるための工夫が，いろいろとなされている．年代は，戈の型式などから，商代併行期と考えられる．

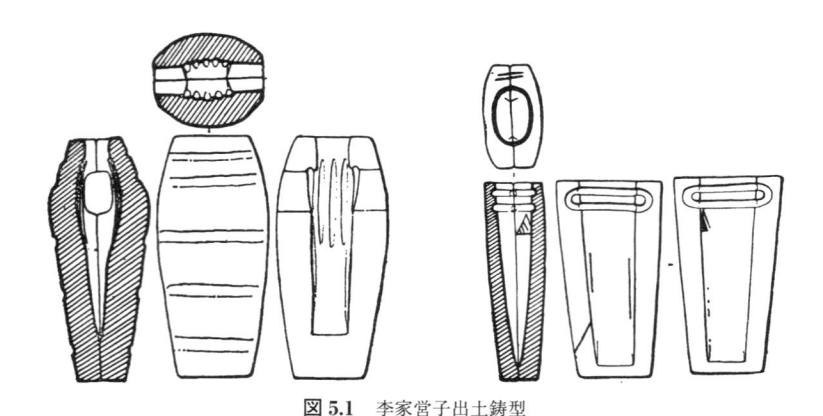

図 **5.1** 李家営子出土鋳型

商代併行期の刀子の鋳型は，科学的な発掘を経た例はないが，収集品の例はある[4]．内蒙古敖漢旗(ごうかんき)博物館には，環頭刀子をつくる１組の鋳型が所蔵されている．刀子は柄の中央が透かしになったもので，柄には綾杉状の紋様がある．湯口は刀子の先端にあり，三側面に合わせるための細い線が刻まれているという．また内蒙古武川県で収集されたものは，細長い隅丸長方形の石製鋳型で，環頭刀子と柄頭の横にループのある刀子を１本ずつ刻んでいる．側面に数カ所，他の面と合わせるための印が刻まれている．刀子の先端から湯を入れるようになっている．環頭刀子の石製鋳型はザバイカリエのベクレミシェヴォなどや，トゥバのヘムチク川の上流域でも発見されている[5]．いずれも刀身の先端から湯を入れるものである．

　夏家店上層文化の赤峰市夏家店遺跡から斧および連珠形飾金具の石製鋳型が出土している[6]．赤峰市紅山からは斧の石製鋳型破片が採集され，また１組の同様の斧の石製鋳型が購入されている[7]．内蒙古克什克騰旗龍頭山からは，小型飾金具の鋳型らしいものが出土しており，敖漢旗山湾子からは，遼寧式(りょうねいしき)銅剣の石製鋳型が発見されている[8]．また赤峰市寧城県大黒石遺址からも夏家店上層文化の石製鋳型が発見されている．大黒石の鋳型も科学的な発掘品ではなく，採集されたものを購入したものであるが，2001年に開催された「中国北方長城地帯青銅時代考古国際学術研討会」の折，赤峰市寧城県の遼中京博物館に用意された陳列において見ることができた．円形金具，飾金具，鐸，刀子，三翼鏃(さんよくぞく)，斧，鑿などの鋳型である．円形金具の鋳型は，鈕を付けるために裏側の鋳型をさらに二つに分割し，分割された鋳型が合わさる部分に鈕のための掘り込みをつけている．三翼鏃の鋳型は，３分割された鋳型である．刀子の鋳型は，片面に環頭刀子１本と茎に歯状突起をもつ２本の刀子，他面には歯状突起をもつ３本の刀子を彫り込んでいる．

　河北省豊寧満族自治県土城鎮東溝道下において，滑石のような石でつくられた鋳型が墓から発見されている[9]．発見された鋳型は２組あり，１組は灰白色の石で台形を呈し，斧をつくるためのものである．その一つの反対側には３本の溝が彫られている．斧は銎の上部に２本の突帯があり，先端の刃に向かって狭まる型式である．他の１組は黒灰色の石で長方形を呈し，一つの内側は平面である．他の片の内側には刀子，鑿，錐をつくるための窪みがある．そこには黒い墨のようなものが塗ってあったようである．刀子のある片の外側には，４組の五連珠と炎

状の紋様が彫られ，他の片の外側には 3 組の四連珠が彫られている．鋳型のほかにこの墓からは，円盤状の銅製品，銅斧，銅刀子，銅鑿，銅錐，銅泡，土器などが出土しており，銅泡が頸のあたり，土器が石棺の足先側の端で発見された以外は，副葬品は腰の両側から出土している．この墓の年代は，出土した刀子や銅泡などを根拠として春秋時代後期の山戎（さんじゅう）文化と考えられている．鋳造工の墓と考えられるであろう．

　動物形の飾板をつくった陶製の模（も）が，山西省の晋国の石圭（せきけい）をつくる工房址から出土している[10]．模とは原型のことである．この工房は山西省侯馬市の牛村古城の南にあり，子安貝形製品，鼎耳，鐘，壺，車馬飾り，鏃などの青銅器を鋳造するための鋳型も灰坑から出土している．大きな猪の口先に小さな馬のような動物を表したもので，主題としては北方系の動物紋飾板の一種であるが，表現はむしろ中国風に見える．発掘の詳しい状況は不明であるが，この工房址自体が春秋時代晋国のものであり，他にも中国青銅器を鋳造していることからも，これが中国の工房であり，そこで北方系に類する青銅器をつくっていたことは明らかである．

　近年，陝西省西安北郊の北康村（ほくこう）において，1 基の墓から鋳造のための陶製の模が 17 点発見された[11]．模は人骨の下方の回りを囲むように置かれており，鋳造工の墓であったと推測されている．副葬された陶器により，この墓の年代は戦国後期前半と後期後半の境目頃，前 3 世紀半ば頃と考えられている．模 17 点のなかの 12 点は，車馬具や鼎足など中国的な器物などの模であるが，5 点は何らかの飾板の模である．いずれも縄目紋による枠や，動物紋様などの北方的デザインの特徴をもっている．そのなかの 1 点は，北方系の帯飾板で，鹿の枝角をもつ馬のような動物を透かし彫りで表したものである（図 5.2）．また双羊紋飾牌模（そうようもんしょくはいも）と双馬紋飾牌模（そうばもんしょくはいも）は，縄目紋による枠のなかに，後ろ肢を振り上げた北方的な姿勢を示す羊と馬を表したもので，用途は不明であるが，北方的デザインの飾金具といえよう．もう 1 点は，鷹と虎の闘争を表すもので，これも北方的とされる帯飾板に見られる紋様の一つの変化形であろう．もう 1 点は，縄目紋による枠のなかに人物を表すもので，これは他に見られないデザインである．ここで発見された飾板・飾金具の動物紋様は，中国における前漢代の確実な出土例がこれまで知られていたが，それが戦国時代に遡るかどうかが問題であった．ここで戦国時代の確実な例が知られ，またそれらが中国，秦の工匠によって中国的な器物とともに

図5.2 怪獣紋帯飾板模

鋳造されたと考えられることは，きわめて重要である．

帯飾板の陶製の原型は，収集品にはいくつか知られている[12]．また石製の原型も大英博物館に所蔵されている．

一括埋納品

北方系青銅器の一括遺物は，数カ所で発見されているが，なかでも注目すべきものが，北京延慶県西撥子村発見のものである[13]．ここでは先に述べた鍑のなかに，2点の刀子や5点の刀子破片，9点の斧，4点の鑿，錐，戈，三足容器のセットなどが入っていた．また西周時代後期から春秋時代にかけてのものと思われる重環紋のある中国青銅器の破片もある．西周の中頃あるいは後期のものと考えられる．これはヨーロッパなどで知られるホードと同種のものであろう．刀子の破片，青銅器の破片などが含まれていることからしても，鋳物師が青銅器鋳造のための材料を一括で埋置したものと思われる．

地域も少し異なり，また時期もおそらく少し遅れると思われるが，ザバイカリエのザカメンスクで発見された刀子などからなる一括埋納品も同じような性格をもつものであろう[14]．

明らかにホードと考えられるような北方系青銅器の一括埋納品は，とくに商代に相当する頃にしばしば見られる．河北省青龍県抄道溝，興隆県小河南村，遼

寧省興城県楊河，綏中県馮家などで発見されたものなども，同様のものとみなすことができよう[15]．しかし刀子の破片などは含まれておらず，性格は異なるかもしれない．これらは材料ではなく製品を埋納したのであろうか．

製品に見える鋳造の痕跡

　残された青銅器そのものの鋳造の痕跡から，いくつかの点について注意しておきたい．

　刀子・剣　刀子，短剣などは，ほとんどのものが2枚の鋳型を合わせることによって鋳造されたと考えられる．それは柄の両側や，刀子の背部に残された鋳型の合わせ目によって知ることができる．内蒙古武川県やザバイカリエ発見の刀子の鋳型は，刃部の先から湯を入れたと考えられるものであるが，その痕跡はほとんどの場合，製品には残らない．逆に製品を観察すると，柄頭の端部や側面に，湯口の痕跡と思われる突起のあるものが時折見られる[16]．おそらく両方の場合があったのであろう．西シベリア，イルメン文化の，タナイ-7墓地発掘の青銅器について，その鋳造技術に関する論文が最近発表されているが，その刀子にも，柄頭から湯を入れたと推測されている例がある[17]．その差異が，時期あるいは細かな文化の差によるものかどうかはまだ決定しがたい．

　刀子や剣においては，同笵あるいは同型の鋳型でつくられたと思われる例が時折知られている．たとえばスウェーデン，ストックホルムの東アジア博物館の所蔵する刀子には，連続渦巻紋様で飾られた比較的大型の刀子が2本ある．それらはほとんど同一といってよいものであるが，それらとほぼ同様の刀子が，さらに東京国立博物館にも所蔵されている[18]．内蒙古准格爾旗宝亥社の春秋時代後半の墓から似た紋様の刀子が出土しており，年代や使用された地域がほぼ推定できる．これらの刀子は，比較的単純な2枚の鋳型を使って製作されたと考えられる．

　短剣には単なる2枚の鋳型によってつくったのではなく，剣身を先につくり，それを柄のための鋳型に入れて鋳造したと思われるものも知られている．たとえば，柄が蟠螭紋の変化したような紋様で飾られた東京国立博物館所蔵の剣などである[19]．これらはおそらく春秋時代中期以後に併行するものであろう．この時期の北方系青銅器の剣には，黒海沿岸やシベリアに見られるアキナケス剣と似た型式の剣のほかに，何らかの中国風の紋様がつけられた剣があるが，このような

製作法の例は後者の剣に多い．またその場合，なぜか剣身と柄が完全にまっすぐに付いていないものが，時折見られる．

　東京国立博物館の所蔵する剣で，柄を透かし彫りの四つの驢頭によって飾った剣が2本ある（図5.3）[20]．同様のものは，スウェーデン，ストックホルムの東アジア博物館においても所蔵されており[21]，ほかにも類例が知られている．東京国立博物館の2例は，柄の部分はほとんど同笵と思われるくらいに似ているが，剣身の形は明らかに異なっている．また柄と剣身がまっすぐについていない．おそらく前述のように剣身だけを先につくり，それを柄の鋳型の中に埋め込むようにしてつくったと考えられる．

　中国河北省宣化県小白陽出土の剣で，柄が透かし彫りで，幾本もの棒を格子状に重ねたような外見をもつものがある[22]．これと似たものは，北京延慶県玉皇廟，河北省灤平県営房大腰子や豊寧県四岔口土坎子でも出土し，天津薊県においても柄の発見例がある．さらにストックホルムの東アジア博物館においても所蔵されている[23]．この剣は型式からはアキナケス式の剣ということができるであろう．しかしその柄は単純な2枚の型でつくられたのではなく，棒を3層に立体的に組み立てていったような形につくられている．すなわち，横方向の短い棒を何本も配置し，その両面に縦方向の棒を並べて両側をまとめてつくったように見える．たとえばそれらの棒が蠟でつくられていれば，棒を組み立てた後に土で包んで熱して蠟を溶かし出し，それから湯を注げば，1本の剣をつくることができるであろう．しかし上にあげたいくつかの例を厳密に比較することができないので，それぞれ別々につくられたものか，あるいは何らかの同じ原型からつくられたものか，不明である．

図5.3　驢頭紋短剣（東京国立博物館所蔵）

飾金具　飾金具の裏につける鈕の種類にはいくつかある．そのつくり方の一つは，先に述べた大黒石発見のような鋳型を使う方法で，鈕の付く面の鋳型を分割して，そこに鈕の形を彫り込むのである．

さらに一つの方法は，その実際の製作法はまだ不明であるが，製品を見ると，きわめて特色のある形を示している．それは飾金具の裏側の，窪んだ部分の上に細い棒を接着したような形で鈕をつくるのである．これは中国北方系青銅器の飾金具類にしばしば見られる鈕の形であるが，その一つの典型が，夏家店上層文化において発見される双尾形の垂飾である．この種の垂飾では，裏側の鈕はほぼすべてここに述べた棒状の鈕である（図 5.4)[24]．

そのほか，狐のような動物の頭の正面形を表した小型飾金具にも，この種の鈕が裏に縦方向に付くことが多い（図 5.5)[25]．この類品は寧夏回族自治区や甘粛省に多く知られ[26]，内蒙古自治区の中部でも似たものが出土している[27]．南シベリアの山地アルタイやトゥバでも鈕の型式は異なるが，似たものが知られている[28]．

また帯に連ねた装飾と思われる小型飾金具にもこの種の鈕をもつものがある．たとえば，ジグザグ形の上下に円形の付く形の飾金具には，互いによく似た2種類があるが，その1種類にはこのような棒状の鈕が付いている[29]．陝西省神木県および内蒙古中南部で出土例がある[30]．しかしもう1種類の小型飾金具にはこの棒状の鈕は付かず，その類は河北省灤平県から出土が知られている[31]．

棒状の鈕は，上述の西シベリア，イルメン文化のタナイ-7墓地出土のボタン形飾金具においても見ることができる[32]．イルメン文化とはカラスク文化，と

図 5.4　双尾形垂飾（東京国立博物館所蔵）　　図 5.5　獣頭形飾金具（東京国立博物館所蔵）

くにその後期文化に類する文化であるが、この鈕の付け方は、中国北辺独自のものではなく、シベリアにも共通した製作法ということになる．イルメン文化および夏家店上層文化は、共にカラスク文化に関連する文化なので、この共通性は不思議ではない．

中国の北辺においては、今のところ夏家店上層文化のものが最も早く、そこからその他の地域へ伝わったということになるであろう．しかし夏家店上層文化と最も関係の深い燕山地域の飾金具には今のところ知られておらず、かえって距離的に遠く、時期的にも少し遅れると思われる内蒙古中南部や寧夏・甘粛の遺跡から、この種の鈕をもつ飾金具が多く発見されているのは意外である．

この種の鈕のつくり方を明確に解明することは現在困難であるが、蠟型技法に似た技法が用いられたとも考えられる．蠟のようなものでできた原型に、何らかの材質の棒をつけていくことによって製作したのではないであろうか．

鍑　1種類の遺物で時期により型式が変化し、またそれにつれて技法の変化もある程度跡づけることができるものに、鍑がある．

鍑は中国北方系青銅器において現れる唯一の種類の容器であるが、同種の容器はユーラシア草原地帯に広く分布しており、主として初期遊牧民時代に用いられたと考えられる．その基本的な形は、器体は深鉢形で、二つの把手が口縁部に立ち、円錐形の脚が下に付く、というものである．しかしこれには地域と時代によってさまざまな変化形がある．たとえば、把手が器体の上方に横方向に付くものもあるし、中国、モンゴルや朝鮮半島などにおいては、脚のないものもある．

その最初に現れる型式の典型は、中国北京市延慶県西撥子村において発見された、脚部を失った鍑である[33]．これは、伴った刀子や、中国青銅器の破片などにより、西周の中頃あるいは後期のものと考えられる．これとよく似た型式の鍑は、北カフカス、カザフスタン、新疆ウイグル自治区、モンゴルやザバイカリエなど、ユーラシア草原地帯に広く分布している[34]．この型式は初期遊牧民時代の本格的に始まる直前の時代に、ユーラシア草原地帯に広く広まったと考えられよう．

この型式の鍑の大きな特徴は、器体に縦方向の鋳型の合わせ目が見られないことである．詳しい製作法はまだ不明であるが、鋳型が縦割でないことは、たとえばスキタイ、サルマタイなど、中国以外の鍑と軌を一にするといってよいであろう．また中国青銅器にしばしば見られるスペイサーもほとんど見られない．

これとよく似た形をしたもので，西周後期あるいは春秋前期頃の重環紋や垂鱗紋など，中国風の紋様をもつものもある．たとえば陝西省雍城（ようじょう）で発見されたものや，甘粛省礼県の秦墓から出土したものなどがあげられる[35]．礼県出土のものは製作法からいえば，中国の青銅器と同様に縦方向の鋳型の合わせ目をもっており，また鋳造時に使用されたスペイサーの跡も見られる．おそらく草原地帯に起源をもつものが中国でつくられるようになって，中国風の紋様が表され，製作法も中国青銅器と同様のものになったと考えられる．

その次の時期，春秋時代後半に現れる鍑もまた縦割りの鋳型で一鋳（いっちゅう）につくられたと考えられる．たとえば，河北省行唐県李家荘戦国前期墓出土の鍑などである[36]．

その製作法が大きく変わるのは，おそらく前漢時代と考えられる．吉林省楡樹老河深出土の前漢末頃から後漢初めと推定される鍑は2点あるが，そのうちの脚付きのものは，縦方向の鋳型の合わせ目が脚の上で止まっており，脚が器体と完全に一鋳でつくられたのではないことがわかる[37]．

その次の段階の鍑は，圏足を含めて全体が一鋳でつくられる．しかし器体の外底に一文字形の湯口の痕跡があることが，春秋戦国時代のものと異なっている[38]．この製作法が後漢時代以後，北朝時代まで続くものと考えられる．

帯飾板　　前漢代に最も発達した帯飾板には，蠟型による鋳造法が用いられたものがあったと考えられている．エンマ・バンカーなどが提唱した lost wax and textile process が，これである[39]．これは帯飾板をつくる際に蠟で原型をつくり，その裏側に布を貼りつけることによって，形を整え，また使われる金属の節約を図ったというものである．そしてこれを土で包んで焼けば，蠟は流れ出て布は焼けてなくなり，その空所に金属を流し込んで帯飾板を鋳造する．この技法によってつくられた帯飾板は，裏側に，布を押しつけたようなネガではなく，ポジの布の跡がつく．このような例は中国北方系青銅器の帯飾板に多く知られている（図5.6）．またシベリア発見とされるピョートル大帝シベリア・コレクションの金製の帯飾板の多くにも，この痕跡が発見されており，この技法によってつくられたと考えられている．東京国立博物館所蔵の帯飾板においては，布の跡に，かなり粗い織り目の布と細かいものとの2種類がある[40]．

蠟型技法に類する技法　　増田精一は，西アジア，とくにルリスタン青銅器文化から伝播した蠟型鋳造技法が南シベリアのカラスク文化と中国の青銅器文化の

図 5.6　銀製駱駝形帯飾板（東京国立博物館所蔵）

起源となったと説いた[41]．しかし中国商代の青銅器が基本的に陶模法，つまり分割された鋳型を組み立てて鋳造する方法でつくられたことは，現在ほぼ定説となっている．また中国青銅器の起源もずっと遡り，逆に増田の想定したような動物紋をもつルリスタン青銅器の年代は，ずっと新しいものと考えられるようになっているので，その説はそのままの形では受け入れがたい．しかし商代の青銅器製作において，蠟型技法に類する技法が部分的に用いられたということは，ありうると思われる．中国の青銅器においては，たとえば卣の提梁などの部分に実際の縄を捩ったものを原型として用いたことは十分に考えられ，上海博物館においても，青銅器製作の説明として展示されていた．このような実物の縄の形の提梁は，湖北省盤龍城出土の卣にも見ることができる．そうすると，二里岡期からすでに用いられていたことになる．

中国北方系の青銅器においても，蠟型技法に類する技法を思わせる青銅器が，商代併行期から存在する．たとえば，獣頭を表した小型の金具が東京国立博物館の所蔵品の中にあるが，その獣頭の下に続く頸部は細い縄を巻いたような紋様で飾られている[42]．それは実際の縄を巻いたように続いており，細かい縄の単位までも見えるようである．しかし鋳型の合わせ目の線は見られない．獣頭は眼窩が突出し，両眼は孔が開いて貫通している．これらは商代併行期の北方系青銅器の獣頭に多く見られる特徴であり，この金具はその時期までさかのぼる可能性がある．

またやはり東京国立博物館所蔵の北方系青銅器の中に，柄にきっちりと縄を巻いたような形の刀子がある（図 5.7）[43]．もし 2 枚の鋳型でつくられたとすれば，その合わせ目の線が細かな縄紋様の上にあるはずであるが，その跡は認められない．刀子の全体の形は西周時代のものと似ている．

図 5.7　刀子（東京国立博物館所蔵）

　上にあげた例はいずれも科学的な発掘による例ではないので確実とはいえないが，蠟型技法に類する技法は，中国北方系の青銅器において，おそらく商代併行期から用いられたと思われる．それが中国の青銅器鋳造技術と関連するのか，あるいは西方の技術が伝播してきたものかは，まだ決めることはできない．

　メッキ　　飾金具を装飾するためにしばしば用いられたものが，金や錫などのメッキである．これが見られるのはおもに漢代に併行する時期であって，水銀アマルガムを用いるものであった．金メッキは帯飾板に施された例が多い．とくに浮彫式の帯飾板に多用されたが，透彫式の帯飾板を装飾した例もある．銀メッキも金メッキと併用する形で，帯飾板に用いられた．このような金メッキと銀メッキによる装飾は，漢代の中原文化の青銅器に時折例がある．おそらくその影響を受けたものであろう．中国北方系青銅器においては，錫メッキも用いられた．それはとくに戦国時代に併行する時期の，動物形の帯飾板や帯に連ねた小型の飾板などに広く用いられた[44]．このようなメッキによる装飾法は，早い時期の草原地帯西方にはなく，やはり中国に起源するといってよいであろう．

　原料の鉛　　青銅器資料の鉛同位体比の分析により，使用された原料の鉛について，考察がなされている[45]．それによると，商代から西周時代に併行する時期の青銅器に使われた鉛は，中原地域のそれとよく似た傾向を示す．夏家店上層文化の青銅器の鉛には，かなりはっきりした材料の産地があるように思われる．春秋時代から漢代にかけて使われた青銅の鉛は，ほとんど中原地域の材料と変わらないという．前漢時代には中国青銅器には見られない材料が使われる場合がある．この鉛同位体比の分析からは，中国北方系青銅器が，型式の面では草原地帯

との繋がりを保っているとはいえ，使用した材料においては，南の中国中原地域に頼っていた状態がよくわかる．北京延慶県西撥子村の一括埋納物には中国青銅器の破片も含まれていた．これはこのような状況を反映したものであろう．

おわりに

中国北方系青銅器の製作に関してさまざまな面から記してきたが，現在判明していることはまだわずかにすぎない．

大きな問題は，それが北方民族の工人によってつくられたのか，それとも中国内で，北方の人の好みあるいは注文に合わせてつくられたのか，という問題である．黒海沿岸のスキタイ古墳から出土する金製品は，かなりの部分が，黒海沿岸のギリシア植民都市で製作されたと考えられているが，そのような関係とも類似した問題である．これは当然，時代，種類によって大きく異なるであろう．たとえば戦国時代から前漢時代にかけての帯飾板については，漢字の銘文が刻まれているものがあることや，最近の西安北郊北康村における鋳型の出土によって明らかになったように，中国内地でつくられたものが，かなりあることが予想される．

蠟型法などの具体的な技術や原材料の供給などについても，まだ最終的な解明にはほど遠く，工人がどのように動いていたかなどの問題には，まだ手がかりも得られていない．資料の増加を待ちたい．

文　献

1) 遼寧省博物館文物工作隊：遼寧林西県大井古銅鑛 1976 年試掘簡報．文物資料叢刊, 7, 138-146, 1983；王剛：林西県大井古銅鑛遺址．内蒙古文物考古, 1994-1, 45-50.
2) 内蒙古自治区文物考古研究所，鄂爾多斯博物館：朱開溝—青銅時代早期遺址発掘報告, 文物出版社, 北京, 2000, 図版 22-1.
3) 邵国田：内蒙古昭烏達盟敖漢旗李家営子出土的石范. 考古, 1983-11, 図 2.
4) 邵国田主編：敖漢文物精華, 内蒙古文化出版社, 2004, 81；武川県収集の鋳型は, 1987 年, 内蒙古博物館に展示されていた．
5) Н. Л. Членова：Литейные формы из с. Беклемишево (Забайкалье). *Краткие сообщенея*, 127, сс. 104-110, 1971；Л. Р Кызласов, К истории карасукской металлургии. *Российская археология*, 1993-3, сс. 43-49.
6) 中国科学院考古研究所内蒙古工作隊：赤峰薬王廟, 夏家店遺址試掘報告. 考古学報, 1974-1, 111-144；pl. 1-14.
7) 東亜考古学会：赤峰紅山後（東方考古学叢刊甲種第 6 冊）, 第 18 図, 図版 26-14, 15, 1938.

8) 内蒙古自治区文物考古研究所，克什克騰旗龍頭山遺址第一・二次発掘簡報．考古，1991-8，図10-4；邵国田：内蒙古敖漢旗発現的青銅器及有関遺物．北方文物，1993-1，図4，図5-5．
9) 豊寧満族自治県文物管理所：豊寧土城東溝道下山戎墓．文物，1999-11，23-27．
10) 山西省考古研究所，侯馬工作站：晋国石圭作坊遺址発掘簡報．文物，1987-6，図13，19．
11) 陝西省考古研究所：西安北郊戦国鋳銅工匠墓発掘簡報．文物，2003-9，4-14；岳連建：西安北郊戦国晩期鋳銅工匠墓初論．考古与文物増刊 2002年先秦考古，pp.278-282；小田木治太郎：北方系長方形帯飾板の展開—西安北郊秦墓出土鋳型の分析から—．中国考古学，第5号，79-94，2005．
12) たとえば，Bunker, Emma C., et al.: *Nomadic art of the Eastern Eurasian Steppes. The Eugene V. Thaw and Other New York Collections*. The Metropolitan Museum of Art, New York, Yale University Press, New Haven and London, No. 112, 2002．
13) 北京市文物管理処：北京市延慶県西撥子村窖蔵銅器．考古，1979-3，227-230，図版5-6．
14) Е. А. Хамзина: Клад бронзовых изделий из Закамны. *Новое в археологии Забайкалья*. Новосибирск, сс. 41-45, 1981．
15) 河北省文化局文物工作隊：河北青龍県抄道溝発現一批青銅器．考古，1962-12，644-645，図版5；興隆県文物管理所 王峰：河北興隆県発現商周青銅器窖蔵．文物，1990-11，57-58；錦州市博物館：遼寧興城県楊河発現青銅器．考古，1978-6，387，図版9；王雲剛，王国栄，李飛龍（綏中県博物館）：綏中馮家発現商代窖蔵銅器．遼海文物学刊，1996-1，51-55．
16) たとえば，東京国立博物館編：東京国立博物館所蔵 中国北方系青銅器，12，17，25．刀子など，2005．
17) И. А Дураков, Л. Н. Мыльникова: Технология изготовления бронзовых изделий с могильника Танай-7. *Археология, этнография и антропология Евразии*, 2004-3, Рис. 3．
18) 東京国立博物館編：東京国立博物館所蔵 中国北方系青銅器，137．刀子，2005．
19) 前掲書，14．剣，15．剣．
20) 前掲書，18．剣，19．剣．
21) J. G. Andersson: Der Weg üer die Steppen. *Bulletin of the Museum of Far Eastern Antiquities*, No. 1, 1929．
22) 張家口市文物事業管理所，宣化県文化館：河北宣化県小白陽墓地発掘報告．文物，1987-5，41-49．
23) 北京市文物研究所山戎文化考古隊：北京延慶軍都山東周山戎部落墓地発掘紀略．文物，1989-8；鄭紹宋：中国北方青銅短剣の分期及形制研究．文物，1984-2，図1-33，34；梁宝玲：天津薊県発現青銅短剣．北方文物，1993-2，16；東京国立博物館編：大草原の騎馬民族，No.108，1997．
24) 東京国立博物館編：東京国立博物館所蔵 中国北方系青銅器，1-18．垂飾，2005．
25) 前掲書，35．獣頭形金具．
26) 許俊臣，劉得禎：甘粛慶陽春秋戦国墓葬的清理．考古，1988-5；寧夏文物考古研究所：寧夏彭堡於家荘墓地．考古学報，1995-1，図15-4，5．
27) 内蒙古自治区文物工作隊 田広金，郭素新編著：鄂爾多斯式青銅器，p.277，文物出版社，北京，1986；田広金：桃紅巴拉的匈奴墓．考古学報，1976-1，図6-6，図版2-10．
28) В. Д. Кубарев: *Курганы Юстыда*, Новосибирск, Табл. 38-25, 1991; *Степная полоса Азиатской части СССР в скифо-сарматское время*, Москва, Табл. 77-42, 1992．
29) 東京国立博物館編：東京国立博物館所蔵 中国北方系青銅器，37．小型帯金具，2005．

文　　献

30) 戴応新，孫嘉祥：陝西神木県出土匈奴文物．文物，1983-12，図5-3；内蒙古文物考古研究所：涼城崞県窯子墓地．考古学報，1989-1，図11-19；田広金，郭素新編著：鄂爾多斯式青銅器，p. 277，文物出版社，北京，1986；内蒙古博物館，内蒙古文物工作隊：内蒙古准格爾旗玉隆太の匈奴墓．考古，1977-2，図3-8．
31) 東京国立博物館編：東京国立博物館所蔵 中国北方系青銅器，40. 小型帯金具，2005；承徳地区文物保護管理所，灤平県文物保護管理所：河北省灤平県梨樹溝門墓群清理発掘簡報．文物春秋，1994-2，図12-20．
32) И. А Дураков, Л. Н. Мыльникова：Технология изготовления бронзовых изделий с могильника Танай-7. *Археолощия, этнография и антропология Евразии*, 2004-3, Рис. 10.
33) 北京市文物管理処：北京市延慶県西撥子村窖蔵銅器．考古，1979-3，図2，図版5-1．
34) 高浜　秀：西周・東周時代における中国北辺の文化．古代オリエント博物館編，江上波夫先生米寿記念論集 文明学原論，1995．
35) 陝西省雍城考古隊：一九八二年鳳翔雍城秦漢遺址調査簡報．考古与文物，1984-2，図7-2；李永平：甘粛省博物館系統所蔵青銅器選介．文物，2000-12．
36) 河北省文化局文物工作隊　鄭紹宗：行唐県李家荘発現戦国銅器．文物，1963-4，55-56．
37) 吉林省文物考古研究所編：楡樹老河深，文物出版社，北京，1987；吉林省博物館におけるケース越しの観察による．
38) たとえば，東京国立博物館編：東京国立博物館所蔵 中国北方系青銅器，6-8. 鍑，2005．
39) Emma C. Bunker：Lost Wax and Lost Textile: An Unusual Ancient Technique for Casting Gold Belt Plaques. *The Beginning of the Use of Metals and Alloys*. Ed. by Robert Maddin, Massachusetts Institute of Technology, pp. 222-227, 1988.
40) 前掲書，5. 帯飾板と6. 帯飾板．
41) 増田精一：第2章 青銅器時代の東西文化交流．護　雅夫編著：漢とローマ（東西文明の交流1），平凡社，1970．
42) 東京国立博物館編：東京国立博物館所蔵 中国北方系青銅器，114. 動物頭部，2005．
43) 前掲書，67. 刀子．
44) 北京科技大学　韓汝玢，美国丹仏芸術博物館　埃瑪・邦克：表面富錫的鄂爾多斯青銅飾品的研究．文物，1993-9，80-96．
45) 平尾良光，榎本淳子：鉛同位体比から見た古代中国北方民族の青銅器．東京国立博物館編，東京国立博物館所蔵 中国北方系青銅器，pp. 307-318，2005．

東京国立博物館所蔵品　Image：TNM Image Archives　Source：http://TnmArchives.jp/　複製禁止

第6章

弥生時代の木製品製作

山 口 譲 治

　木製品は，奈良県唐古遺跡や静岡県登呂遺跡で弥生時代の農具などが出土し，出土木製品の研究が始まったといえよう．以後，日本各地で低湿地遺跡の調査が実施され，縄文時代から近世の各種多様の多量の木製品が出土している．現時点での出土木製品は，弥生時代から古墳時代のものがもっとも多く，中世から近世にかけてのものの順となっている．

　ここでは，南は宮崎県・熊本県，北は青森県まで出土している弥生時代の木製品のなかでもっとも出土量が多く，比較的様相がわかりつつある農具に視点をあて述べる．弥生時代の農具は，石・鉄などが一部使用されているが，木製品に頼るところが大であるといえよう．本文での木製農具の分類は，日本の農耕は水稲耕作を基盤として成り立っており，開田・開墾におもに使用するものを起耕具，整地におもに使用するものを整地具，収穫・脱穀に使用するものを収穫脱穀具，そのほか水稲耕作に関連して使用するものを補助具とする．器種名については，現在使用されている名称を可能な限り使用する（山口，1994）．

各時期の木製農具の概要

　出土木製品を0〜Ⅵ期に分けて述べる．0期は縄文時代終末の突帯文土器単純期，Ⅰ期は弥生時代前期の第Ⅰ様式土器並行期，Ⅱ期は中期の第Ⅱ様式土器並行期，Ⅲ期は中期の第Ⅲ様式土器並行期，Ⅳ期は中期の第Ⅳ様式土器並行期，Ⅴ期は後期の第Ⅴ様式土器並行期を指し，Ⅵ期は終末期の第Ⅵ様式土器並行期から古墳時代初頭までを含み時期区分した．本稿ではⅠ期・Ⅲ期・Ⅴ・Ⅵ期に視点をあて地域ごとにみていく．なお，他の時期については特筆すべきことがあればⅠ・Ⅲ・Ⅴ・Ⅵ期の各地域のなかで述べる．

I 期の木製農具 （図 6.1, 6.2）

　0期の木製農具は，日本のなかではもっとも早く水稲耕作が始まった北部九州地域の福岡県板付遺跡・雀居遺跡や佐賀県菜畑遺跡（34・35）などのほか，香川県の林・坊城遺跡（36〜39）などの数遺跡で出土している．起耕具としては，諸手鍬（34）・平鍬と一木造り鋤（38）があり，整地具としてエブリ（35・36），収穫脱穀具として竪杵がある．0期の木製農具がまとまって出土している雀居遺跡など北部九州地域では，諸手鍬・平鍬は円形台の着柄孔隆起部をもち，諸手鍬は幅広で内湾するもの（34）と幅狭で着柄孔隆起部が内側につくものがある．鋤は抄い部が幅狭である．製地具のエブリは，北部九州地域では着柄孔隆起部をもたない（35）が，林・坊城遺跡出土のものは方形台の着柄孔隆起部をもっている（36）．0期の起耕具・整地具はいずれもクヌギなどの柾目取材を用いている．竪杵は，器長が長く握部中央に算盤玉状の造り出しがみられ，割材を用いている．雀居遺跡での農具の出土割合は起耕具がもっとも多く80％以上を占め，そのなかでも諸手鍬が大半を占めている．

　I 期になると，北部九州・東九州・瀬戸内・山陰・近畿・東海の各地域でまとまった木製農具の出土例がみられるようになる．起耕具としては，鍬類と鋤類があり，鍬類は諸手鍬・平鍬に加えて刃が三又に分かれた三又鍬（32など）や刃が四又以上に分かれた多又鍬（27など）が出現し，鋤類は一木造り鋤に加えて柄と抄い部を組み合わせる組合せ式鋤（44など）が出現するとともに抄い部が幅広となる．整地具としてエブリ（48など）があり，収穫脱穀具として竪杵（49など）や籾打ち棒（42）があり（工藤，1996；打ち棒），補助具として槽がある．

　北部九州地域では，古段階のもの（02・40〜42）が菜畑遺跡・雀居遺跡や福岡県免（めん）遺跡・拾六町ツイジ遺跡などで出土しており，新段階に入ると，免遺跡を除いた各遺跡に加え福岡県比恵遺跡などでまとまった木製農具が出土している．起耕具として諸手鍬・平鍬・三又鍬・多又鍬の鍬類と鋤類がある．もっとも多い諸手鍬は，新段階に入ると着柄孔隆起部に着柄縄縛補強用の突起をもつもの（01）が出現するとともに幅狭のもの（02）が少なくなり，II 期に入ると方形台の着柄孔隆起部をもつものが出現する．平鍬は鍬類のなかではもっとも少ないが，0期と同じ形態をもつものがあるほか，舟底形の着柄孔隆起部をもつものが比恵遺跡で出土している（05）．三又鍬・多又鍬は，着柄孔隆起部の造り出しが不明瞭のもの（03・43）が多いが，円形台の着柄孔隆起部をもつものもある．整地具とし

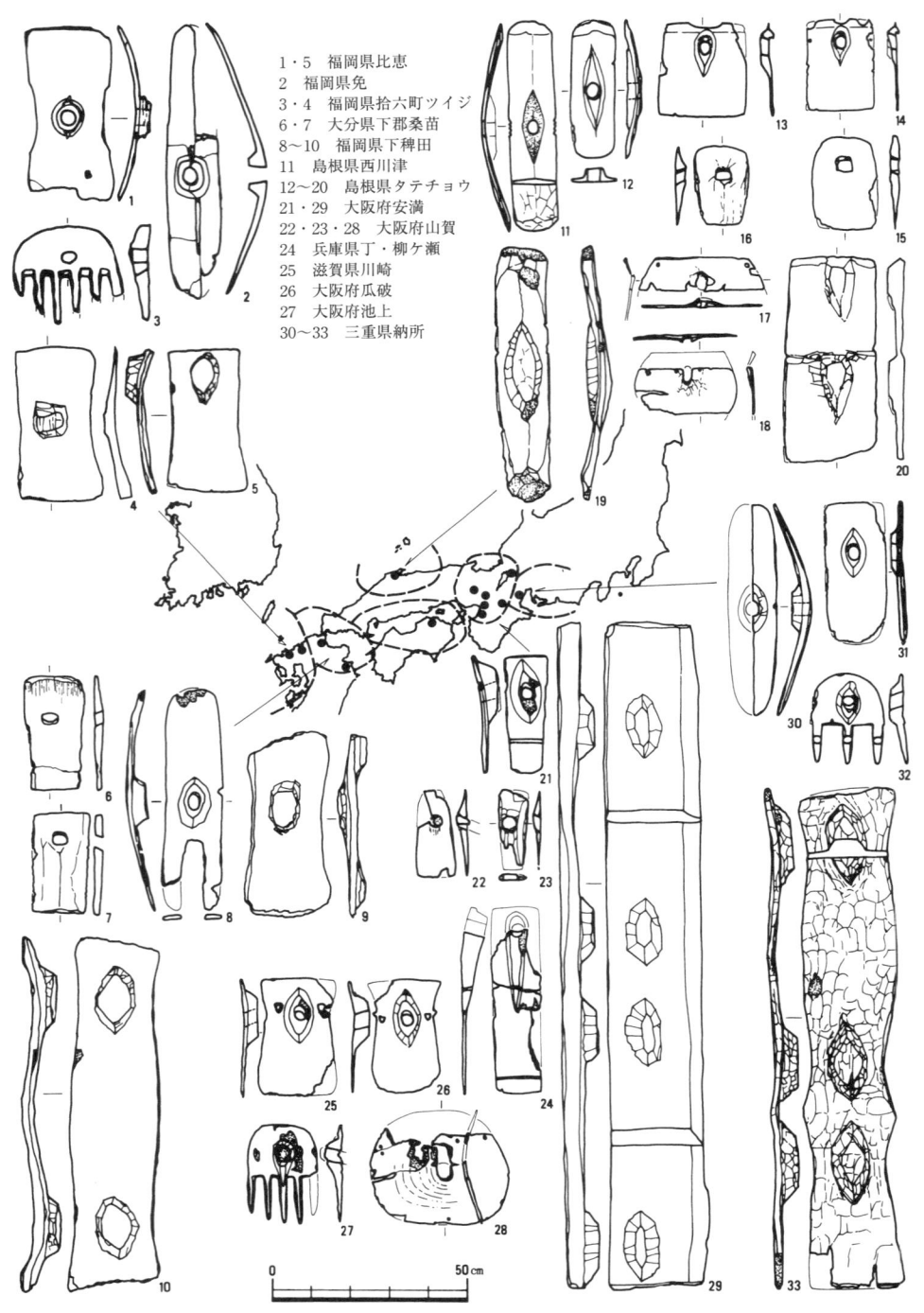

1・5　福岡県比恵
2　　福岡県免
3・4　福岡県拾六町ツイジ
6・7　大分県下郡桑苗
8〜10　福岡県下稗田
11　　島根県西川津
12〜20　島根県タテチョウ
21・29　大阪府安満
22・23・28　大阪府山賀
24　　兵庫県丁・柳ケ瀬
25　　滋賀県川崎
26　　大阪府瓜破
27　　大阪府池上
30〜33　三重県納所

図 6.1　I 期の鍬類分布

て杁があり，新段階に入るとやや幅狭となり，円形および隅丸方形の着柄孔をもつもの（48）となり定形化する．この地域の起耕具・整地具は，カシの柾目取材を用い単品製作が行われている．収穫脱穀具として竪杵と籾打ち棒があり，補助具として，新段階に入ると運搬に使用されたと考えられる大型の槽がある．竪杵は，新しくなるにしたがってやや器長が短くなる傾向にあり，新段階に入ると芯持ち材を用いたものが出現し，Ⅱ期に入ると割材を用いたものはなくなる．

　周防灘から豊後水道に面した東九州地域では，福岡県下稗田遺跡や大分県下郡（桑苗）遺跡など（06～10）で，瀬戸内地域では愛媛県や香川県の数遺跡で，山陰地域では，島根県西川津遺跡やタテチョウ遺跡（11～20・51～59）でまとまった木製農具が出土している．また，近畿地域では，兵庫県丁・柳ヶ瀬遺跡・戎遺跡など，大阪府安満遺跡・池上遺跡・山賀遺跡など，唐古遺跡のほか京都府・滋賀県の数遺跡（21～29・60～68）で，東海地域では三重県納所遺跡（30～33・69～73）のほか愛知県の数遺跡でⅠ期のまとまった木製農具が出土している．東九州地域から東海地域については，器形および組成など近似していることから，一括してみていき相違点があれば述べる．

　起耕具として諸手鍬・平鍬・三又鍬・多又鍬の鍬類や泥除けと一木造りおよび組合せ式の鋤類があり，収穫脱穀具として竪杵・臼や籾打ち棒がある．起耕具の鍬類は，これらの地域では平鍬がもっとも多く，諸手鍬・又鍬は少ない．諸手鍬は，いずれも幅狭で，舟底形の着柄孔隆起部をもつもの（11など）が出土しており，下稗田遺跡では片方が平刃で他方は二又刃をなすもの（08）もあるが特殊な例といえよう．平鍬は，着柄孔隆起部をもつものと着柄孔隆起部が不明瞭なもの（以下，東九州型鍬類の平鍬とする；06など）があり，前者は隆起部が舟底形をなすもの（25など）と半舟底形をなすもの（13など）に分けられる．舟底形着柄孔隆起部をもつものが古段階からあり，新段階の新しい時期に半舟底形着柄孔隆起部をもつものに東九州型平鍬が出現して加わる．また，平鍬の着柄孔隆起部をもつものは，幅広のもの（13など）と幅狭のもの（24など）があり，山陰地域の幅広のもの（13・14など）は，内側に泥除けを着装するための造り出しが設けられており，近畿地域においても戎遺跡などで山陰地域と同様のものが少量あるほか，大阪府瓜破遺跡・滋賀県川崎遺跡などでは着柄孔隆起部の両側に泥除けを固定するための補助孔を設けたもの（25・26）がある．Ⅱ期になると，半舟底形着柄孔隆起部をもつものが定形化し，幅広のものは泥除けを着装するた

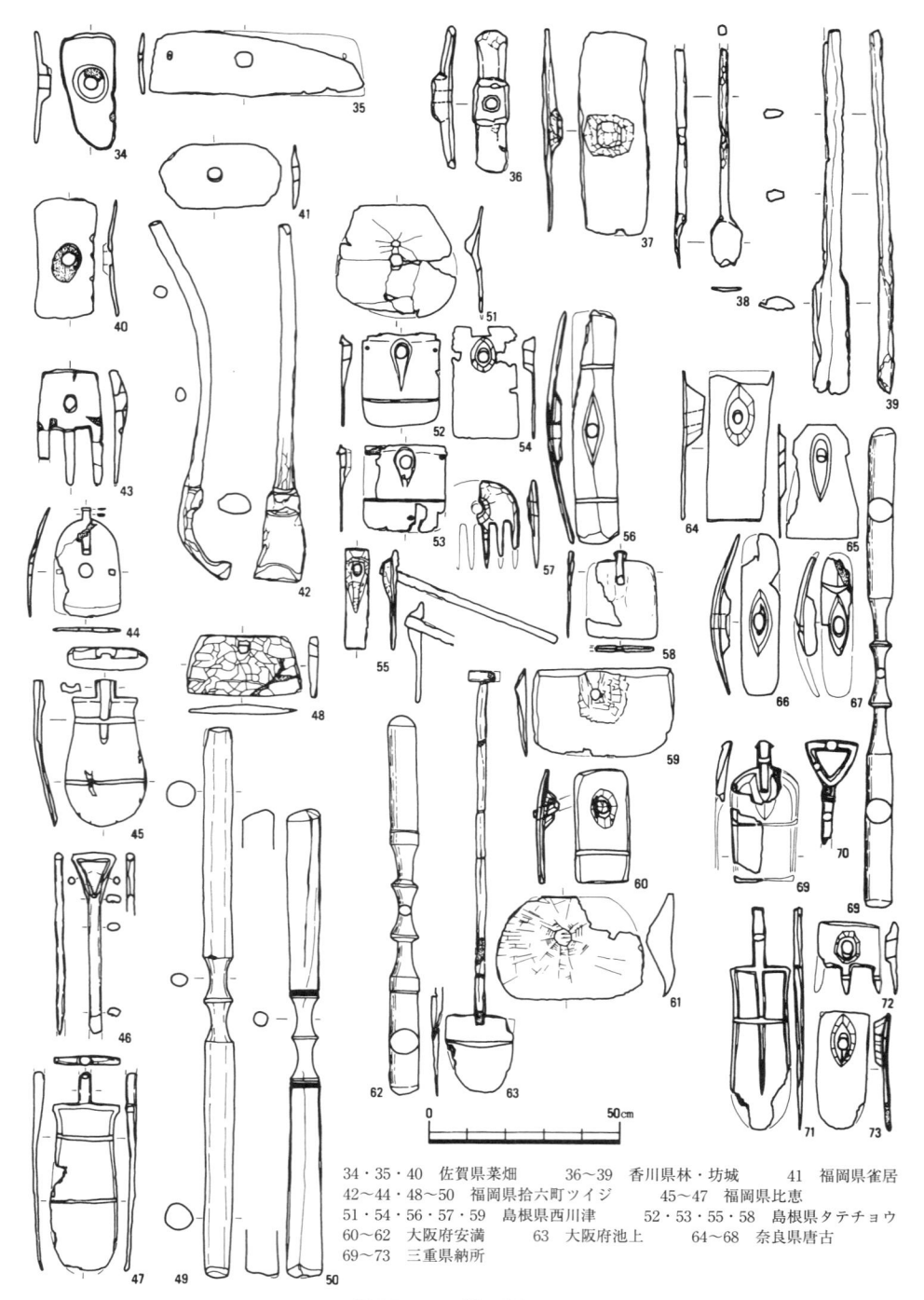

34・35・40 佐賀県菜畑　　　36〜39 香川県林・坊城　　41 福岡県雀居
42〜44・48〜50 福岡県拾六町ツイジ　　45〜47 福岡県比恵
51・54・56・57・59 島根県西川津　　52・53・55・58 島根県タテチョウ
60〜62 大阪府安満　　63 大阪府池上　　64〜68 奈良県唐古
69〜73 三重県納所

図 6.2 0・I 期の木製農具

めの造り出しをもつ形態となり定着する（以下，本州型鍬類の平鍬とする）．三又鍬は，納所遺跡で中段階の舟底形着柄孔隆起部をもつもの（32）がみられる程度で，新段階に入ると舟底形（57）・半舟底形（27）の着柄孔隆起部をもつ多又鍬が出現する．鋤類はほとんどが組合せ式で，とくに近畿地域では北部九州地域よりも起耕具のなかでの出土割合が多いといえる．これらの地域の起耕具は，カシの柾目取材を用い，着柄孔隆起部をもつ平鍬と泥除けは連作が行われている（10・20など）．竪杵は，九州と他地域では握部の造り出しが異なっており，下稗田遺跡出土例は北部九州地域と同様の器形をなし，安満遺跡・唐古遺跡・納所遺跡などでは握部に鼓形の造り出しをもっている（62・68）．籾打ち棒は唐古遺跡で出土例がある．

III期の木製農具（図6.3）

III期の木製農具は，佐賀県生立ヶ里遺跡・土生(はぶ)遺跡など，福岡県惣利遺跡など，岡山県南方遺跡，島根県西川津遺跡・タテチョウ遺跡，兵庫県玉津田中遺跡，大阪府亀井遺跡・鬼虎川(きとらがわ)遺跡・恩智遺跡など，唐古遺跡，石川県八日市地方遺跡，宮城県中在家(なかざいけ) 南(みなみ) 遺跡などでまとまった組成をもつ出土例がある．また，韓国光州広域市新昌洞遺跡ではII・III期並行期にあたる無文土器時代後期の木製農具が出土している．起耕具としては鍬類・鋤類と泥除けがあり，鍬類はIII期に入ると，I～II期にかけてみられた直柄鍬類に加えて，膝柄を組み合わせる膝柄(ひざえ)鍬類（96・107）と反柄を組み合わせる反柄(そりえ)鍬類（97）が出現している（上原，1991）．整地具として杙と杷(さらい)があり，収穫脱穀具として木製穂摘み具（110など）・鎌（103）および鎌柄（82など）・籾打ち棒（118）・竪杵（81など）と臼（91・120）があり，補助具として，槽に加え運搬に使用された橇(そり)がある（II期に近畿地域で出現）ほか，田下駄もみられるようになる．

佐賀平野を中心とした北部九州地域と韓国の新昌洞遺跡では，近似した組成および器種形態をもっており，起耕具として平鍬（74など）・三又鍬（79など）の直柄鍬類や一木造り鋤類（89）があり，整地具として杙と杷がある．収穫脱穀具として鎌柄（82など）と竪杵（90など）・臼（91）があり，補助具として槽がある．起耕具からみていくと，III期に入ると鍬類の平鍬・三又鍬は，カシ（新昌洞遺跡はクヌギ）の柾目取の板材を用い，長方形着柄孔をもつものが出現する．平鍬は全体の形が縦長の長方形で頭部より刃部がやや幅広となり（74など），鍬類

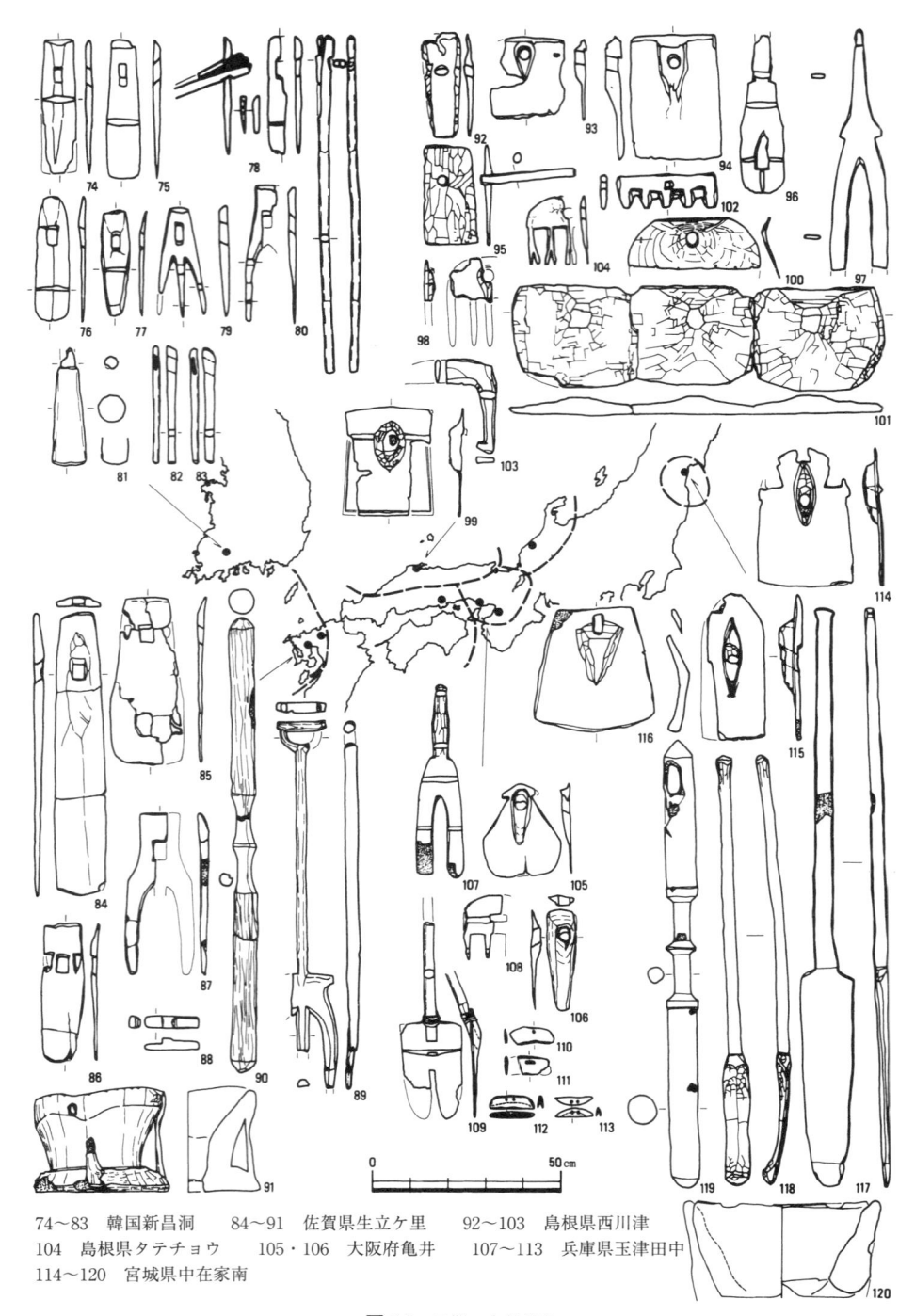

74〜83　韓国新昌洞　　84〜91　佐賀県生立ケ里　　92〜103　島根県西川津
104　島根県タテチョウ　　105・106　大阪府亀井　　107〜113　兵庫県玉津田中
114〜120　宮城県中在家南

図 6.3　Ⅲ期の木製農具

着装具とクサビを用い柄と組み合わせているもの（78）と，刃幅がやや幅広となり着柄孔の両側に泥除け組み合わせ用の補助孔をもつもの（85）がある．鍬類着装具は，泥除けを組み合わせるもの（78）と泥除けを組み合わせないもの（88）がある．これらの地域で泥除けは未出土であるが，平鍬（85・86）や鍬類着装具（78）の出土例から泥除けが使用されていたといえる．また，玄界灘に面する地域では，Ⅲ期に入っても半舟底形着柄孔隆起部の痕跡を残し，方形着柄孔をもつものが製作使用されている．新昌洞遺跡でみられる形態の鍬類は，Ⅲ期に佐賀平野に出現し，Ⅲ期からⅣ期にかけて筑後・福岡平野に入り，北部九州地域の鍬類（以下，北部九州型鍬類とする）として定着し着柄孔隆起部をもつ鍬類はなくなる．鋤類は，Ⅲ期に入ると平鋤に加えて三又鋤（89）が出現するとともに両肩部に足がかりのためと考えられる造り出しをもつものが出現し，北部九州地域の鋤の形態として定着し，北部九州地域ではⅢ期以降一木造りの鋤類がおもに製作使用されている．整地具は，Ⅲ期に入ると杁に加えて刃部が八又前後で，方形着柄孔をもち着柄孔隆起部をもたない杷が出現し，Ⅲ期以降北部九州地域の杁・杷の形態として定着する．また，北部九州地域では整地具もカシの柾目取板材を用材とし，起耕具とともに単品製作を行っている．収穫脱穀具の鎌柄は，新昌洞遺跡のもの（82など）は鉄鎌を，北部九州地域のものは石鎌を組み合わせたと考えられる．竪杵はⅠ期のものと同型であるが，すべて芯もち材を用いている．臼は臼部と台部を造り出しており，臼部最大径・台部最大径および器高がほぼ同じ長さになるように製作され，3～4カ所の透しを設けている（91）．

　瀬戸内・山陰・近畿・東海地域では，起耕具としては直柄鍬類（92など）・膝柄鍬類（96など）・反柄鍬類（97）・鋤類（109）と泥除け（100）があり，整地具として杁（95）と杷（102）がある．収穫脱穀具として穂摘み具（110～113）・木鎌（103）や竪杵と臼があり，補助具として田下駄と梮がある．起耕具からみていくと，鍬類の直柄鍬類は，本州型鍬類と東九州型鍬類があり，前者の形態をとるものは刃幅が幅広の平鍬（93など）と多又鍬（98）があり，後者は刃幅が幅狭の平鍬（92など）と多又鍬（104など）がある．また，膝柄鍬類として平鍬（96）・二又鍬（107）があり，反柄鍬類として二又鍬（97）がある．鍬類の組成割合をみていくと，山陰地域は直柄鍬類が50％前後で，膝柄鍬類・反柄鍬類が50％を占め，瀬戸内地域では直柄鍬類が75％前後を占め残りが膝柄鍬類となり，近畿地域では膝柄鍬類は数％で直柄鍬類がほとんどを占めている．鋤類

は，山陰・東海地域で一木造り鋤数点の出土例があるが，組合せ式鋤（109）が一般的である．整地具は山陰・瀬戸内地域では杁（95）と杷（102）があり，近畿地域では定形の整地具はない．近畿地域出土の多又鍬は，刃が短く着柄角度が他地域のものと異なり，杁や杷の着柄角度と近似しており杷として使用された可能性が高いといえよう．起耕具と整地具はいずれもカシの柾目取材を用材としており，本州型直柄平鍬と泥除けは連作が行われている（101）．収穫脱穀具として穂摘み具（110 など）・木鎌（103）と竪杵と臼がある．穂摘み具は近畿地域でみられ，木製穂摘み具（110・111）と石製・鉄製の穂摘み具を組み合わせる握部（112・113）があり，山陰・瀬戸内地域ではカシの柾目取材を用いた一木造りの木鎌がみられる．竪杵は東北地域の仙台平野まで，臼は近畿地域まで北部九州地域と同形態のものが出土している．補助として，近畿地域では運搬に使用した橇があり，山陰地域では田下駄がある．

東北地域の仙台平野では，中在家南遺跡などでまとまった組成をもつ木製農具の出土例があり，起耕具として平鍬（114・115）・鋤（117）と泥除け（116）が，収穫脱穀具として籾打ち棒（118）と竪杵（119）・臼（120）がある．起耕具からみていくと，鍬類はいずれも舟底形着柄孔隆起部をもつ直柄平鍬で，刃幅が幅広で頭部に造り出しをもつもの（114）と刃幅がやや幅狭となるもの（115）があり，両形態とも泥除けを組み合わせる造り出しをもつものが多いが，後者の形態をとるものには泥除けを組み合わせないものもある．鋤類は一木造りで抄い部がやや幅狭である．泥除けは台形の器形をなし，柄に組み合わせるための三角形台の着柄孔隆起部をもつ形態（以下，東北型泥除けとする）であり，IV期以降になると南関東までの広がりをもっている．平鍬と鋤はクヌギの柾目取材を，泥除けは広葉樹の板目取材を用い，平鍬は連作も行われている．収穫脱穀具の籾打ち棒は，定形化しておりいずれも板目取材を用いている．竪杵は他地域と異なり割材を用いており，臼は大型の鉢状をなしている．

V・VI期の木製農具 （図6.4〜6.7）

木製農具は，IV期〜VI期にかけて各地域とも各器種の定形化が進むと同時に，日本で農耕に使用される道具の原形ができ上がり，組成も揃ってくる．V・VI期の木製農具を出土している遺跡は，水稲耕作の広がりとともに各地域でみられるようになる．出土農具は，起耕具として直柄・膝柄・反柄の鍬類や鋤類と泥除け

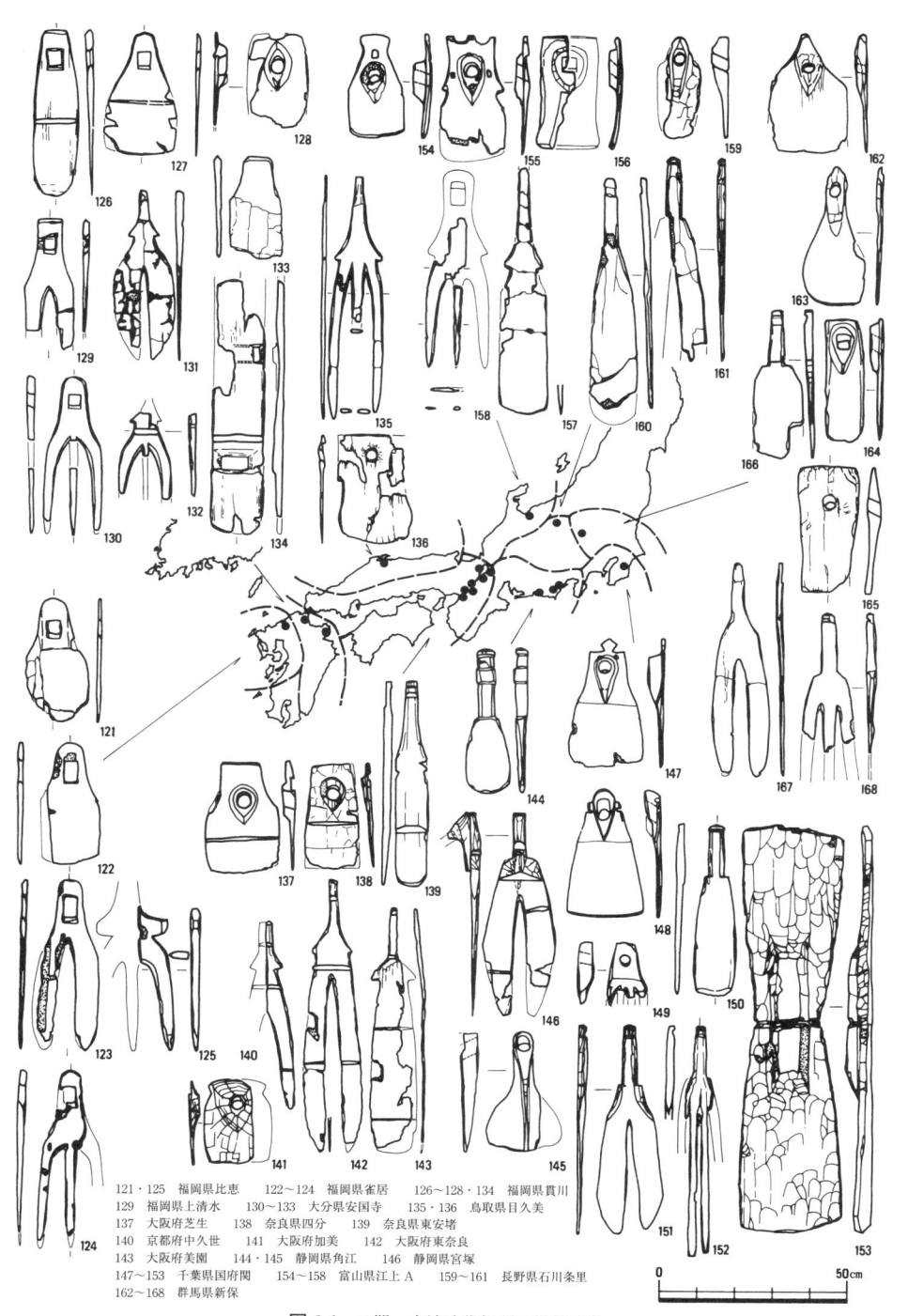

121・125　福岡県比恵　　122〜124　福岡県雀居　　126〜128・134　福岡県貫川
129　福岡県上清水　　130〜133　大分県安国寺　　135・136　鳥取県目久美
137　大阪府芝生　　138　奈良県四分　　139　奈良県東安塔
140　京都府中久世　　141　大阪府加美　　142　大阪府東奈良
143　大阪府美園　　144・145　静岡県角江　　146　静岡県宮塚
147〜153　千葉県国府関　　154〜158　富山県江上A　　159〜161　長野県石川条里
162〜168　群馬県新保

図 6.4　Ⅴ期〜古墳時代初頭の鍬類分布

があり，整地具として杁と杷があり，収穫脱穀具として穂摘み具・木鎌・籾打ち棒や杵類と臼があり，補助具として田下駄・目盛板・槽などがある．

　北部九州地域の福岡県雀居遺跡・比恵遺跡・雛川(ひながわ)遺跡などと東九州地域の福岡県貫川遺跡・上清水(かみしょうず)遺跡・金山遺跡，大分県安国寺遺跡などで，器種形態および組成が近似したまとまった農具が出土している．起耕具の鍬類は，北部九州地域では95％前後を，東九州地域では70％前後を直柄の北部九州型鍬類が占めており，平鍬（121など）・二又鍬（123・129など）・三又鍬（130など）がある．東九州地域では出土鍬類の20％前後を反柄鍬類が占めており，二又鍬（131など）・三又鍬（132）があるが，北部九州地域では数点みられる程度である．泥除けはⅣ期に入ると，円形の着装孔をもつ形態（191）に加え，方形の着装孔をもつ形態（192）が出現し，両地域で定形化するとともに以後製作使用されている．また，鋤類は組合せ式鋤（180）もわずかにみられるが，一木造りの平鋤（179など）や三又鋤の出土例が大半を占めている．整地具としては，杁（173）と杷（176など）がある．鍬類・鋤類・杁・杷はカシの柾目取材を用いており，東九州地域の鍬類は連作も行われている．収穫脱穀具として鉄製摘み鎌握部や竪杵・横杵と臼があり，北部九州地域ではⅥ期に入ると，穂摘み具として鉄製摘み鎌があり，福岡県那珂君休遺跡で握部の出土例がある．また，Ⅴ期に入ると大形の鉄鎌の出現に伴い，木製柄の出土例もみられる（177）．杵類は竪杵と横杵があり，竪杵はⅣ期に入ると，握部と搗部の境が不明瞭となり握部に造り出しをもたない形態が出現し，九州地域の竪杵の形態として定着している（182）．一木造りの横杵（183）は，北部九州地域でⅥ期から4世紀にかけて出土例がみられる．臼は，前時期より器高が高くなり臼部の容積が増している（198）．補助具として田下駄（184など）と槽がある．

　瀬戸内・山陰地域では，鳥取県池ノ内遺跡や目久美遺跡でまとまった特色ある形態や組成をもつ出土例があり，愛媛県や岡山県の数遺跡でも農具が出土している．起耕具からみていくと，出土鍬類は反柄鍬類が90％以上を占め，二又鍬（199）と三又鍬（135など）があり，ほかに直柄平鍬（136）が数点みられる程度である．鋤類は組合せ式鋤（203・204）で占められており，九州地域と比べると出土量が多く，出土起耕具の15％前後を占めている．収穫具として木製穂摘み具（205〜208）があり，補助具として出土木製農具の50％前後を占める田下駄がある（209〜211）．

近畿地域では，兵庫県播磨長越遺跡など，大阪府西岩田遺跡・亀井遺跡・美園遺跡など，奈良県城島遺跡・四分遺跡・唐古遺跡など，京都府中久世遺跡など，滋賀県松原内湖遺跡・服部遺跡など多くの遺跡でまとまった組成をもつ農具が出土している．起耕具からみていくと，出土鍬類は反柄鍬類が70％以上を占め，平鍬（139など）と二又鍬（140など）があり，直柄の本州型平鍬（137・138など）も20％前後あり，多又鍬（241）や九州型平鍬（240）もみられる．また，本州型平鍬は，例外なく泥除けを組み合わせるための造り出しをもっている．起耕具のなかで20％前後を占める鋤類は，組合せ式鋤（242）と一木造り鋤（243）があり，組合せ式鋤の出土例が多い．整地具としてⅣ期に入ると定形化した杁（245）と杷（244）がみられるようになる．瀬戸内・山陰・近畿地域の鍬類・鋤類と整地具は，カシの柾目取材を用い，本州型平鍬と泥除けは連作されている．収穫脱穀具として木鎌・木製穂摘み具（248など）・籾打ち棒や竪杵・臼があり，木鎌には一木造り（247）と刃と柄を組み合わせるもの（246）がある．竪杵（253）と臼は，九州地域から近畿地域までは同形態のものが出土している（254）．補助具として橇や田下駄（255）がある．

東海地域から北関東地域にかけては，東海地域の静岡県有東遺跡・角江遺跡など，中部高地地域の石川条里遺跡など，南関東地域の国府関遺跡など，北関東地域の新保遺跡などで特色ある形態・組成をもつまとまった農具が出土している．起耕具の鍬類は，膝柄鍬類が50％以上を占め平鍬（144など）・二又鍬（146など）・三又鍬（168など）・多又鍬（152など）があり，二又鍬の出土例がもっとも多い．直柄鍬類は，各地域とも鍬類の50％弱の出土例があり，各種の形態のものがあるとともに各地域で器形に特色をもっている．直柄鍬類は，着柄孔隆起部をもつ平鍬（145など）ともたない鍬類（165など）に大別できる．着柄孔隆起部をもつ平鍬は，隆起部が舟底形をなすもの（274など）と本州型（145など）に分けられ，本州型平鍬は隆起部が刃部まで延びるもの（145など）と本州型平鍬（147など）があり，方形着柄孔をもつものもある（164・259）．着柄孔隆起部が不明瞭な直柄鍬類もあり，着柄孔が円形のもの（165など）と方形のもの（258など）がある．本州型平鍬は各地域でみられるが，隆起部が刃部まで延びているものは静岡県を中心とした東海地域のみで出土しており（以下，東海型鍬類とする），方形着柄孔をもつものは東海・北関東地域で出土例がみられる．舟底形・菱形着柄孔隆起部をもつものは，中部高地・北関東地域で出土例がある．

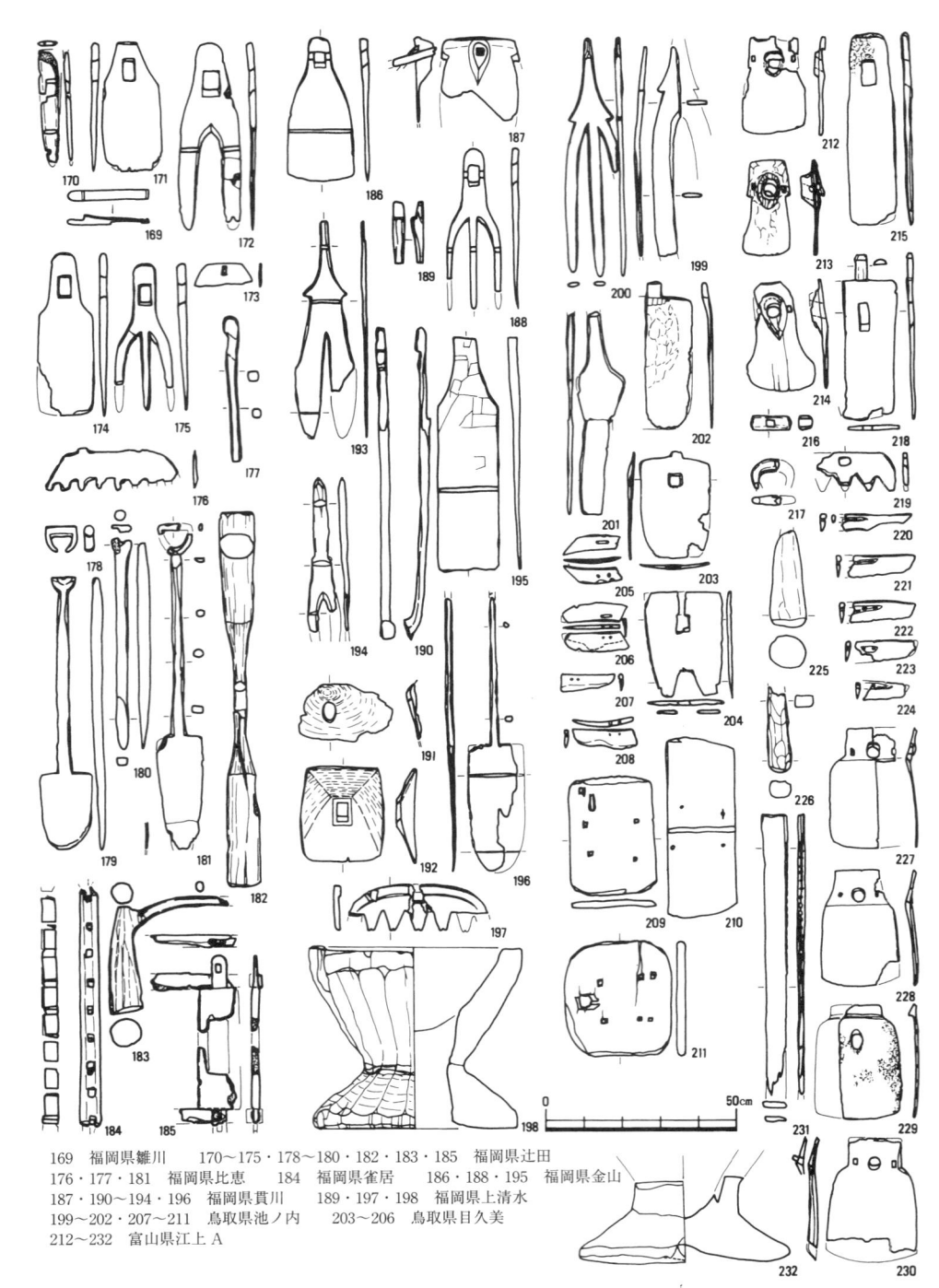

169 福岡県雛川　　170〜175・178〜180・182・183・185　福岡県辻田
176・177・181　福岡県比恵　　184　福岡県雀居　　186・188・195　福岡県金山
187・190〜194・196　福岡県貫川　　189・197・198　福岡県上清水
199〜202・207〜211　鳥取県池ノ内　　203〜206　鳥取県目久美
212〜232　富山県江上A

図 6.5　Ⅴ期〜古墳時代初頭の木製農具（1）

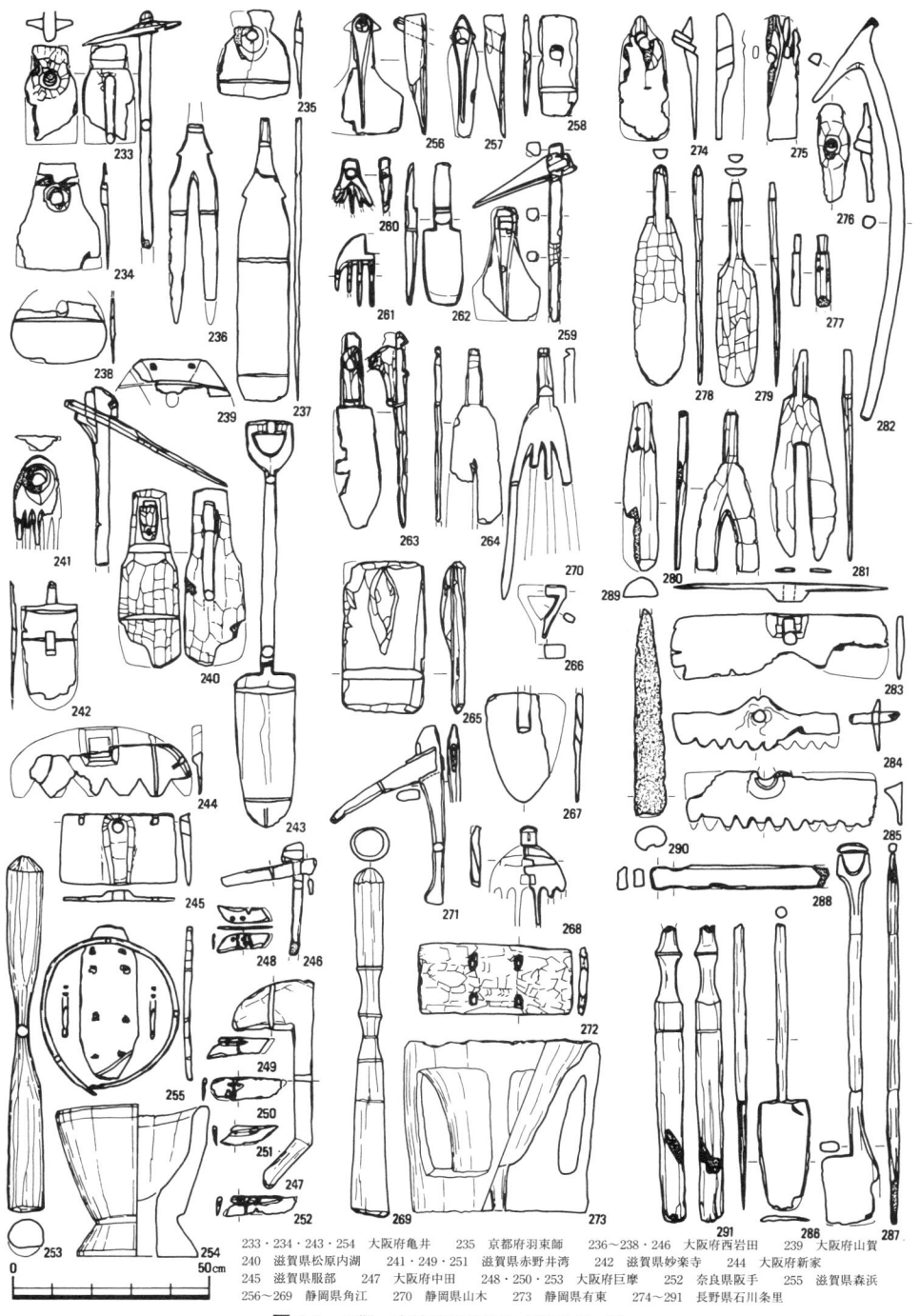

233・234・243・254　大阪府亀井　　235　京都府羽束師　　236〜238・246　大阪府西岩田　　239　大阪府山賀
240　滋賀県松原内湖　　241・249・251　滋賀県赤野井湾　　242　滋賀県妙楽寺　　244　大阪府新家
245　滋賀県服部　　247　大阪府中田　　248・250・253　大阪府巨摩　　252　奈良県阪手　　255　滋賀県森浜
256〜269　静岡県角江　　270　静岡県山木　　273　静岡県有東　　274〜291　長野県石川条里

図 6.6　Ⅴ期〜古墳時代初頭の木製農具 (2)

また，着柄孔隆起部が不明瞭な直柄鍬類は，平鍬・三又鍬（149）・多又鍬（261）がある．鋤類は組合せ式の平鋤（267）・多又鋤（268）と一木造りの平鋤（286など）・二又鋤（303）があり，東海地域は組合せ式鋤類を，関東・中部高地地域では一木造り鋤がおもに製作使用されている．整地具としては，東海・中部高地・関東地域の木製農具を特色づけている杁と杷がある．杁は，横長板の中央背近くに円形台か方形台の着柄孔隆起部をもち，着柄孔は円形（283など）で，なかには諸手鍬に似るもの（304・305）もある（以下，東海型杁とする）．北関東地域では，半舟底形着柄孔隆起部をもつ杁（329など）ともたない杁（332）の出土例がみられる．杷は杁と同じ着柄孔隆起部をもち，他地域出土例は刃部が八又以下であるが，拾又以上となるもの（284など）が製作使用されている（以下，東海型杷とする）．これらの地域では，鍬類や鋤類と杁や杷の用材としてカシ（中部高地地域はクヌギ）の柾目取材を用い，鍬類は連作が行われている（153など）．収穫脱穀具として鎌類・籾打ち棒（313など）と杵類・臼があり，鎌類は一木造り木鎌（310）・組合せ式木鎌（271）と鉄鎌の柄がある（307など）．杵類は，握部に算盤玉状の造り出しをもつ竪杵（269・312など）と一木造りや組合せ式の横杵があり，東海地域では器高・口径・底径がほぼ同じで，臼部が深く側面に透しをもつ臼の出土例がある（273）．補助具として田下駄がある（272など）．

　北陸地域では，富山県江上Ａ遺跡などで他地域と異なった独特な形態の各器種で組成されるまとまった農具が出土している．起耕具の鍬類は直柄鍬類と反柄平鍬があり，直柄鍬類は平鍬と三又鍬があり，平鍬は半舟底形の着柄孔隆起部をもつ本州型（154など）や着柄孔が方形をなすもの（156）があるほか，北部九州型平鍬（215）もある．着柄孔隆起部をもつ平鍬は，釣鐘形をなす泥除け（227など）をいずれも組み合わせたと考えられ，独特の器形をなしている（154・155など）．三又鍬は，富山県中小泉遺跡などでみられる平鍬などと同様に方形の着柄孔をもつものか（158）．泥除けは本地域独特のものであり北陸型泥除けと仮称する．本地域では，直柄鍬類（本州型平鍬が85%以上）が95%以上を占めており，ほかに反柄平鍬が数点みられる程度（157）で膝柄鍬類はみられない．鋤類（216など）はおもに組合せ式鋤（218）が製作使用されている．整地具として北部九州型杷（219）がみられる．鍬類・鋤・杷はクヌギの柾目取材が用いられている．収穫脱穀具として木製穂摘み具（220〜224）と杵類（225）・臼（232）が

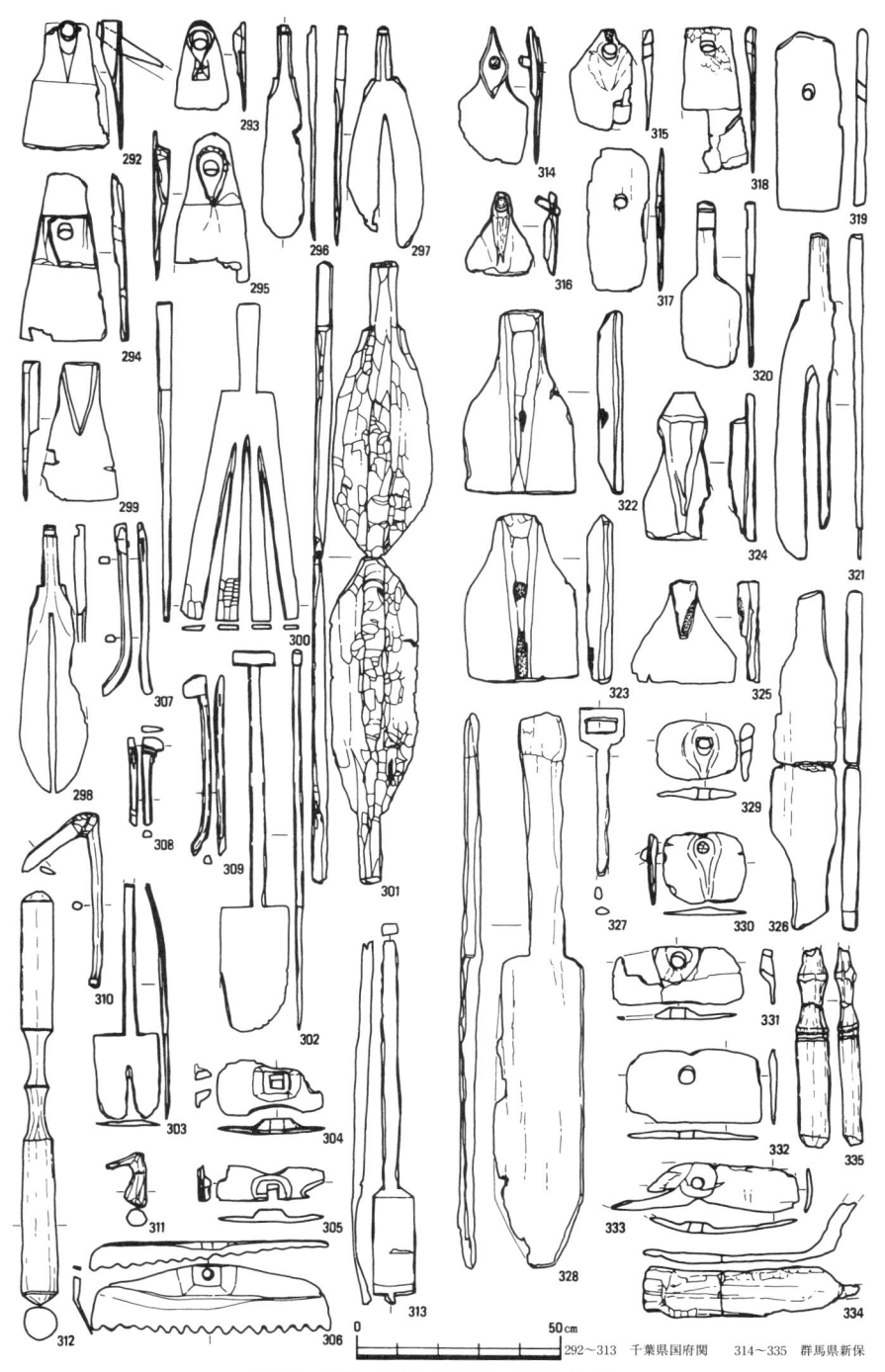

図 6.7　V期〜古墳時代初頭の木製農具 (3)

292〜313　千葉県国府関　　314〜335　群馬県新保

あり，補助具として莚などを編んだ目盛板がある（231）．

木製農具の製作

前項では弥生時代の出土木製農具について，時期ごと地域ごとに概観してきた．ここで各時期・各地域とも出土量がもっとも多く，しかも様相がわかりつつある起耕具の鍬類に視点をあて，用材・製作方法について述べ，まとめとする．

鍬類の用材（図 6.1，6.3，6.4）

鍬類は，製作にあたって比重が重く堅いカシやクヌギを用材として選択している．クヌギは，0 期（34・35 など）と韓国（74〜80）や北陸・中部高地・東北地域の各時期（114・115 など）の鍬類・鋤類・整地具に用いられ，I 期以降の九州・中四国・近畿・東海・関東地域ではカシを用材としている（01〜05 など）．カシを用材としている地域は，現在カシが自生している地域と重なっており，クヌギも基本的には重なっている．しかし，北部九州・瀬戸内地域はカシの自生地域であるが，0 期のみクヌギを用いている．これは農具のモデルがクヌギ自生地域であることを示しているといえ，いいかえれば農具の製作技術も農耕技術と同時に韓半島からもたらされたといえよう．

鍬類の製作（図 6.1〜6.7）

製作方法に視点をあてると，各地域ともカシ（クヌギ）の柾目取材を用いているが，単品製作する場合と 2 個以上を 1 枚の割材から製作（連作）する場合があり，鍬類の各器種および地域によって違いがみられる．直柄の諸手鍬（01 など）や北部九州型鍬類（74 など）は，丸太材を 60 cm 前後に切断し，みかん割にした後，単品製作を行っている（04 など）．また，直柄の舟底形や半舟底形着柄孔隆起部をもつ平鍬（13 など）や IV 期以降の関東地域の膝柄鍬類（150 など）は，70 cm 以上の丸太材をみかん割し，1 枚の割材から 2〜5 個前後の鍬類を製作している（10 など）．地域でみると，北部九州地域は単品製作を行い，東九州から以東の地域では連作技術をもっているといえよう．

ここで，木製農具の製作工具について簡単に触れておく．切断およびみかん割までの工程は，太型蛤刃石斧や鉄製の縦斧・横斧（伐採斧）がおもに使用され，そのあと仕上げまでの工程は，抉入片刃石斧・扁平片刃石斧などの石製加工斧や

鉄製手斧・鑿・鉇(やりがんな)などが使用されている．いつから鉄製工具が使用されたかについては，製作実験を行い加工痕の検討も行われているが，ここでは石製工具と鉄製加工具の出土量および石製工具で製作可能かという観点で述べる．北部九州地域では，石製工具はⅠ期の新段階が組成も揃い出土量も多くピークで，Ⅲ期に入るとなくなり，鉄製工具はⅠ期から伐採斧の出土例があるが，手斧の出土例が増加するのはⅣ期からであり，少なくともⅣ期には鉄製工具が木工具として普遍化していたといえる．また，北部九州型鍬類のなかで三又鍬などの又鍬（79など）の逆V字状をなす又部の製作は，石製工具での製作は不可能であり，鉄製か青銅製の鉇で製作したと考えられ，均厚の反りのない板材からの鍬類（74など）の製作も鉄製工具の使用によって初めて可能となったといえる．同じ観点で他地域をみていくと，山陰・瀬戸内地域でⅢ期に入り出現した反柄鍬類（97など）・膝柄鍬類（96など）は，鉄製工具で製作したといえる．以上から，木製農具の鉄製工具による製作は，Ⅲ期に九州・山陰・瀬戸内地域で始められ，近畿・東海・北陸地域と広がり，少なくとも日本ではⅤ期には木工具として鉄製工具が普遍化したといえよう．

鍬類の需要と供給（図6.1〜6.5）

つぎに鍬類の製作はどこで行われたかについて，九州地域に視点をあてみていくことにする．0期からⅡ期にかけての鍬類は，北部九州地域から東海地域において出土例があり，鍬類出土遺跡の90％以上の遺跡で製品とともに半製品・未製品・素材が出土している．しかし，Ⅲ期以降になると多量の鍬類製品の出土例があるにもかかわらず，未製品などが出土しない遺跡がみられるようになる．いいかえれば，0期からⅡ期にかけては鍬類の製作は各集落で行っていたといえ，Ⅲ期以降は鍬類製作者（集団）が居住する集落（集落群で構成される一定の地域）で製作されていたと考えられ，鍬類の需要と供給の関係が成り立っていた可能性がきわめて高いといえよう．

北部九州地域でⅢ期以降にみられる北部九州型鍬類は，玄界灘に面する福岡平野の各遺跡で多量の鍬類製品の出土例があるにもかかわらず，カシを用材とする鍬類の未製品・半製品・素材の出土例はみられない．かたや，有明海に面する佐賀平野の各遺跡では明確な未製品はないもののカシの素材があり，筑後平野の惣利遺跡ではカシを用材とする未製品・素材がある．また，Ⅴ・Ⅵ期になると周防

灘に面した北九州市の横代平野に所在する上清水遺跡・金山遺跡・カキ遺跡などで鍬類の製品とともに多量の未製品などが出土している．北部九州型鍬類のおもな分布地域は，今山産出玄武岩製太型蛤刃石斧や筑豊平野（立岩）製石製穂摘み具の分布地域とほぼ重なっており，鍬類でも供給地と消費地の関係があったといえよう．北部九州地域では，供給地は不明確であるが筑後平野から佐賀平野にかけての地域であり，玄界灘に面する長崎県北部から福岡平野にかけての地域および熊本平野は消費地といえよう．また，東九州地域では，横代平野の各集落で鍬類の製作を行い，九州東海岸沿いの消費地の需要を満たしたといえよう．

瀬戸内・山陰地域以東の地域においては，鍬類の製品とともに一定量の未製品が出土している遺跡がほとんどであり，供給地と消費地の関係は不明である．ただし，近畿地域においては鍬類の製品のみが出土している遺跡もあり，九州地域と同様，供給地の存在が予想される．

(1999・8・26)

文　　献

芋本隆裕：鬼虎川の木質遺物―第7次発掘調査報告書　第4冊―，1987．
臼居直之：善光寺平の木製農耕具の変遷について．石川条里遺跡　第3分冊．長野県埋蔵文化財センター調査報告書26，1997．
上原真人：農具の変遷―鍬と鋤―．季刊考古学，第37号，1991．
上原真人編：木器集成図録．奈良国立文化財研究所，1993．
内田律雄他編：朝酌川河川改修工事に伴う西川津遺跡発掘調査報告書Ⅳ，1988．
大橋隆司編：生立ヶ里遺跡―出土木製品図録篇―．牛津町文化財調査報告書第7集，1995．
兼康保明：田下駄．弥生時代の研究5　道具と技術Ⅰ，1985．
木下　忠：日本農耕技術の起源と伝統．考古学選書24，1985．
久々忠義：江上A遺跡．北陸自動車道遺跡調査報告書―上市町木製品・総括編―，1984．
工藤哲司：中在家南・押口遺跡出土の木製品類．中在家南遺跡他，仙台市文化財調査報告書第213集，1996．
工楽善通：木製穂摘具．弥生文化の研究5　道具と技術Ⅰ，1985．
黒崎　直：木製農耕具の性格と弥生社会の動向．考古学研究，16-3，1970．
黒崎　直：古墳時代の農耕具．研究論集Ⅲ，奈良国立文化財研究所学報第28冊，1976．
黒崎　直：くわとすき．弥生文化の研究5　道具と技術Ⅰ，1985．
小林行雄・末永雅雄他編：大和唐古彌生式遺跡の研究．京都帝國大學文學部考古學研究報告第16冊，1943．
佐藤浩司編：上清水遺跡Ⅲ区．北九州市埋蔵文化財調査報告書第160集，1995．
菅谷通保：自然流路と出土遺物．国府関遺跡群，長生郡市文化財センター調査報告第15集，1993．
中川律子：角江遺跡Ⅱ　遺物編2（木製品）．静岡県埋蔵文化財研究所調査報告第69集，1996．
中島直幸：木製品について．「菜畑遺跡」唐津市文化財調査報告第5集，1982．
趙現鐘・張齋根：新昌洞遺跡―第1次調査概報―．国立光州博物館，1993．

文　　　献

趙現鐘・申相孝・張齋根：光州新昌洞低湿地遺跡Ⅰ　95年調査概報─木製遺物を中心として─．国立光州博物館，1997．
都出比呂志：農具鉄器化の二つの画期．考古学研究．**13**-3，1967．
都出比呂志：農具鉄器化の諸段階．日本農耕社会の成立，1989．
樋上　昇：木製農耕具の地域色とその変遷─勝川遺跡出土資料を中心として─．年報　昭和63年度，愛知県埋蔵文化財センター，1989．
樋上　昇：弥生時代中期における木製農耕具の器種組成について．岡島遺跡．愛知県埋蔵文化財センター調査報告書14，1990．
町田　章：木工技術の展開．古代史発掘（4）稲作の始まり，1975．
町田　章：木器の製作と役割．日本考古学を学ぶ（2）有斐閣選書841，1979．
宮崎哲治編：林・坊城遺跡．高松東道路建設に伴う埋蔵文化財発掘調査報告第2冊，1993．
柳浦俊一編：朝酌川河川改修工事に伴うタテチョウ遺跡発掘調査報告書Ⅱ，1987．
山口譲治・濱石哲也編：収蔵資料目録　第1集　西区拾六町ツイジ遺跡Ⅰ．福岡市埋蔵文化財センター，1985．
山口譲治：福岡における弥生木製農具．月刊考古学ジャーナル，No.292，1988．
山口譲治：弥生文化成立期の木器．日本における初期弥生文化の成立，横山浩一先生退官記念論文集Ⅱ，1991．
山口譲治：出土木製農具の分類，牟田裕二君追悼論集，1994．
山田昌久：くわとすきの来た道．新保遺跡Ⅰ，関越自動車道地域埋蔵文化財発掘調査報告書第10集，1986．
山田昌久：稲作技術．古墳時代の研究4　生産と流通Ⅰ，1991．
力武卓治・大庭康時：那珂久平遺跡Ⅱ．福岡市埋蔵文化財調査報告書第163集，1987．

第7章

円筒埴輪の形態論
―突帯配置と透孔穿孔―

犬　木　　努

はじめに―形態論の視点―

　円筒埴輪の形態は至ってシンプルである．

　円筒状をなす器体の外面には複数の突帯が貼付され，水平方向に分帯化された各段には透孔が配置される．

　円筒埴輪は古墳時代を通じて存続する唯一の種類の埴輪であるが，上記のような基本形態はほとんど変化しない．もちろん，成整形の方式や，透孔の形状・配置，焼成技術など，細部の変遷は見出されているが[1]，微差を超えた形態上の様々な約束事については，ほとんど変更されることなく維持されている．

　円筒埴輪の基本形態が，古墳時代を通じて保持され続けたのは，そこに遵守すべき「意味」が埋め込まれていたからに違いない．ここでいう円筒埴輪の「意味」や「機能」については，閉じた「中空」の「場」を現出するための装置，という観点から略述したことがある[2]．

　円筒埴輪の属性といっても様々である．これまで，編年に有効な部位・属性を中心として検討されてきたが，「形態論」にはなりえず，「形状」論の域を出ない分析も少なくない．それでも近年では，「突帯間隔設定技法」の復元作業[3]や，複雑な成整形工程の解明作業[4]など，より体系的な分析作業も行われている．

　しかしその一方で，円筒埴輪の器体を，紋様帯・紋様を布置する「場」として捉える視点から，円筒埴輪の「形態」に迫る試みは，これまで，実はほとんどなされていない．個別技術の検討作業を主体とする現在の研究状況を俯瞰すると，一段とその感を強くする．本章では，上記のような視点から，主に，突帯配置や透孔穿孔の諸方式を検討する．時代を超えて変化する部分，変化しない部分を通覧することにより，円筒埴輪の基本構造を浮かび上がらせることができるはずである[5]．

円筒埴輪の基本形態

　3世紀半ばから6世紀末に及ぶ存続期間の中で，円筒埴輪の形態は，地域によっても時期によっても，かなりの変異幅をもっているが，本来，円筒埴輪は，特殊器台，なかでも「宮山型」から「都月型」の段階に定型化する6条7段構成を基本とする[6]．7条以上の突帯をもつ円筒埴輪は，このような「基本形態」が「多条化」したもの，5条以下の突帯しかもたない円筒埴輪は「少条化」したものとみなすことができる．

　一部の例外はあるものの，円筒埴輪の突帯配置や透孔穿孔の方式には，突帯の条数や段数を越えて，さまざまな共通原則が認められる．これは円筒埴輪の基本要件ともいうべきものである．

　透孔配置については以下のような基本要件が認められる[7]．

　1：最上段および最下段には透孔を配置せず，中間段のみに透孔を配置する【最上段・最下段不穿孔，中間段穿孔】．これは，透孔が突帯の間にしか配置されないことを意味する【突帯間穿孔】．鰭付円筒埴輪の最下段に，中間段とは異なる形状の透孔を配置する場合があるが，これについては中間段の透孔とは区別する必要がある．

　2：6条7段構成をなす「基本形態」の円筒埴輪においては，隣接段には透孔を配置しない【隣接段不穿孔】．ただし，無孔段が省略されて「縮小化」

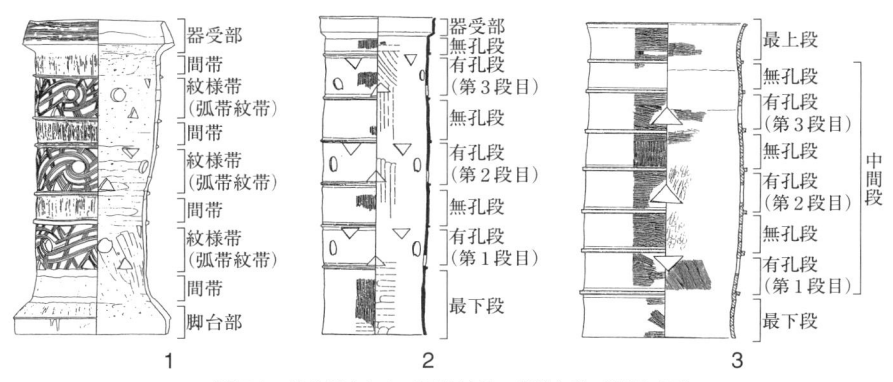

図 7.1 特殊器台および円筒埴輪の部位名称（縮尺不同）
1：宮山[8]，2：元稲荷[9]，3：メスリ山[10]．

した円筒埴輪においては隣接段に透孔が穿孔される場合がある[11]．
   3：同一段に2孔の透孔を穿孔する場合，円筒埴輪の中心を挟んで対向する位置に穿孔される【対向配置】．
   4：透孔「対向配置」の円筒埴輪においては，透孔穿孔段が上下に重畳する場合，上段と下段では，それぞれ90°異なる方向に透孔が穿孔される【隣接段交差配置】[12]．
 共伴する朝顔形円筒埴輪と対比させると，さらに別の原則が看取できる．
   5a：同一古墳において，普通円筒埴輪の段数と，朝顔形円筒埴輪の「円筒部」の段数が共通する場合，朝顔形円筒埴輪の透孔は，普通円筒埴輪よりも一段ずつ上の段に穿孔される【透孔穿孔段の上位移行】．
   5b：同一古墳において，普通円筒埴輪の段数よりも，朝顔形円筒埴輪の「円筒部」の段数が一段少ない場合，両者は同一段に透孔を穿孔する【透孔穿孔段の平行性】．
 また，突帯配置については以下のような基本原則が認められる．
   6：最上段および最下段以外の各段は全て同一幅である．突帯間隔設定がきちんとなされていない場合には，同一幅とはいえないものもあるが，基本的には同一幅を志向しているとみなしうる【中間段幅の一致】．
 上記のような突帯配置・透孔穿孔の諸原則は，どれも至極単純で特筆すべきものではないが，このような細部の基本要件が遵守されることによってのみ，結果的に，古墳時代を通じて，円筒埴輪の「単純」な基本形態が維持されていたことは注目に値する．逆にいえば，この基本要件から逸脱するものは，一見円筒埴輪のように見えても，厳密な意味では円筒埴輪ではないのである．
 円筒埴輪において，上記の諸原則が遵守され続けたことは，円筒埴輪の終焉に至るまで透孔穿孔段が「紋様帯」であり続けたこと，また透孔が「紋様」であり続けたことを雄弁に語っている．特殊器台の紋様構成や，初現期の円筒埴輪の紋様構成をみていくと，そのことが容易に理解できる．また近年，様々な視点から，突帯設定技法の検討が行われ大きな成果をあげているが，突帯間隔を維持するための創意工夫の歴史は，まさに，「紋様帯」としての中間段を維持していく営為にほかならない．次項以降では，円筒埴輪の終焉に至るまで命脈を保っていく，特殊器台以来の「紋様構成」の変遷について概観する．

特殊器台の形態論―弧帯紋帯と「間帯」―

器台形土器から特殊器台形土器へ

円筒埴輪にみられる諸要素が，弥生時代後期の吉備地方で盛行した特殊器台形土器―以下特殊器台と略称―の中に辿りえることが明らかになったのは40年も

図7.2 器台形土器・特殊器台・器台円筒（縮尺1：20）
1：上東[13]，2：芋岡山[14]，3：貝ヶ原[15]，4：楯築[16]，5：中山[17]，6：矢谷[18]，7：宮山[19]，8：弁天塚[20]，9：都月坂1号[21]，10：元稲荷古墳[22]．

前のことである[23]．その後，吉備・大和の両地域で新出資料が増加し，より詳細な編年・分類が提示されているが，基本的枠組について変更の必要はない．

長らく，特殊器台研究においては，弧帯紋の紋様構成の変化についての検討が中心的課題であったが，近年では，「間帯」の作出技法の検討[24]や，器体の成整形工程の検討[25]なども試みられている．

特殊器台が円筒埴輪の祖型であることについては，いち早く定説化しているが，通有の器台形土器から特殊器台形土器が成立してくる過程については，なお型式論的なヒアタスが大きく，不明な点も多いようである．

弥生時代後期の吉備地域に分布する加飾されたやや小形の器台形土器は，大きく屈折する口縁部と脚台部をもち，それぞれ，外面には凹線紋を施す[26]．口縁の外面や，脚の裾部には鋸歯紋を用いている．筒部には，列点紋によって上下を画した凹線紋帯を3段めぐらせ，その間には長方形の透孔を配置する．凹線紋や鋸歯紋，長方形透孔は，それ以前の器台形土器に出自を辿ることができる．

特殊器台が，上記のような通有の器台形土器を極端に大形化・加飾化することによって創出された葬祭用の儀器であるという見解のとおり，基本的には，大小の特殊器台形土器と通有の器台形土器との間には，文様および形態上の対応関係がみられるようである．

特殊器台形土器の基本形態―重帯化する紋様帯―

特殊器台形土器は，円筒状をなす胴部の上端および下端に，屈曲する有段部をもつ．胴部外面は突帯によって水平方向に分帯化され，突帯間には種々の紋様が配置される．突帯間隔には広狭がみられ，狭い部分と広い部分が交互に配される．前者にはいわゆる多条沈線をめぐらせる．後者にはいわゆる弧帯紋，複合斜線紋，斜格子紋などを配したのち，紋様の間隙を埋めるように透孔が充填されている．特殊器台研究では，前者の多条沈線紋帯を「間帯」，後者を「紋様帯」と呼称する場合が多い[27]．

両者を比較すると，特殊器台における「間帯」すなわち多条沈線紋帯は，通有の器台形土器にみられる凹線紋帯（多条沈線紋帯）に対比される．また，特殊器台の「紋様帯」は，弧帯紋，複合斜線紋，斜格子紋に混じるように透孔が配置されていることからみて，通有の器台形土器における透孔が配置される部位，すなわち凹線紋帯（多条沈線紋帯）に挟まれた部分に対比される．

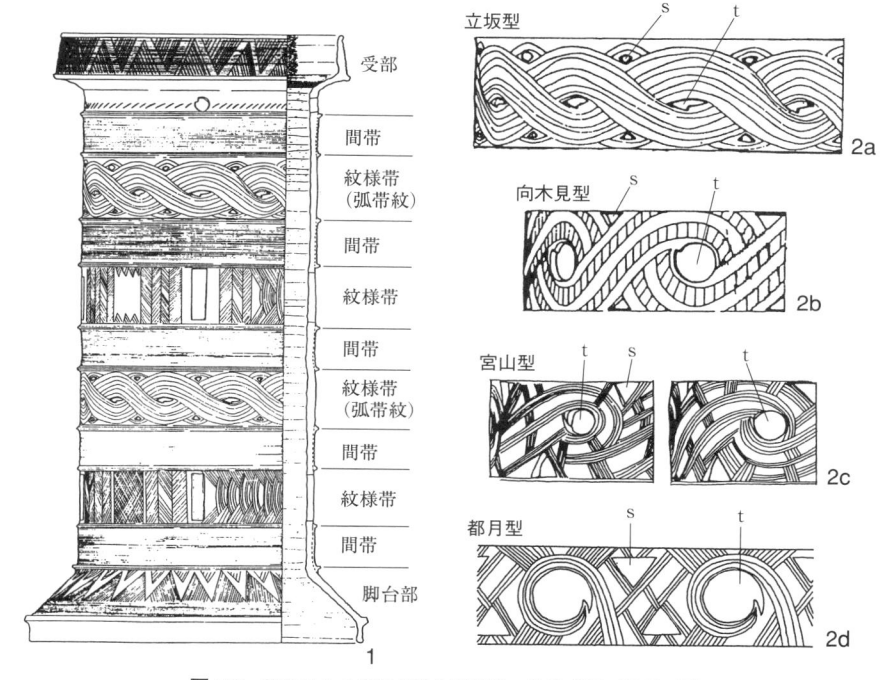

図 7.3 特殊器台の部位各称と弧帯紋の紋様変遷（縮尺不同）
1・2a：中山[28]，2b：矢谷[29]，2c：宮山[30]，2d：権現山 51 号墳[31].
s：三角形透孔およびその祖型となる透孔，t：巴形透孔およびその祖型となる透孔．
「立坂型・向木見型・宮山型・都月型」は近藤・春成（1967）[6]による．

　このような対応関係を念頭に置くならば，「間帯」と「紋様帯」という区別および呼称は，厳密にいえば適切でない．器台形土器においては，凹線紋帯（多条沈線紋帯）は紛れもない紋様帯であり，その変異形態である「間帯」も紋様帯にほかならないからである．なお，「間帯」は「紋様帯」よりも一段高くなっており，その上下は，さらに高い「突線」によって画されている場合もある．この「突線」が，「紋様帯」の上下を画しているのではなく，「間帯」の上下を画している点は，突帯の「本義」を論じる上で重要な意味をもつ．すなわち，突帯は「間帯」に付随する属性であったのである．

　そもそも，単位紋様帯の重帯化が，弥生時代中期に特徴的な紋様構成であることを想起するならば，「間帯」（多条沈線紋帯）こそ，より古相を帯びた「本源

的」な紋様帯であり，「紋様帯」（弧帯紋様帯や複合斜線紋，斜格子紋）の方は，重帯化した紋様帯間に配される，あくまでも「付加的」な紋様帯にすぎないのである．本章では，これを踏まえて，特殊器台における「本源的」，「主体的」な紋様帯を「主紋様帯」，「付加的」な紋様帯を「副紋様帯」と呼称しておく．

「間帯」の消失過程―主/副紋様帯の反転現象―

　「立坂型」の段階では，器体の表面に粘土を貼付して，「間帯」を他の部分よりもやや厚く作出する例が多いが，「向木見型」の段階になると，上下を貼付突帯によって画すことによって「間帯」を作出するもののみになるという[32]．この段階では「間帯」に横方向の板目調整が残存しているが，さらに「宮山型」や「都月型」の段階になると，それさえも省略される．

　この段階に至り，「間帯」の上下を画していた突帯が，その機能を喪失し，弧帯紋様帯の上下を画す突帯に転化してしまうことになる．これは，本来，主紋様帯である「間帯」に付随していたはずの突帯が，「間帯」の消失に伴い，副紋様帯である「弧帯紋様帯」に付随するようになったことを意味している．これは，主/副紋様帯の反転，あるいは陰画と陽画の反転とでも呼ぶべき現象である．

　このような主/副紋様帯の反転現象の結果，その後の特殊器台は，上下を突帯に画された弧帯紋様帯が，無紋帯を挟みながら，上下に重畳するようになる．これは従前とは異質な紋様帯構成である．ここに至り，器台形土器の凹線紋帯に由来する紋様帯が見かけ上，器面から姿を消すわけである．

　紋様を《通時態》として理解する限りにおいて，ある紋様（変遷）の特定部位の特定段階に対して限定的な呼称を与えることは誤解を招きかねないし，一定の有効性しか持ちえないのは当然であるが，分析・記述の便宜上，それは致し方ないことでもある．ただ，器台形土器あるいは大形器台から，特殊器台を経て，350年にも及ぶ円筒埴輪の変遷過程を見透した場合，「間帯」あるいは「紋様帯」という区別・呼称が，相対的かつ限定的な意味しか持ちえないことは，十分に留意されるべきである．

「弧帯紋」の「蕨手文」化―〈紋様の断続〉と〈紋様帯としての連続〉―

　弧帯紋様帯の変遷過程においても，前項で論じた現象と一見よく似た現象が看取できる．本来，弧帯紋様帯においては，帯状をなす線刻こそが主体的な紋様であ

り，弧帯紋のなかに埋没する透孔は，本来，「間隙」を形象化した紋様にすぎず，あくまでも副次的な紋様である．

ところが，水平方向に連続する弧帯紋は，一定間隔で配置される単位紋様として分断化され，最終的には線刻紋様が姿を消し，透孔のみが残存する．本来，「図紋」であったはずの弧帯紋が消失し，「地紋」であったはずの透孔のみが残存したわけである．前項で指摘した主/副紋様帯の反転現象と，ここで看取された「図紋」と「地紋」の反転現象は，準位の異なる現象ではあるものの，型式論的には通底する現象である．

ここでは便宜的に，水平方向に連続する弧帯紋が「分断化」される，という表現を用いた．確かに，弧帯紋は，「蕨手文」化することによって，〈紋様としての連続性〉を喪失するが，「蕨手文」という単位紋様が一定間隔で断続的に配置されることによって，〈紋様帯としての横位方向の連続性〉は保持されている．

その後ほどなくして，「蕨手文」自体も省略されるようになり，器面には透孔のみが残存するが，透孔の配置方式などはそのまま遵守されており，透孔だけが穿孔されるようになっても，施紋意識の上では，上述の〈紋様帯としての連続性〉が保持されていたことは間違いない．

一段に穿孔される透孔の数が減少し，二孔一対の透孔のみが穿孔されるような段階になっても〈交差配置〉の原則が遵守されていることは，できるだけ多くの方向に透孔を配置しようとしていたことを示しており，その段階においても依然として〈紋様帯としての連続性〉が強く意識されていたことを示唆している．

本来，弧帯紋は，重なり合いながら無限に連続する紋様であり，水平方向に分帯化された紋様帯において，閉じたループをなしている．弧帯紋が閉じている，ということは，いいかえれば，すべての方向を向いている，ということを意味している．このような弧帯紋の「全方位性」は，弧帯紋が「蕨手紋」化しても保持されることになる．また「蕨手紋」の線刻が省略され，透孔のみが残存するようになっても保持されていく．それゆえに，初現期の円筒埴輪の透孔は多方向を向いているのである．先述したように，やがて，透孔の「交差配置」が採用されることになるのも，このような弧帯紋の「全方位性」と無関係ではない．

なお，さらに付言するならば，「蕨手紋帯」（あるいは「透孔帯」）は，上記のように，〈紋様帯としての連続性〉を保持してはいるものの，単位紋様としての蕨手紋（あるいは透孔）どうしをつなぐ紋様は存在しない．にもかかわらず，そ

こには「不連続な連続」という関係性のみが実在する．これは，一定間隔に配置されているにすぎない円筒埴輪が，円筒埴輪「列」として認識される状況と通底する現象である．

前期円筒埴輪の形態論

突帯間隔の均等化と透孔穿孔域の平準化

　畿内の前期古墳に樹立される円筒埴輪は，前期を通じて徐々に多様性を喪失し，しだいに画一化してくる[33]．そうであるならば，特殊器台と前期古墳の円筒埴輪はいかなる準位で共通し，いかなる準位で異なるのであろうか．ここでは，岡山県総社市宮山墳丘墓出土特殊器台（図7.2-7）と京都府向日市元稲荷古墳出土埴輪（図7.2-10）を比較する．

　両者は，弧帯紋帯（に由来する紋様帯）と（間帯すなわち多条沈線紋帯に由来する）「無紋帯」が交互に配置される点では一致するものの，宮山例では「無紋帯」より弧帯紋帯の幅が広いのに対して（図7.1-1），元稲荷例では弧帯紋帯の幅と「無紋帯」の幅がほぼ等しくなっている（図7.1-2）．

　この〈突帯間隔の均等化〉現象は，前節で言及した〈主/副紋様帯の反転〉現象および〈間帯の消失〉現象の延長上に位置するものである．宮山例において，弧帯紋帯よりもその間の「無紋帯」の方が幅狭であるのは，「無紋帯」の幅が，この段階では依然として前段階の多条沈線紋帯の幅に規定されていたことを示している．

　これに対して元稲荷例では，すべての突帯が等間隔に配置されるようになる．また弧帯紋を構成していた沈線紋がみられなくなる一方，三角形・巴形の透孔のみ残存する．

　このように同時併行的に進行した，①多条沈線紋帯の無紋化，②突帯間隔の均等化，③弧帯紋帯における沈線紋様の消失という諸現象は，次段階の円筒埴輪の突帯配置や透孔穿孔の方式を強く規定することになる．

　なかでも，〈突帯間隔の均等化〉という現象は，それ以前の（弧帯紋帯に由来する）「紋様帯」と（間帯すなわち多条沈線紋帯に由来する）「無紋帯」という区別を喪失させることになる．これによって，突帯の間，つまり「中間段」であればどの「段」にでも透孔を配置することが可能になる（「透孔穿孔域の平準化」）．このような過程を経て，中間段が「獲得」した「互換性」が，最終的には〈隣接

前期円筒埴輪の形態論 159

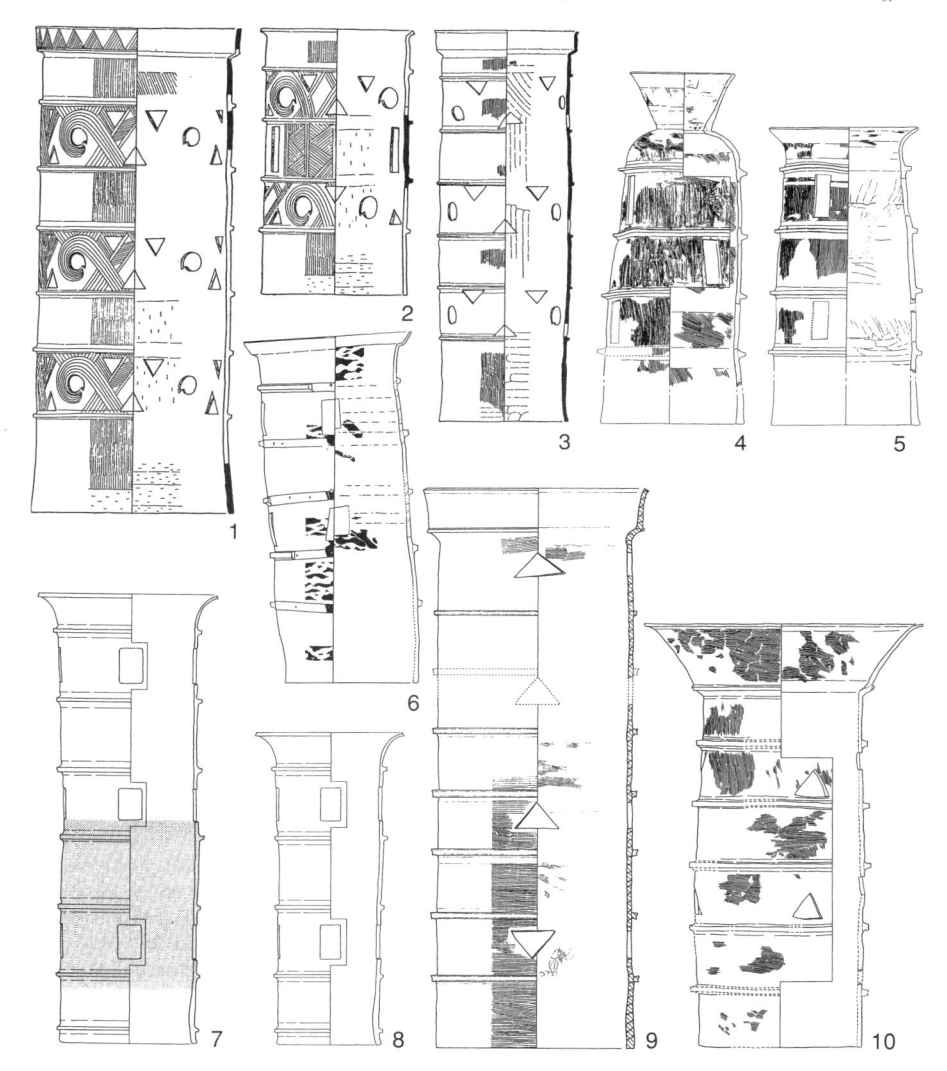

図 7.4 前期古墳出土円筒埴輪の諸例（縮尺 1 : 20）
1・2：箸墓[34]，3：元稲荷[35]，4・5：寺戸大塚[36]，6：新山[37]，7・8：将軍山[38]，9：メスリ山[39]，10：池田茶臼山[40].

段交差配置〉の原則へと繋がっていくことになる[41]．

大型化・小型化の諸方式

　既述のように，円筒埴輪の基本形態は，元稲荷古墳出土例（図7.1-2）のように，「有孔段」3段および「無孔段」4段からなる6条7段構成をとる．突帯数が6条より多い円筒埴輪を製作する場合は「多条化」，6条より少ない円筒埴輪を製作する場合は「少条化」がなされることになる．逆にいえば，古墳時代におけるすべての円筒埴輪は，①6条7段構成という「基本形態」，②5条以下の突帯をもつ「縮小形態」，③7条以上の突帯をもつ「拡大形態」，という3種類に分類される．

　このように，多くの円筒埴輪においては，「多条化」，「少条化」という二つの方式によって，器体の「大型化」，「小型化」が達成されている．後述するメスリ山古墳出土円筒埴輪のように，これ以外の方式で「大型化」，「小型化」を達成している例もある．

　なお，あるモノが大型化したり小型化したりするのは，円筒埴輪に限った現象ではない．ここでは，大型化・小型化の諸方式について考古遺物の一般論として整理した上で，円筒埴輪の大型化・小型化の形態論的意義について検討する．

　まず，あるモノが「大型化」する場合，以下の三つの方式がある．
　　①相似法：形態要素の構成・構造を保持したまま，文字どおり，「相似」的に「大型化」する．
　　②重畳法：既存の形態要素（紋様要素）を何回も繰り返すことによって「大型化」する．
　　③追加法：新しい要素を付加することによって「大型化」する．

　一方，あるモノが「小型化」する場合，以下の三つの方式がある．基本的には上記の「大型化」と逆の経過を辿る．
　　①相似法：形態要素の構成・構造を保持したまま，文字どおり，「相似」的に「小型化」する．
　　②減数法：既存の形態要素（紋様要素）が重畳している場合，その単位数を減じることによって「小型化」する．
　　③削除法：異なるものからなる組み合わせのうち，いずれかを削除することによって「小型化」する．

あくまでも便宜的な区分であり，適用困難な場合もあろうが，円筒埴輪の場合には，「相似法」による大型化・小型化が一般的である．上記の枠組を踏まえた上で，次項では，前期古墳出土円筒埴輪の突帯配置・透孔穿孔について，より具体的に検討する[42]．

東殿塚古墳にみる円筒埴輪の「小型化」

前項で指摘した〈突帯間隔の均等化〉と〈透孔穿孔域の平準化〉という現象を踏まえた上で，奈良県天理市東殿塚古墳出土埴輪を見ていくと，いくつかの興味深い事象に気付く．

東殿塚古墳では，前方部の右側面に設けられた「突出部」に，大小さまざまな鰭付円筒埴輪が集中的に樹立されていた（図7.5）[43]．

この区画で検出された円筒埴輪には，朝顔形円筒埴輪と鰭付円筒埴輪がみられるが，とくに後者には大型品と中型品，小型品が認められる．鰭付円筒 No. 6（図7.5-6，東殿塚古墳出土埴輪については以下同様に略記する）は5条6段構成で，前方部側面からの出土品では大きい部類に属する．第2段目には三角形，第4段目には長方形と三角形，第6段目には巴形の透孔および三角形の小孔を配置する．また，第2・4段目の透孔間には梯子状の線刻紋様が施されている．

また，鰭付円筒 No. 5 および No. 8，No. 16 は3条4段構成をなす中型品である．No. 5 は第2段目と第3段目に長方形透孔をもち，No. 16 は第2〜4段目に透孔をもつ．両者には，透孔を穿孔する段に違いがある．一方，鰭付円筒 No. 7・10 は，1条2段構成という非常に特異な形状をなす．いずれも第2段目に長方形透孔をもつ．6条突帯の大型品（No. 6）では，1段おきに透孔を穿孔し，〈隣接段不穿孔〉の原則が遵守されているのに対して，3条突帯の小型品（No. 5・8・16）では，いずれも隣接段に透孔を配している点が特筆される．「基本形態」である6条7段構成の中型品の「無孔段」を省略することにより，3条4段という「縮小形態」の埴輪を作り出しているのである．ただし，No. 5 が第2・3段目のみに透孔をもつのに対して，No. 8・16 は第2〜4段目に透孔をもつという相違点もある．

一方，他に類を見ない1条2段構成の鰭付円筒埴輪（小型品）については，3条4段構成の鰭付円筒埴輪（中型品）をさらに縮小した形態であることが推測できる．

162　　　　　　　　　　　7　円筒埴輪の形態論

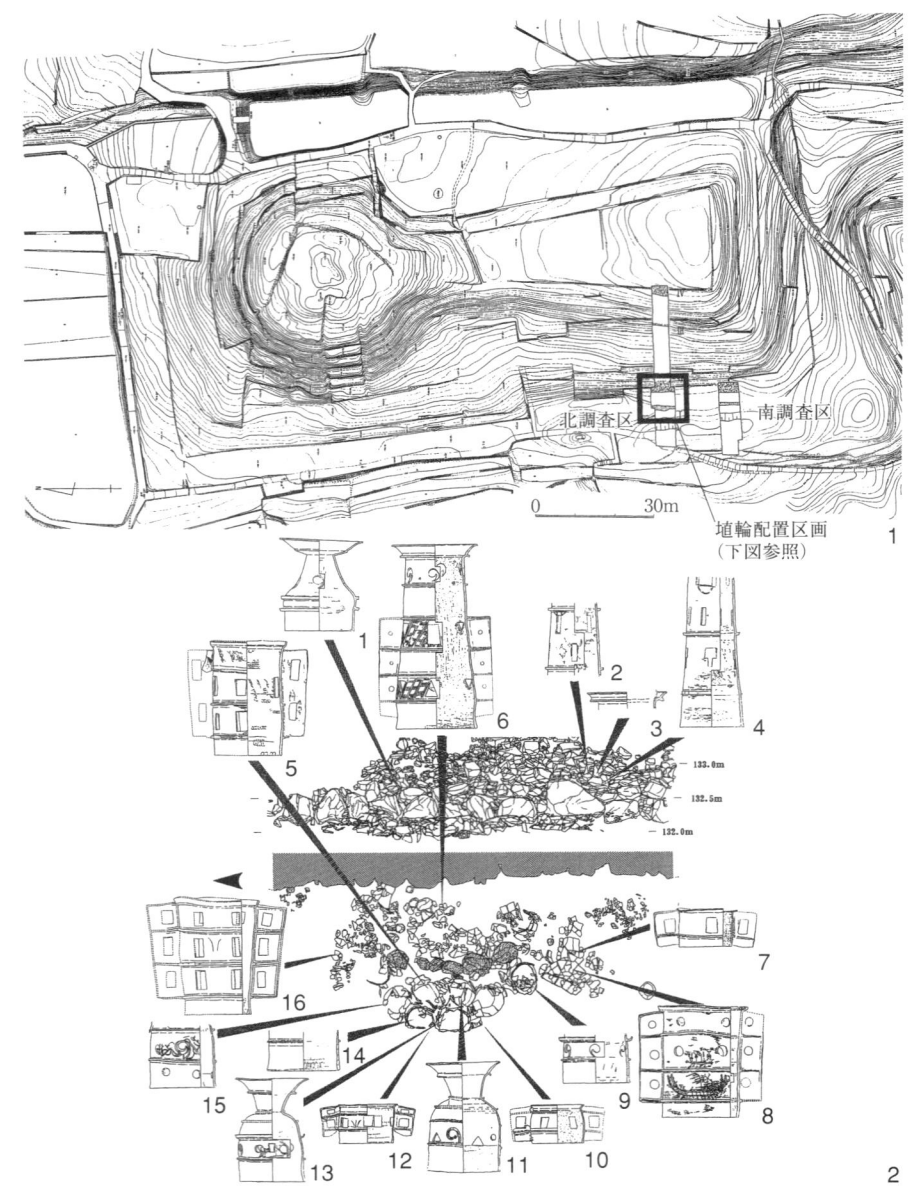

図7.5　東殿塚古墳前方部西側裾部における埴輪の配置状況[44]
1：墳丘全体図，2：埴輪配置模式図．

「中型品」に比べると,「小型品」のプロポーションは,底径に対する器高の比率が著しく低減し,まったく異質のプロポーションをなしている.もちろん,6条7段構成の「大型品」の底径に比べて,3条4段構成の「中型品」や1条2段構成の「小型品」の底径はやや小さくなっており,厳密な意味では,底径を維持したまま中間段を省略することによって作出されたプロポーションではないが,ここではプロポーションの特異性を重視し,底径を大きく変更しないまま,段数を減少させた点を強調しておきたい.

以上のように,東殿塚古墳例では,「基本形態」としての大型品の無孔段を省略することによって,器高の縮小化がはかられており,まさに〈減数法〉によって円筒埴輪の「小型化」がなされた事例である.鰭付円筒 No. 5 と No. 16 の透孔穿孔位置の相違が示すような,透孔穿孔段の互換性の確保や,中間段の省略による器高の縮小化などは,あくまでも〈突帯間隔の均等化〉と〈透孔穿孔域の平準化〉が達成されたことによる帰結にすぎない.

メスリ山古墳にみる円筒埴輪の「大型化」

一方,奈良県桜井市メスリ山古墳においても,大小の円筒埴輪が作り分けられ,後円部墳頂に様々な法量の円筒埴輪が並置されていた[45](図 7.6).

報告書によれば,メスリ山古墳の円筒埴輪は,全形を復元できた個体に基づけば,底径や器高の相違から以下のように大別できる.

①超大型品:底径約 90 cm,器高約 242 cm(図 7.6-3a)
②大型品:底径約 75 cm,器高約 215 cm(図 7.6-3b)
③中型品:底径約 50 cm,器高約 144 cm,120 cm(図 7.6-3c, 3d)

図 7.6 に掲載した4個体は,いずれも 7 条 8 段構成をなし,3d のみが有段口縁である点をのぞけば,比較的類似したプロポーションを呈する.透孔の配置や形状にも若干の相違点があるが,中間段に隔段配置されている点など共通点も多い.

メスリ山古墳の円筒埴輪には,細部に微差はあるものの,法量を異にする「相似」形の円筒埴輪を作り分けようとする製作者の意図が明瞭に窺える.本古墳の円筒埴輪は,先に指摘した〈相似法〉によって円筒埴輪の「大型化」が達成された事例である[46].

メスリ山古墳では,後円部墳頂を二重に囲繞する方形埴輪列が確認されてお

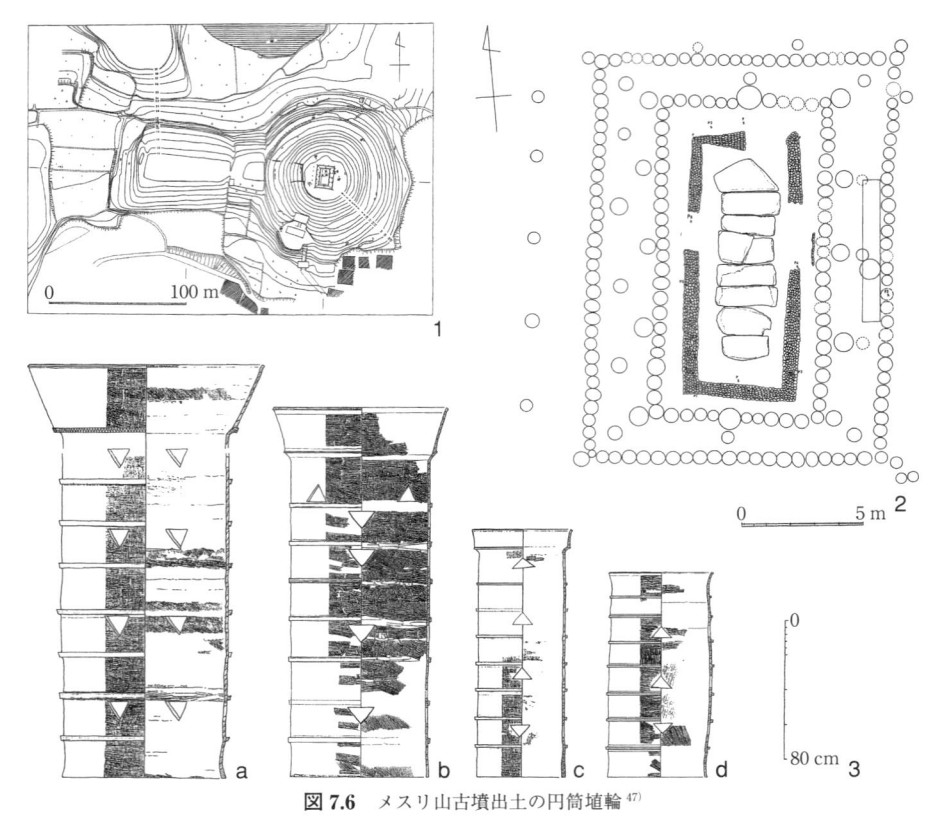

図 7.6 メスリ山古墳出土の円筒埴輪[47]
1：墳丘全体図，2：後円部墳頂部方形埴輪列，3a～3d：各種円筒埴輪（縮尺1：30）．

り，竪穴式石槨の小口側に最も大型の円筒埴輪を配置しているほか，内側埴輪列の四隅や，内外の埴輪列の間にも大型品を配置するなど，大小の円筒埴輪をきわめて計画的に配置している状況が看取できる．

　以上のように，東殿塚古墳およびメスリ山古墳では，配置方法は異なるとはいえ，同一箇所に「大小」の円筒埴輪を並置している点が特筆される．その際，東殿塚古墳では「減数法」，メスリ山古墳では「相似法」という別個の方式が採用されている点は重要である．もちろん，両古墳の造営には若干の時期差を想定できるとはいえ，大和東南部における近隣地域に造営された両古墳において，このように，異なった方式での法量分化の志向性が認められる事実は興味深い．

「間帯」省略型の「減数」形態

　東殿塚古墳における「少条化」した円筒埴輪についてすでに検討したが，古墳時代前期においては，東殿塚古墳以外にもいわゆる「間帯」（「無孔段」）を省略することによって「少条化」したと思われる円筒埴輪が散見できる．

　たとえば，奈良県天理市布留遺跡では，3条4段構成の円筒埴輪と，円筒部3段構成の朝顔形円筒埴輪が複数個体出土している[48]．いずれも，中間段である第2段目と第3段目に透孔を配置する．各段における透孔の配置は，いわゆる千鳥状配置であるが，三角形透孔を用いるもの（図7.7-1, 2）のほか，半円形透孔を用いるもの，三角形と半円形の透孔を混在させるもの，巴形透孔を用いるものがあるようである．

　このほか，大阪府豊中市小石塚古墳では，第2段目および第3段目に透孔を配す3条4段構成の円筒埴輪が出土している．第2段目に逆三角形，第3段目に三角形の透孔をもつ個体（図7.7-8）のほか，第2段目のみに逆三角形の透孔をもつ個体（図7.7-7）もみられる[49]．前者では，第2段目と第3段目の透孔の位置を互い違いにずらしている点が特筆される．

　小石塚例については，三重県松阪市高田2号墳や同坊山1号墳から出土した円筒埴輪との類似も指摘されている[50]．高田2号墳例は，第2段目と第3段目に逆三角形の透孔を交互に配置し，第1段目には半円形の透孔を配置する（図7.7-11）．一方，坊山1号墳例は，高田2号墳例と同様に，第2段目と第3段目に，逆三角形透孔を交互に配置するが，第1段目にも逆三角形の透孔を配置する点が相違する（図7.7-9）．

　小石塚，高田2号墳，坊山1号墳の諸例は，底径に比べて器高が低く，比較的寸胴な形状を呈する点，下3段に比べて最上段が幅狭である点など，非常に共通点が多い．また，これらの埴輪は，隣接する中間段2段に透孔が配置されており，「間帯」（「無孔段」）省略型の縮小形態とみなしうるものである．布留遺跡例では三角形透孔が段内で千鳥状に配置されているのに対して，小石塚ほか3古墳例では，段を違えて千鳥状に配置されるという相違点もみられる．

　なお，小石塚古墳に隣接する大石塚古墳では，埴輪棺として利用された円筒部5段構成の朝顔形円筒埴輪（図7.7-5）や，普通円筒埴輪が出土している[51]．大石塚古墳よりも小石塚古墳の方が築造時期がやや新しいと考えられており，埴輪自体についても，口縁部の形状や内外面調整，突帯間隔設定技法などにおいてか

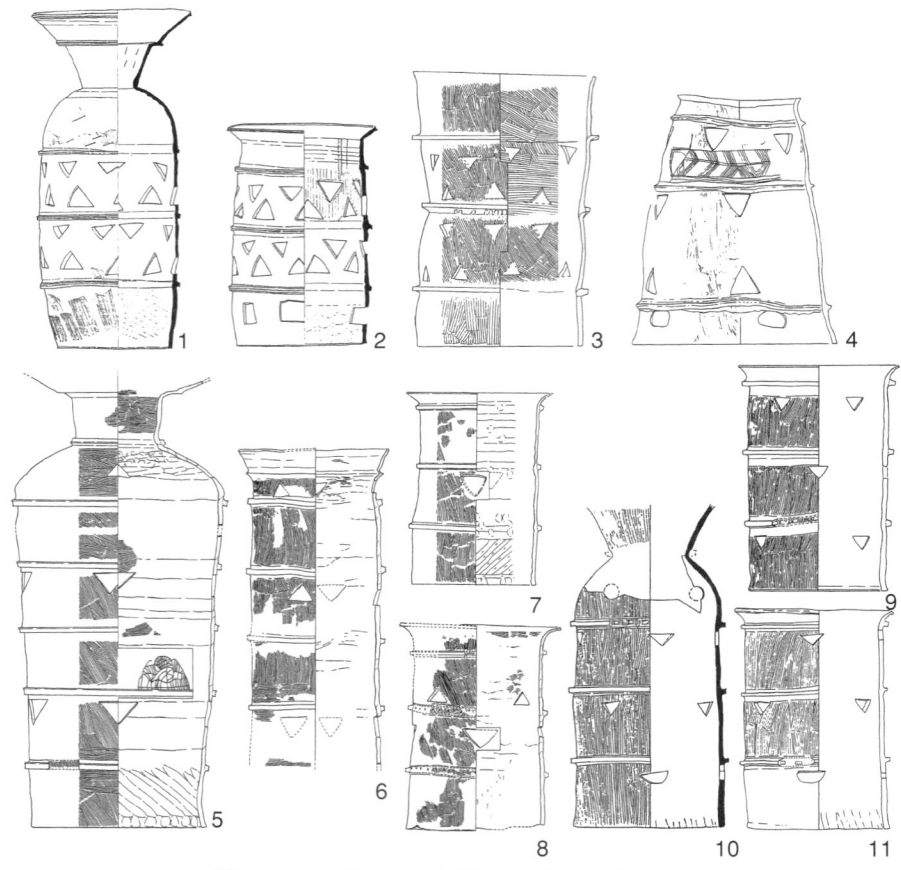

図 7.7 「縮小形態」の円筒埴輪と関連資料（縮尺1：20）
1・2：布留[52]，3：森将軍塚[53]，4：下郷天神塚[54]，5・6：大石塚[55]，7・8：小石塚[56]，9：坊山1号墳[57]，10・11：高田2号墳[58]．

なりの相違点が認められる．しかし，大石塚古墳と小石塚古墳の円筒埴輪を比較すると，大石塚例の「間帯」（「無孔段」）を省略することによって，まさに，小石塚古墳の透孔配置ができ上がる．小異は別にして，突帯・透孔の配置からみる限り，小石塚例は，大石塚例の縮小形態とみなすべきであろう．

なお，近畿地方以外でも，「間帯」省略型の縮小形態と思われる円筒埴輪が確認されている．

たとえば，長野県千曲市（旧更埴市）森将軍塚古墳出土の円筒埴輪は，3条4段構成を基本とし，第2段目と第3段目に，それぞれ三角形の透孔を千鳥状に配置する[59]（図7.7-3）．まさに「間帯」（「無孔段」）省略型の縮小形態とみなされる．本例の製形技法やプロポーションは近畿地方には見られない特異なものであるが，透孔配置という点においては，布留遺跡例などと対比すべき事例である．

また，群馬県佐波郡玉村町下郷天神塚古墳出土の円筒埴輪は，裾広がりの特異なプロポーションを呈するが，第2段目および第3段目に三角形の透孔を千鳥状に配置しており[60]（図7.7-4），森将軍塚例と同じく，布留遺跡例などと対比すべき紋様構成である．

近畿地方から遠隔の地に築造された古墳の場合，透孔配置の類似だけでは築造時期の同時性を示す証左にはならないが[61]，地方において当該埴輪を製作した際のイメージの「源泉」を辿る手がかりにはなるであろう．

「器受部」の脱落と透孔穿孔段の上位移行

冒頭で記したように，同一古墳に樹立された朝顔形円筒埴輪と普通円筒埴輪の透孔穿孔段を対比したとき，朝顔形埴輪の透孔が普通円筒埴輪よりも一段ずつ上の段に穿孔される場合（「透孔穿孔段の上位移行」）と，両者の透孔が同一段に穿孔される場合（「透孔穿孔段の平行性」）がある．ここでは，前者を「上位段穿孔」タイプ，後者を「同一段穿孔」タイプと呼称する．朝顔形円筒埴輪において，このような二通りの透孔配置がみられるのは，どのような型式論的背景があるのだろうか．

いうまでもなく，普通円筒埴輪は，壺を載せるための器台を形象した埴輪である．初現期の円筒埴輪は，壺を乗せる口縁部が屈曲して受口状をなしており，「ものを載せる器台円筒」などと呼ばれたこともある[62]．受口状をなす口縁有段部は，特殊器台の口縁部形態に由来するもので，古墳時代に入ってからもしばらくの間，形骸化が進行しつつも，さまざまな形状として残存する．

一方，朝顔形埴輪においても，本来，器受部が表現されていたはずなのであるが，「定型化」した朝顔形埴輪においては，「壺部」と「円筒部」の境界には通有の突帯が貼付されるのみである．

ところが近年，東殿塚古墳において，円筒部最上部が受口状をなす朝顔形埴輪が検出された．しかもその中には，受口状をなす口縁部の内側から肩部を積み上

図 7.8 東殿塚古墳における朝顔形埴輪の分類[63]
1：1類，2：2類，3：3類．

げるタイプと，連続的に成形された円筒部と肩部の境に受口状突帯を貼付するタイプの2種類が認められている[64]．報告者は，「円筒〜壺部間」の形状について，前者のようなタイプを1類，後者のようなタイプを2類，通常の朝顔形埴輪のようなタイプを3類と呼称している（図7.8）．

同古墳では，「受口部」のすぐ下の「段」に透孔を配置する例が散見されるが（図7.5-8, 16），この「段」が，透孔を穿孔しうる「中間段」としての「地位」を確立していたかどうかは微妙である．事実，東殿塚古墳でも，「受口部」のすぐ下の「段」には透孔をもたず，さらにその下の「段」に透孔を配する例がみられる（図7.5-5）．この違いは，「受口部」の外面を「最上段」とみなすかどうか，いいかえれば，「受口部」直下の「段」を「中間段」とみなすかどうかの相違なのである．報告者が1類とした「受口部」には，「1次口縁と2次口縁の間」に突帯が貼付されており，そこを「最上段」とみなしうることを示しているが，そのような突帯を貼付しない2類の場合にも，「受口部」を「最上段」とみなしている例があり（図7.5-13），最上段・中間段の認識と，「受口部」の形状とは単純には対応しないようである．

ともあれ，東殿塚古墳において，1類から3類に至る朝顔形埴輪の「受口部」の「形態変化」が明らかになったことにより，先述の朝顔形埴輪における透孔「上位段穿孔」の成立経緯についても一定の見通しが得られるようになった．

つまり，2類のような「受口部」が通常の突帯（すなわち肩部下端突帯ないし「円筒部」上端突帯）に転化してしまうと，そのすぐ下の段は，本来，「中間段」であったにもかかわらず，見かけ上は，円筒部の最上位に位置することになる．しかし，「円筒部」と肩部の境には「受口部」が転化した突帯が残るため，円筒部最上段は透孔穿孔が可能な「中間段」としての「地位」を獲得することになるのである．

冒頭に述べたように，定型化した朝顔形埴輪の円筒部の段数と，共伴する普通円筒埴輪の段数を比較すると，大きく分けて，以下のような2通りのケースがある．

　一つは，朝顔形埴輪の円筒部の段数と，共伴する普通円筒埴輪の段数が一致する場合である．この場合，朝顔形埴輪の透孔は，円筒埴輪より1段ずつ上の段に配置されることになる（「上位段穿孔」タイプ）．

　もう一つは，朝顔形埴輪の円筒部の段数よりも，共伴する普通円筒埴輪の段数が1段多い場合である．この場合，朝顔形埴輪の透孔は，円筒埴輪と同一の段に配置されることになる（「同一段穿孔」タイプ）．

　「上位段穿孔」タイプの場合，円筒埴輪の器高は朝顔形埴輪の円筒部の高さと一致し，「同一段穿孔」タイプの場合は，円筒埴輪の器高は朝顔形埴輪の円筒部よりも高くなる．

　しかしながら，透孔配置の問題は，共伴する円筒埴輪と朝顔形埴輪の高さの揃え方だけに帰着すべき問題ではなく，実際にはそれほど単純ではなさそうである．とりあえずここでは，東殿塚例の検討を通じて，朝顔形埴輪における透孔「上位段穿孔」という現象が，朝顔形埴輪における「受口部」の消失過程と密接に関連することを確認しておく．

中期円筒埴輪の形態論─透孔「交差配置」の具体相─

　古墳時代中期になると，円筒埴輪の規格化・定型化が一段と進行する．鰭付円筒埴輪はほとんど見られなくなり，鰭をもたない円筒埴輪が多数を占める．また，円筒埴輪の法量分化は，前期以上に顕著に認められるようになる．大阪府藤井寺市津堂城山古墳や同羽曳野市誉田御廟山古墳など王陵級の大型古墳に樹立される埴輪が一段と大型化する一方，中・小型古墳では4条突帯・3条突帯など，突帯条数の少ない円筒埴輪の樹立が普遍化する．古墳時代中期には，円筒埴輪の大型化と小型化という相反する方向性をもった現象が広範に進行した結果，円筒埴輪における法量上の較差が飛躍的に拡大したのである．

　ただし，王陵級の大型古墳から出土する大型円筒埴輪の「形態」については，なお不明な点も多く，それらについては機会をあらためることとし，ここでは，中型品・小型品に関わる透孔「交差配置」と「副次孔」という二つの論点に限定して議論する．

透孔「交差配置」の成立とその意味

　古墳時代前期後半に定型化した鰭付円筒埴輪においては，透孔は対向する2方向に一段おきに配置され，縦一列に並ぶのが特徴である．本章ではこれを透孔の「縦列配置」と呼称する．「縦列配置」は鰭をもたない普通円筒埴輪にみられる場合もある（図7.9-2）．

　一方，鰭部をもたない円筒埴輪が普遍化するようになると，透孔は4方向に配置されるようになる．たとえば，3条4段構成の円筒埴輪において，中間段2段に透孔を配置する場合，透孔は，第2段目および第3段目に，90°ずらして配置される．このように，隣接する「有孔段」における，透孔の方向が90°ずれるような透孔配置を「交差配置」と呼称する（図7.9-3）．

　なお，多数の透孔を多くの方向に配置するような，特殊器台以来の透孔配置を「放射配置」と呼称する（図7.9-1）．

　中期初頭の津堂城山古墳から出土した鰭付円筒埴輪では，鰭部に直交する2方向に透孔が配置されている．鰭をもたない円筒埴輪では，透孔配置が確実にわかる個体は少ないが，翳形埴輪を載せたと思われる大形円筒埴輪には透孔の「交差配置」が現れており注目される[65]．

　中期中葉の誉田御廟山古墳出土の朝顔形円筒埴輪では，「透孔交差配置」を志向しているようではあるが，各段の透孔が厳密に直交する4方向を向いているわけではない[66]．

　誉田御廟山古墳に後出する大阪府藤井寺市市野山古墳や同岡ミサンザイ古墳出

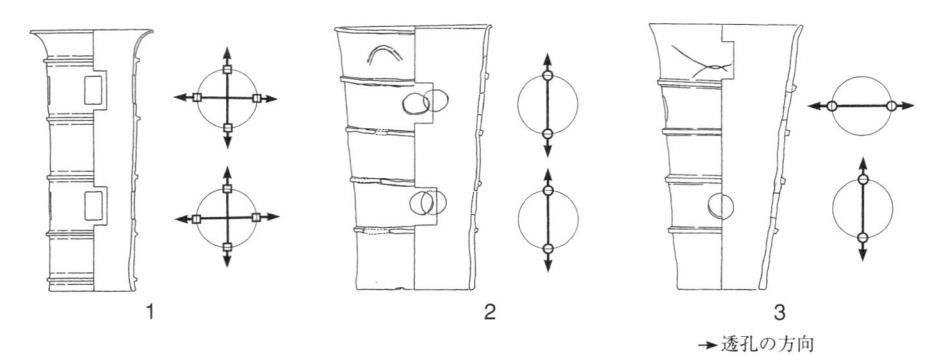

図7.9　透孔配置の諸方式（縮尺不同）[67]
1：放射配置（将軍山），2：縦列配置（瓦谷），3：交差配置（堂山1号墳）．
→透孔の方向　○方形透孔　□円形透孔

土の円筒埴輪には透孔「交差配置」が確認されている．

　王陵級の大形古墳の大半は陵墓に治定されており，透孔配置を知りうる完存品は多くないが，鰭付円筒埴輪に通有な「縦列配置」が，中期に入ってまもなく，しだいに「交差配置」に移行するようである．ただし，多条突帯の円筒埴輪では，隣接する「有孔段」の間に「無孔段」を挿入することによって段数を増している．

　鰭付円筒埴輪が畿内以外の地域には限定的にしか波及しなかったのに対して，この透孔「交差配置」は，古墳時代中期以降に全国各地で製作された数多くの円筒埴輪に継承されることとなる．

　たとえば，透孔「交差配置」をとる3条4段構成の円筒埴輪の場合，第2段目と第3段目の透孔は90度違う方向を向いている．そのため，実際には第2段目と第3段目の両方に透孔が配置されているにもかかわらず，それぞれ，透孔の「正面」から見ると，見かけ上，「有孔段」と「無孔段」が交互に配置されているように見える．すなわち透孔「交差配置」の埴輪には，形骸化しているとはいえ，「隣接段不穿孔」の原則が看取できるのである．

　このように，透孔「交差配置」については，「弧帯紋帯」以来の「放射配置」の残影として理解できる．本来，弧帯紋は水平方向に連続する紋様であるが，あるとき，「蕨手紋」という単位紋様に分断化され，最終的には，透孔という単位紋様に転化していく．本来，透孔は，「弧帯紋」の各所に配置された「結び」と「交差」を表象する結節点を形象化した紋様にほかならない以上[68]，「無限」に連続する弧帯紋の各所に配置され，各方向——理念上は全方位に向けられているのが本来の姿である．このような意味において，透孔「交差配置」は，透孔が本来もっている「全方位性」が痕跡的に残存した現象とみなすことができる．

　このような透孔の「本義」は，たとえ，一段に穿孔される透孔が2孔のみになってしまっても，かろうじて保持されていたものと考えられる．とくに3条4段構成の円筒埴輪においては，透孔の「交差配置」という方式を採用することが，透孔配置の〈全方位性〉と〈隣接段不穿孔〉の両立を図るための数少ない選択肢だったのである．

「副次孔」の意味するもの──透孔「交差配置」の痕跡──

　近年，本来の透孔以外に，器壁に小孔を穿孔する円筒埴輪の事例が増えてい

る．群馬県や埼玉県を中心として30例を超える事例が確認されている[69]．ここでは，この小孔を「副次孔」と呼称し，その型式論的位置づけについて検討する．

副次孔の穿孔位置にはいくつかのパターンが認められる．

埼玉県鴻巣市新屋敷60号墳出土の2条3段構成の円筒埴輪では，第2段目に通有の透孔を配置するほか，第3段目に副次孔を穿孔する[70]（図7.10-3）．第2段目の透孔と第3段目の副次孔は「交差配置」をなす．

一方，群馬県高崎市情報団地5号墳では，第2段目に副次孔をもつ，円筒部4段構成の朝顔形円筒埴輪が検出されている[71]（図7.10-2）．第3段目に配置された通有の透孔と，第2段目の副次孔は，「交差配置」をなしている．共伴する2条3段構成の円筒埴輪には副次孔は認められない（図7.10-1）．

また，群馬県前橋市（旧勢多郡粕川村）白藤Ｖ-2号墳でも，第2段目に副次孔をもつ朝顔形埴輪が検出されている[72]（図7.10-6）．第3段目に配置された通有の透孔と，第2段目の副次孔は，「交差配置」をなす．このほか，共伴する3条4段構成の円筒埴輪では，第3段目に通有の透孔がみられるほか，第2段目には副次孔を穿孔する（図7.10-7）．第3段目の透孔と第2段目の副次孔は，「交差配置」をなす．また，共伴する別の2条3段構成の円筒埴輪には副次孔は見られない（図7.10-5）．

このほか，群馬県高崎市少林山台3号墳では，2条3段構成の円筒埴輪の第3段目に副次孔を穿孔する例や（図7.10-9），朝顔形円筒埴輪の第2段目に副次孔を穿孔する例がある[73]（図7.10-10）．後者の朝顔形埴輪では，第3段目には通有の透孔が穿孔され，第2段目の副次孔と「交差配置」をなす．

上記の諸例から明らかなことは，円筒埴輪や朝顔形埴輪に副次孔が穿孔される場合，同一個体の別の段に穿孔されている通有の透孔との間に，「交差配置」の関係が認められることである．すなわち，副次孔の穿孔方向は，同一個体内に共存する通有の透孔の穿孔方向を意識した上で決定されていることを示唆している．ここでは副次孔をもつ事例の一部しか提示していないが，これは他例をみても共通する傾向である．

一方，普通円筒埴輪と朝顔形円筒埴輪にみられる通有の透孔と副次孔の位置関係を比較していくと，先に検討した朝顔形埴輪における「上位段穿孔」との関連性が見えてくる．

たとえば，高崎情報団地5号墳出土の朝顔形埴輪では，「上位段穿孔」に伴い，

中期円筒埴輪の形態論

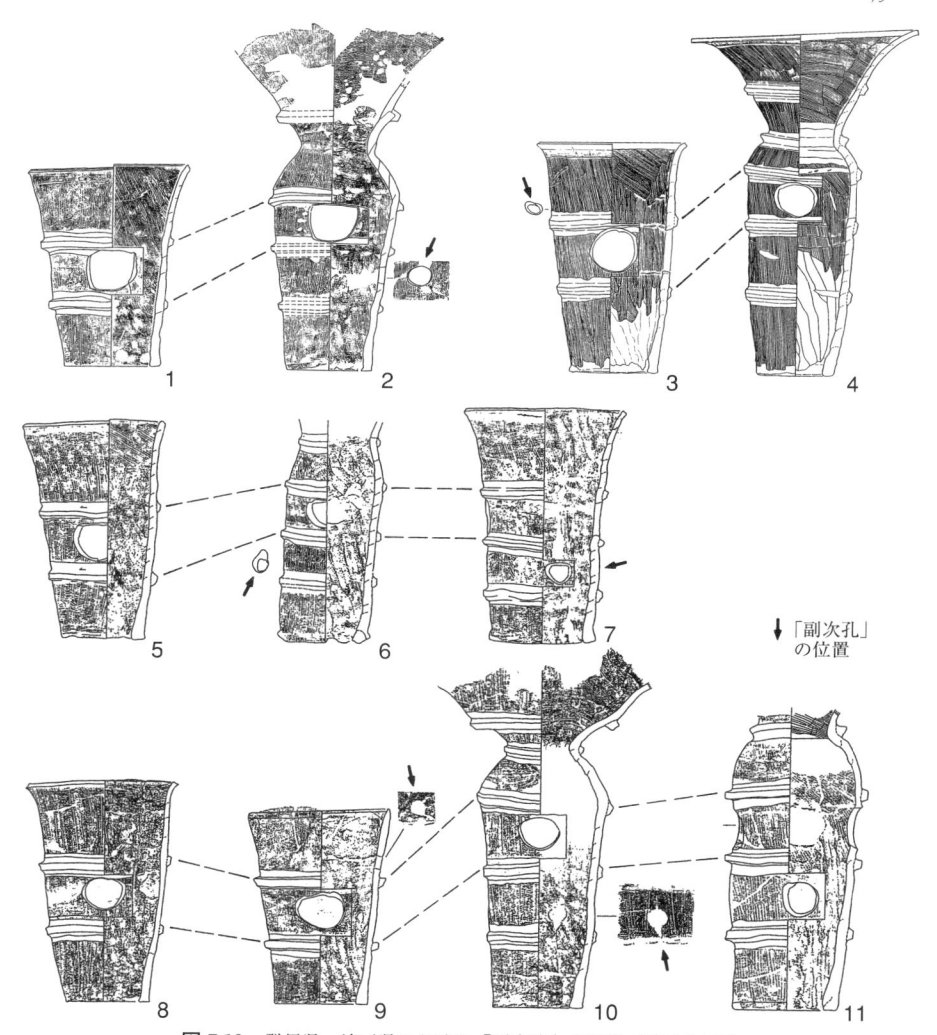

173

図 7.10 群馬県・埼玉県における「副次孔」の諸例（縮尺 1:15）
1・2：高崎情報団地 5 号墳[74]，3・4：新屋敷 60 号墳[75]，5〜7：白藤 V-2 号墳[76]，8〜11：少林山台 3 号墳[77].

透孔を配置する必要がなくなった第 2 段目に副次孔が配置されている（図 7.10-2）．白藤 V-2 号墳や少林山台 3 号墳の場合も同様である（図 7.10-6・10）．白藤 V-2 号墳では，3 条 4 段構成の円筒埴輪の第 2 段目に副次孔が穿孔されている

が（図7.10-7），これなどは，共伴する朝顔形円筒埴輪の透孔配置（図7.10-6）との関連で理解すべきものであろう．

　普通円筒埴輪において副次孔が配置されるのは，その大半が，本来透孔を配置しない最上段である．また朝顔形円筒埴輪において副次孔が配置されるのは，「上位段穿孔」に伴い，透孔が配置されなくなった中間段である．

　本項で検討した「副次孔」もまた，「弧帯紋帯」以来の「放射配置」すなわち透孔配置の〈全方位性〉の痕跡なのである．

　以上をまとめるならば，副次孔は，本来，通有の透孔を配置しない「段」——あるいは配置する必要のない「段」に，通有の透孔の「代替物」として配置されたものとみなされる．

後期円筒埴輪の形態論—「通段割付」の具体相—

　畿内において埴輪生産に窖窯焼成技術が導入されるのは，古墳時代中期中葉のことである．この技術は，九州から東北地方に至る各地に，ほとんど時期を隔てずに波及したようである[78]．地域ごとに若干の時間差はあるようであるが，窖窯焼成技術の導入は，各地域で拠点的生産体制の確立を促すこととなる[79]．関東地方でも古墳時代後期になると，拠点的な埴輪生産が各地に認められるようになり，埴輪樹立の盛行を支えることとなる[80]．これは，規模の差はあれ，関東地方以外でも広範に認められる現象である．

　この時期，各地の埴輪に発現してくる様々な地域色に目を奪われがちであるが，その一方で，古墳時代前期以来の円筒埴輪の伝統が強固に残存し，後期に至ってもなお円筒埴輪としての形態的特質に規定されている点には注意が必要である．これは，しだいに濃淡を増していく地域色のモザイクに眩惑されて，時に看過されがちな事実である．そこで本節では，古墳時代後期の円筒埴輪に特徴的な「通段割付」という手法を取り上げ，当該時期の円筒埴輪の形態論的特質について検討する．

生出塚窯産円筒埴輪における器面分割—「残余」としての最下段—

　古墳時代後期の関東地方では，埴輪の地域色が様々な形で発現するようになる．なかでも，後期中葉以降になると，突帯間隔の地域差が顕著にみられるようになる．

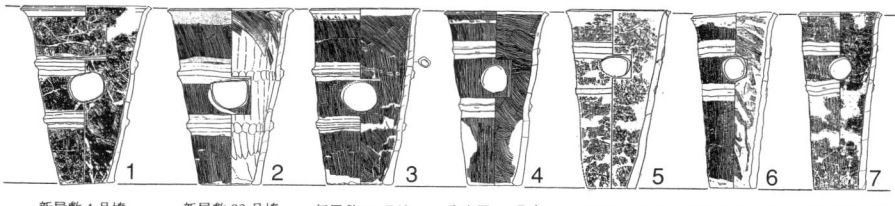

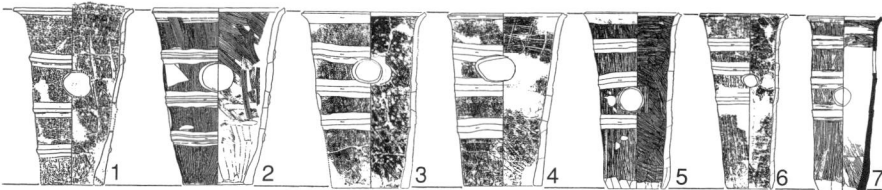

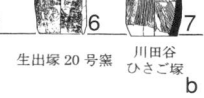

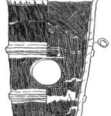

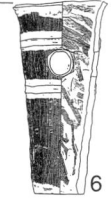

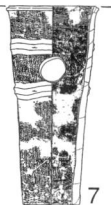

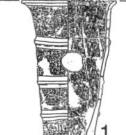

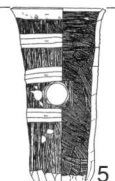

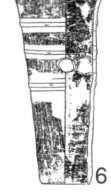

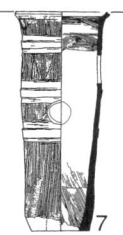

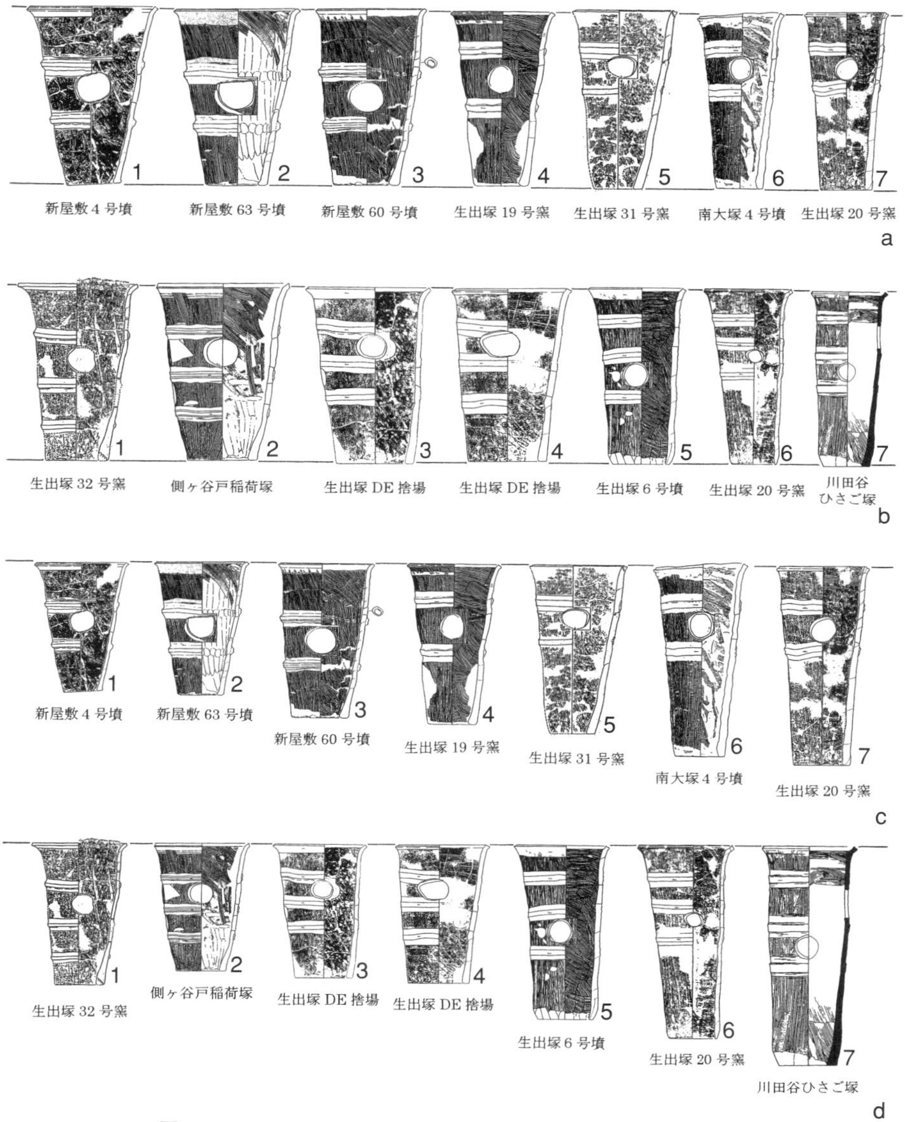

後期円筒埴輪の形態論

1 新屋敷4号墳 / 2 新屋敷63号墳 / 3 新屋敷60号墳 / 4 生出塚19号窯 / 5 生出塚31号窯 / 6 南大塚4号墳 / 7 生出塚20号窯
a

1 生出塚32号窯 / 2 側ヶ谷戸稲荷塚 / 3 生出塚DE捨場 / 4 生出塚DE捨場 / 5 生出塚6号墳 / 6 生出塚20号窯 / 7 川田谷ひさご塚
b

1 新屋敷4号墳 / 2 新屋敷63号墳 / 3 新屋敷60号墳 / 4 生出塚19号窯 / 5 生出塚31号窯 / 6 南大塚4号墳 / 7 生出塚20号窯
c

1 生出塚32号窯 / 2 側ヶ谷戸稲荷塚 / 3 生出塚DE捨場 / 4 生出塚DE捨場 / 5 生出塚6号墳 / 6 生出塚20号窯 / 7 川田谷ひさご塚
d

図7.11 最下段の拡張—北武蔵地域（生出塚窯産埴輪の場合）— [81]
a・c：2条突帯の円筒埴輪，b・d：3条突帯の円筒埴輪．
a・b：1～7はそれぞれ器高を統一している（縮尺不同）．c・d：1～7はそれぞれ口径を統一している（縮尺不同）．

上毛野地域や武蔵地域では，最下段の幅がしだいに長くなっていく現象が認められる[82]．これは2条3段構成の円筒埴輪でも，3条4段構成の円筒埴輪でも共通する現象である．これに対して，下総地域に分布するいわゆる「下総型」埴輪では，中間段（第2・3段目）の幅が拡大し，最下段幅が狭くなっていく現象が認められる[83]．その一方で，下毛野地域や常陸地域のように，上記のような突帯間隔の変化が比較的不明瞭な地域も存在する．

ここでは，北武蔵地域の生出塚埴輪窯（埼玉県鴻巣市）産の円筒埴輪を取り上げ，「最下段の伸長化」などと呼称される現象の背景について検討する．

生出塚埴輪窯で生産された円筒埴輪については，多数の窯跡調査成果に基づいた編年案が提示されており，「最下段の伸長化」という形態変化の方向性については，ほぼ一致した見解が提示されている[84]（図7.11）．しかしその一方で，なぜ，最下段幅の拡大という現象が引き起こされるか，という点については，ほとんど議論がなされていないのが現状である．

その議論に入る前に，先行研究の成果に従いながら，円筒埴輪の製作工程について若干の整理を行っておきたい．

まず，円筒埴輪の製作は，製作の途中で乾燥工程をはさみつつ「成形・整形・突帯貼付」という行為（動作）の束としての「小工程」を繰り返していく場合と，乾燥工程をはさまずに，一括して「成形・整形・突帯貼付」を行う場合がある[85]．ここでは，前者の製作工程を「小工程反復型」，後者を「小工程省略型」と呼称する．

「小工程省略型」に含まれる小型の円筒埴輪の場合には，底部から口縁部に至る成形を終えたのち，しかるべき順番で突帯が貼付されていたと思われる．突帯を貼付する位置や貼付間隔によって，各段の幅が決定されることになる．

これに対して，「小工程反復型」に含まれる，より大型の円筒埴輪の場合には，途中で乾燥工程を挟むことが不可欠なので，突帯貼付は，器体の成形と平行して，そのつど行われることになる．それゆえに，「小工程反復型」の円筒埴輪製作においては，突帯間隔を一定に保つための工夫としての「突帯間隔設定技法」[86]が必要とされることになる．

「小工程反復型」と「小工程省略型」では，突帯間隔設定および，その基礎となる割付原理がまったく異なっている．「小工程反復型」の場合，小工程ごとに，そのつど突帯間隔設定を行う必要があるが，「小工程省略型」の場合には，突帯

貼付時には底部から口縁までの成形が終了しているため，突帯間隔の設定行為は，「器面分割」という性格を帯びてくる．ここでは，「小工程反復型」に伴う割付原理を「各段割付」，「小工程省略型」に伴う割付原理を「通段割付」と呼称する．

「通段割付」の場合には，従来の突帯間隔設定技法を用いる必要がなくなり，突帯の貼付位置や貼付される突帯数についての「自由度」が増し，それに伴って，さまざまな突帯間隔の変異を生み出す契機となったと考えられる．

生出塚窯産の円筒埴輪のうち，中・小型品については，この「通段割付」によって突帯貼付位置が「決定」されていたと思われる．そこで，この「通段割付」の実態について，より具体的に議論するために，生出塚窯や周辺地域における円筒埴輪の形態変遷過程について再確認しておく．

まず，2条3段構成の円筒埴輪について検討する．

図7.11は，既存の編年観[87]に従って，同地域における2条突帯および3条突帯の円筒埴輪を配列している．a・cは2条突帯，b・dは3条突帯の円筒埴輪である．a・bは器高が一定になるように，また，c・dは口径が一定になるように縮尺を変更した図面で，後者は口縁部ラインを揃えるように配置してある．

aおよびbを見ると，器高を揃えることによって，円筒埴輪の「細身化」の進行過程が，より視覚的に表示されている．当該期の円筒埴輪が「細身化」していく現象は，北武蔵地域に限らず，広範に認められる現象である．

cでは，口径に対する第2段目および第3段目幅の比率がほぼ一定していることが示されている．これを見る限り，生出塚窯産の2条3段の円筒埴輪においては，口径を何らかの「基準」として，第2突帯と第1突帯の貼付位置が決定され，その結果として，第3段目（最上段）および第2段目の幅が決定されていたものと推測される[88]．dに示した3条4段の円筒埴輪でも同様である．

生出塚窯産の円筒埴輪の小型化は，底径の縮小化という形で徐々に進行していたと考えられる．底径の縮小化と連動して，口径の縮小化が進行する．その場合，口径を何らかの「基準」として，第3段目（最上段）および第2段目の幅が決定されていたとすれば，どうなるであろうか．底径の縮小化は口径の縮小化を招く．その結果として，口径を「基準」として決定されていた第3段目および第2段目の幅も縮小化し，さらにその結果として，第1段目（最下段）の幅が拡大することになるのである．

つまり，生出塚窯産の2条3段構成の円筒埴輪においては，第1段目（最下段）の幅は，器高全体から第2・3段目の幅を除いた「残余」として理解するべきものなのである．口径の縮小化に伴い，第2・3段目の幅が縮小化すれば，その「残余」としての第1段目幅が相対的に拡大していくことは自明である．

以上のように，生出塚窯産の2条3段構成の円筒埴輪に見られる最下段の「伸長化」現象は，①「通段割付」への移行，②口径を基準とした第3段目・第2段目幅の決定，③器体の「細身化」の進行，という諸事象が連動した帰結として理解するべきものである．あるいはそう理解するのが最も合理的である．最下段の「伸長化」が連続的に進行しているという一点が，その形態変遷のメカニズムを解明するうえで最大のポイントでありネックでもあったのであるが，それが，「連続的」に進行している「底径の縮小」に呼応する形で惹起されているとすれば，合理的に説明できるからである．

生出塚窯産の3条4段構成の円筒埴輪の場合も，第1段目（最下段）の幅が拡大していく現象は，同様な形態論的メカニズムとして理解することが可能である．

もちろん，上毛野地域における2条3段構成や3条4段構成の円筒埴輪にみられる最下段「伸長化」現象についても，同様に理解することができる．

最上段の「拡張」現象について──「残余」としての最上段──

下総地域における円筒埴輪の形態変遷については，轟俊二郎によって整理されている[89]．突帯がほぼ均等間隔に貼付されるような形態から，しだいに最下段幅が狭くなって，独特な「下総型」円筒埴輪の形態に至る形態変遷が想定されている．

轟は，千葉県野田市東深井7号墳の円筒埴輪を「下総型直前」に位置づけたが，その後，同我孫子市子の神7号墳で多数の円筒埴輪が検出され，東深井7号墳よりもさらに，「下総型」に近い形態として位置づけられている[90]．

子の神7号墳出土例の大きな特徴は，第1〜3突帯がかなり下寄りの位置に貼付されている点である．その結果，第1〜3段に比べて，第4段（＝最上段）がかなり幅広になっている（図7.12-a4, b4）．これは，最上段の「伸長化」とでも呼ぶべき現象で，前項で検討した生出塚窯産埴輪などに認められた最下段の「伸長化」とは全く逆の現象とみなすべきである．最上段の「伸長化」という現象の

後期円筒埴輪の形態論

背景については次のように考えている．

すなわち，子の神7号墳や東深井7号墳も含めて，いわゆる「下総系」の円筒埴輪[91]においては，ある段階以降，底径をある種の「基準」として最下段幅が決定され，それとほぼ同じ幅として，第2段目および第3段目の幅が決定されていたと想定できる．その一方で，「下総系」円筒埴輪においては，底径の縮小化が連続的に進行している．底径の縮小化の結果として，底径をある種の「基準」として決定されている第1段目の幅も縮小化し，ほぼ同一幅で設定されていた第2段目・第3段目の幅も縮小化する．さらにその結果として，「残余」としての第4段目（最上段）の幅が拡大することになる．このような形態論的メカニズムの下で，最上段の「拡張」現象が引き起こされたとすれば，「下総系」から「下総型」に至る全体の流れをきわめて合理的に説明することができる．

先に述べたように，「通段割付」が行われるようになると，突帯の貼付位置や貼付方法についての「自由度」が増大することになる．その際に，生出塚窯産円筒埴輪においては，口径を「基準」として——すなわち「上から」各段の幅が決

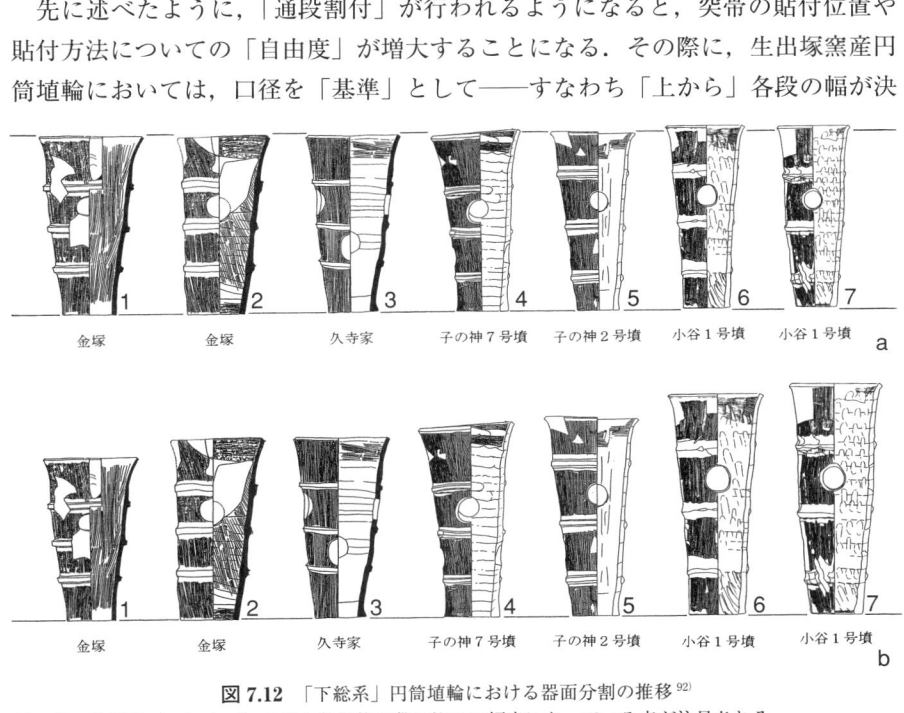

図7.12 「下総系」円筒埴輪における器面分割の推移[92]
子の神7号墳例（a-4，b-4）の最上段が他の段に比べて幅広になっている点が注目される．
a：1〜7はそれぞれ器高を統一している（縮尺不同）．b：1〜7はそれぞれ口径を統一している（縮尺不同）．

定されていたのに対して，「下総系」円筒埴輪においては，底径を「基準」として──すなわち「下から」各段の幅が決定されていたものと推測される．同じ「通段割付」であっても，一方では「上から」，他方では「下から」，各段の幅が決定されていたわけである．ここでは前者を「上からの通段割付」，後者を「下からの通段割付」と呼称しておく．

　生出塚窯産の円筒埴輪においては，「上から」各段の幅が設定されていたため，底径の縮小化の進行とともに，突帯の貼付位置が上位に移行し，結果的に最上段および中間段以外の「残余」としての最下段幅が増大することになったと考えられる．

　一方，「下総系」の円筒埴輪においては，「下から」各段の幅が設定されていたため，底径の縮小化の進行とともに，突帯の貼付位置が下位に移行し，結果的に最下段および中間段以外の「残余」としての最上段幅が増大することになったと考えられる[93]．

　なお，最上段が他の段と比べて幅広である円筒埴輪は，下総地域以外でも分布している（図7.13）．たとえば，埼玉県新屋敷60号墳では，ほぼ均等間隔に突帯を貼付している円筒埴輪に混じって，他の段に比べて最上段幅が広い円筒埴輪が散見される．最上段幅が広い円筒埴輪は，底径がほぼ同じであっても，他よりも器高が高い個体が多いようである．つまり，器高が他の個体よりも高い分だけ，「残余」としての最上段幅もより広くなったと考えられ，器高の大きい円筒埴輪の最上段幅が広いという現象は決して偶然ではないと考える．同古墳の円筒埴輪には，ほぼ均等間隔に突帯を貼付した円筒埴輪が多数を占めるが，最上段幅の広い個体が「下からの通段割付」によって製作されていたとすれば，他の個体についても，「下からの通段割付」が行われていた可能性が高いと考えるべきであろう．

　「通段割付」の円筒埴輪において，均等間隔に突帯を貼付する個体だけを見ていると，〈「下から」設定する方式〉であるのか，〈「上から」設定する方式〉であるのか，判断しにくい場合も少なくないはずであるが，上述のような分析により，「通段割付」の方式を推定する手がかりが得られるはずである．

　このほか，群馬県白藤P-1号墳や，同Ⅴ-2号墳，同Ⅴ-4号墳，群馬県少林山台21号墳，群馬県高崎市情報団地5号墳などでも，他段と比べて最上段幅が広い円筒埴輪が出土している．なお，興味深いことに，これらの地域では，後期中

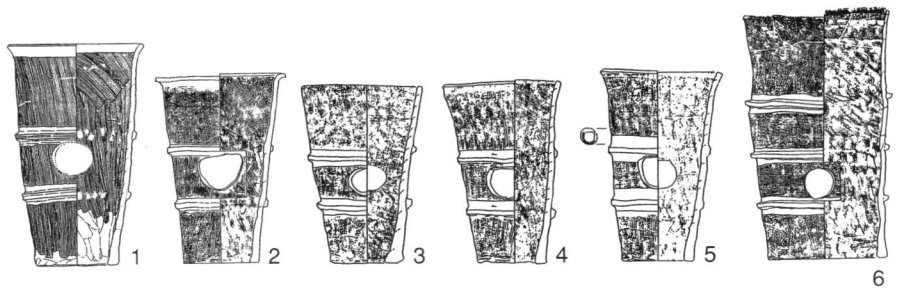

図 7.13 「残余」としての最上段が「拡張」した円筒埴輪の諸例（縮尺 1：20）
1：新屋敷 60 号墳[94]，2：高崎情報団地 5 号墳[95]，3：白藤 P-1 号墳[96]，4：白藤 V-2 号墳[97]，5：白藤 V-4 号墳[98]，6：少林山台 21 号墳[99]．

葉以降になると，最下段が「伸長化」した円筒埴輪が認められており，どこかの段階で，「下からの通段割付」から，「上からの通段割付」に転換したことが推測される．そのような転換がなされた背景については，今後さらに検討する必要があろう．

　本節では，「通段割付」の円筒埴輪に関して，突帯間隔を〈「下から」設定する方式〉と〈「上から」設定する方式〉の 2 種類がある可能性を指摘した．前者では，底径の縮小に伴い，突帯貼付位置が下位に偏ることになり，その結果，「残余」としての最上段が拡張する．これに対して，後者では，底径・口径の縮小に伴い，突帯貼付位置が上位に偏ることになり，その結果，「残余」としての最下段が拡張する．

　古墳時代後期には，口径・底径に比して器高の大きい，いわゆる「細身」の円筒埴輪が多くなる．中期の埴輪に，いわゆる「寸胴」の埴輪が散見されたのとは対照的である．これは，円筒埴輪本来の形態比率への回帰現象にほかならないと考えられるが，これが逆に，上記のような「通段割付」による突帯貼付位置の多様性を生み出す契機となっていくことは非常に興味深い現象である．

結語にかえて

　本章では，円筒埴輪の「形態」に関するいくつかの論点を提示してきた．
　その結果，円筒埴輪はその「シンプル」な形態にもかかわらず，法量の変更あるいは段構成の変更，透孔穿孔方式の変更など，存外に複雑な形態変化を辿っていることが明らかになったと思う．

円筒埴輪の細部の形状，あるいはそれを実現する製作技術は逐次変化しているとはいえ，円筒埴輪としての基本形態は遵守されている．つまり，「形態」という準位においてみる限り，「円筒埴輪」は，最後まで「円筒埴輪」であり続けた，ということになる．それ自体，非常に興味深い「事実」であり，その「背景」についても，さらに考察を深めていく必要があろう．

　冒頭に述べたように，円筒埴輪に関する形態論的な検討作業は，いまなお不十分であり，今後に委ねられている部分が多い．そもそも円筒埴輪の法量分化や形態変異について議論するためには，法量分化の「頂点」，情報発信の「基点」として，王陵級の大型古墳に樹立された円筒埴輪の検討作業が不可欠なのであるが，いまだ情報不足は否めず，今後の課題として残されている．

　「形態」はつねに「技術」によって実現される．すなわち，「技術」が見すえているのは常に「形態」なのである．埴輪製作に関わる要素「技術」の個別的検討作業が不可欠であることは強調するまでもないが，上記の点を銘記しておかないと，埴輪の「形態」分析の重要性が看過され，分析手順としては本末転倒になりかねないことを最後に付言しておきたい．

注・文献

1) 川西宏幸：円筒埴輪総論．考古学雑誌（日本考古学会），**64**(2), 1-70；**64**(4), 90-105, 1978・1979.
2) a. 犬木　努：円筒埴輪という装置―形態論・機能論からの検討―．東アジアと日本の考古学Ⅱ 墓制②, 53-80, 同成社, 2002.
　b. 犬木　努：円筒埴輪の論理．埴輪の構造と機能, 82-93, 東北・関東前方後円墳研究会, 2007.
　c. 犬木　努：形象埴輪「列状配置」の本義―「今城塚」から東国の埴輪を考える―．志学台考古, 7号, 1-21, 大阪大谷大学文化財学科, 2007.
3) 辻川哲朗：円筒埴輪の突帯設定技法の復元―埴輪受容形態検討の基礎作業として―．1-15, 埴輪論叢, 1号, 埴輪検討会, 1999.
4) 藤井幸司：円筒埴輪製作技術の復原的研究―窖窯焼成導入以降を中心に―．埴輪―円筒埴輪製作技法の観察・認識・分析―, 31-62, 埋蔵文化財研究会, 2003.
5) 本章と同様な視点から，人物埴輪の「形態」について検討したことがある．
　犬木　努：茨城県猿島郡境町百戸出土人物埴輪の再検討―下総型人物埴輪の形態変化とその特質―．*MUSEUM*, No.546, 47-71, 東京国立博物館, 1997.
6) 有段口縁部と脚台部をのぞいた「円筒部」に6条の突帯が貼付され，7段構成をなしている．特殊器台の名称については，下記論文に準拠する．近藤義郎・春成秀爾：埴輪の起源．考古学研究（考古学研究会），**13**(3), 13-35, 1967.
7) 本章では，特殊器台および円筒埴輪の各部について図7.1のように呼称する．なお，最上段を「口縁部」，最下段を「底部」，「基底部」などと呼称する場合もあるが，「口縁部」や「底部」などと

注・文献

いう呼称は，器体の各部を「体節」に見立てて分節化した，段構成とは別の準位の部位名称にほかならず，「紋様帯」に対応する名称としては適切ではないと考えるので，ここでは使用しない．

8) 高橋　護：宮山墳墓群出土の土器．土師式土器集成本編2，120・PL78，東京堂，1972．
9) 近藤喬一・都出比呂志：京都向日丘陵の前期古墳群の調査．史林（史学研究会），**54**(6)，116-139，1971．
10) 伊達宗泰ほか：メスリ山古墳．奈良県史跡名勝天然記念物調査報告書第35冊，奈良県立橿原考古学研究所，1977．
11) 本章では，透孔を穿孔する「段」を「有孔段」，穿孔しない段を「無孔段」と呼称する．「有孔段」「無孔段」については後述する．
12) 本章では，隣接する「有孔段」の透孔が，それぞれ90°異なる方向に穿孔されている場合，両段の透孔の位置関係を「交差配置」と呼称する．透孔「交差配置」については後述する．
13) 高畑知功：備中地域．弥生土器の様式と編年—山陽・山陰編—，79-153，木耳社，1992．
14) 前掲文献13）．
15) 伊藤　実：備後地域．弥生土器の様式と編年—山陽・山陰編—，155-238，木耳社，1992．
16) 近藤義郎：楯築弥生墳丘墓の研究．楯築刊行会，1992．
17) 山磨康平ほか：中山遺跡．落合町教育委員会，1978．
18) 広島県教育委員会：松ヶ迫遺跡群発掘調査報告．1981．
19) 前掲文献8）．
20) 中井一夫・豊岡卓之ほか：附篇1　弁天塚古墳．中山大塚古墳，奈良県立橿原考古学研究所調査報告第82冊，奈良県立橿原考古学研究所，179-222，1996．
21) 高井健司・古市秀治・安川　満：集成7　特殊器台埴輪・特殊壺形埴輪．吉備の考古学的研究（下），487-496，山陽新聞社，1992．
22) 前掲文献9）．
23) 前掲文献6）．
24) 宇垣匡雅：特殊器台形土器・特殊壺形土器に関する型式学的研究．考古学研究（考古学研究会），**27**(4)，55-72，1981．
25) 古市秀治：特殊器台形埴輪の研究．考古学研究（考古学研究会），**43**(1)，55-76，1996．
26) 前掲文献13），15）．
27) a. 狐塚省三：吉備型器台論（上）．異貌，4号，2-16，共同体研究会，1976．
    b. 狐塚省三：吉備型器台論（下）．異貌，5号，29-43，共同体研究会，1976．
    c. 前掲文献24）．
28) 前掲文献17）．
29) 前掲文献18）．
30) 前掲文献8）．
31) 近藤義郎ほか：権現山51号墳．権現山51号墳刊行会，1991．
32) 前掲文献24）．
33) a. 前掲文献1）．
    b. 赤塚次郎：円筒埴輪製作覚書．古代学研究，90号，15-25，古代学研究会，1979．
    c. 関川尚功：大和における大型古墳の変遷．考古学論攷，11号，奈良県立橿原考古学研究所，1985．
34) 白石太一郎・春成秀爾・杉山晋作・奥田　尚：箸墓古墳の再検討．国立歴史民俗博物館研究報告第3集，41-80，国立歴史民俗博物館，1984．

35) 前掲文献9).
36) 廣瀬　覚：寺戸大塚古墳出土の埴輪をめぐって．向日市埋蔵文化財調査報告書第49集，157-170，向日市埋蔵文化財センター，1999．
37) 坂　靖：奈良県の円筒埴輪．橿原考古学研究所論集第11，329-367，吉川弘文館，1994．
38) a. 若杉智宏：将軍山古墳出土円筒埴輪の系譜と位置づけ．将軍山古墳群Ⅰ—考古学資料調査報告集1—，新修茨木市史史料集8，30-39，茨木市史編さん室，2005．
　　b. 廣瀬　覚：壺形埴輪の大型化とその背景—将軍山古墳出土壺形埴輪の検討から—．将軍山古墳群Ⅰ—考古学資料調査報告集1—，新修茨木市史史料集8，39-50，茨木市史編さん室，2005．
39) 前掲文献10).
40) 廣瀬　覚：摂津猪名川流域における前期古墳の埴輪とその系譜．古代文化（古代学協会），**55**(9)，1-26，2003．
41) 本章では，線刻紋様消失後の「紋様帯」に対して，透孔の有無に応じて「有孔帯」，「無孔帯」と呼称する場合がある．
42) 前掲文献2)aにおいて，「基本形態」「縮小形態」「相似法」「減数法」などの用語を用いているが，必要最小限の説明しか行っていないのは，先に刊行されるはずであった本章の内容を前提として執筆したことによる．本章と併読されたい．
43) a. 青木勘時：大和東南部の前期古墳について—天理市東殿塚古墳の調査成果を中心に—．古代，105号，115-128，早稲田大学考古学会，1998．
　　b. 松本洋明ほか：西殿塚古墳 東殿塚古墳．天理市埋蔵文化財調査報告第7集，天理市教育委員会，2000．
44) 前掲文献43) b.
45) 前掲文献10).
46) メスリ山古墳の円筒埴輪については，前掲文献2)aにおいて簡潔に触れているので参照されたい．
47) 前掲文献10).
48) a. 置田雅昭：初期の朝顔形埴輪．考古学雑誌（日本考古学会），**63**(3)，37-58，1977．
　　b. 天理大学附属天理参考館：布留遺跡出土の埴輪．資料案内シリーズ23，1989．
49) 前掲文献40).
50) 前掲文献40).
51) 前掲文献40).
52) 前掲文献48) a.
53) 岩崎卓也ほか：史跡 森将軍塚古墳．更埴市教育委員会，1992．
54) 巾　隆之ほか：下郷—関越自動車道（新潟線），地域埋蔵文化財発掘調査報告書第1集—，群馬県教育委員会，1980．
55) 前掲文献40).
56) 前掲文献40).
57) 前掲文献40).
58) 前掲文献40).
59) 前掲文献53).
60) 前掲文献54).
61) 高橋克壽：埴輪生産の展開．考古学研究（考古学研究会），**41**(2)，27-48，1994．
62) 都出比呂志：円筒埴輪の編年論の位置づけ．近藤喬一・都出比呂志，京都向日丘陵の前期古墳群の調査，史林（史学研究会），**54**(6)，130-131，1971．

注・文献

63) 前掲文献43) b.
64) 前掲文献43) b.
65) a. 天野末喜：津堂城山古墳．新版・古市古墳群，藤井寺市の遺跡ガイドブック No. 6，36-43，藤井寺市教育委員会，1993．
b. 高橋克壽：埴輪からみた津堂城山古墳．津堂城山古墳，藤井寺市の遺跡ガイドブック No. 12，45-68，藤井寺市教育委員会，2002．
66) 宮内庁書陵部：出土品展示目録 埴輪Ⅰ．学生社，1989．
67) 将軍山古墳，前掲文献38) b.
瓦谷1号墳，石井清司ほか：京都府遺跡調査報告書第23冊 瓦谷古墳群．京都府埋蔵文化財調査研究センター，1997．
堂山古墳，原秀三郎：遠江堂山古墳．磐田市教育委員会，1995．
68) 前掲文献2) b.
69) 永井智教：口縁部に小穿孔をもつ円筒埴輪―関東地方の事例を中心として―．土曜考古，22号，1-13，土曜考古学研究会，1998．
70) 大谷 徹ほか：新屋敷遺跡D区．埼玉県埋蔵文化財調査事業団報告書第194集，埼玉県埋蔵文化財調査事業団，1998．
71) 長井正欣ほか：高崎情報団地遺跡発掘調査報告書．高崎市遺跡調査会文化財調査報告第55集，山武考古学研究所，1997．
72) 小島純一：白藤古墳群．粕川村文化財報告第10集，群馬県勢多郡粕川村教育委員会，1989．
73) 飯塚 誠ほか：少林山台遺跡．群馬県埋蔵文化財調査事業団報告書第153集，群馬県埋蔵文化財調査事業団，1993．
74) 前掲文献71)．
75) 前掲文献70)．
76) 前掲文献72)．
77) 前掲文献73)．
78) 前掲文献1)．
79) 石野博信ほか：古墳時代の研究9．雄山閣出版，1992．
80) 山崎 武：生産と流通．考古資料大観4 弥生・古墳時代 埴輪，231-240，小学館，2004．
81) 新屋敷4号墳・60号墳・63号墳，前掲文献70)．
生出塚19号窯・20号窯・DE捨場，山崎 武：鴻巣市遺跡群Ⅲ 生出塚遺跡（D・E地点）―遺構・遺物編―．鴻巣市教育委員会，1987．
生出塚31号窯，山崎 武ほか：生出塚遺跡（P地点）．鴻巣市遺跡調査会報告書第9集，鴻巣市遺跡調査会，1999．
生出塚32号窯，山崎 武：鴻巣市遺跡群12 生出塚遺跡（W地点）．鴻巣市文化財調査報告第13集，鴻巣市教育委員会，2006．
生出塚6号墳，山崎 武：鴻巣市遺跡群Ⅱ 生出塚遺跡（A地点）．鴻巣市文化財調査報告書第2集，鴻巣市教育委員会，1987．
南大塚4号墳，小泉 功ほか：南大塚古墳群．川越市遺跡調査会，1988．
側ヶ谷戸稲荷塚古墳，笹森紀己子ほか：稲荷塚古墳周溝確認調査報告．大宮市文化財調査報告第23集，大宮市教育委員会，1987．
川田谷ひさご塚古墳，塩野 博：川田谷ひさご塚古墳．桶川町文化財調査報告Ⅱ，1-24，桶川町教育委員会，1969．

82) a. 若松良一：諏訪山33号墳の研究．私家版，1987．
   b. 山崎　武：鴻巣市遺跡群Ⅲ 生出塚遺跡（D・E地点）―本文・写真図版編―．鴻巣市文化財調査報告第3集，鴻巣市教育委員会，1994．
   c. 山崎　武：埼玉県の円筒埴輪の編年について．埴輪研究会誌，4号，109-120，埴輪研究会，2000．
   d. 島田孝雄：群馬県東部の円筒埴輪について．埴輪研究会誌，5号，33-49，埴輪研究会，2001．
83) a. 轟俊二郎：下総型円筒埴輪論．埴輪研究第一冊，1-108，私家版，1973．
   b. 犬木　努：下総型埴輪基礎考―埴輪同工品論序説―．埴輪研究会誌，1号，1-36，埴輪研究会，1995．
   c. 犬木　努：埴輪同工品論の現在．季刊考古学，79号，32-36，雄山閣出版，2002．
   d. 犬木　努：下総型埴輪再論―同工品識別の先にあるもの―．埴輪研究会誌，9号，1-22，埴輪研究会，2005．
   e. 犬木　努：円筒埴輪列における「同工品類型」―下総型埴輪を例として―．志学台考古，5号，1-22，大谷女子大学文化財学科，2005．
84) 前掲文献82) b，c．
85) 赤塚次郎：円筒埴輪製作覚書．古代学研究，90号，15-25，古代学研究会，1979．
86) 前掲文献3)．
87) 前掲文献82) c．
88) もちろん，このように「決定」（＝計画・想定）された位置に突帯が貼付されるとは限らなかったであろうことは，当該時期の円筒埴輪の突帯が水平に貼付されずにゆるやかに蛇行していたり，突帯間隔が一定でなかったりする事例が少なくないことからも容易に推測できる．
89) 前掲文献83) a．
90) a. 石田守一：子の神7号墳発掘調査略報，我孫子市教育委員会，1979．
   b. 石田守一：古墳時代の我孫子．我孫子市史 原始・古代・中世篇，193-260，我孫子市教育委員会，2005．
91) 前掲文献83) a．
92) 金塚古墳・久寺家古墳，轟俊二郎：埴輪研究第1冊．私家版，1973．
   子の神2号墳，前掲文献90) b．
   子の神7号墳，前掲文献90) a，b．
   小谷1号墳，高橋康男：市原市小谷1号墳．市原市文化財センター調査報告書第45集，1992．
93) ただし，生出塚窯産円筒埴輪では，突帯貼付位置の上位移行および最下段の拡張が最終段階まで継続するのに対して，下総地域では，突帯貼付位置の下位移行および最上段の拡張が継続されることはない．下総型埴輪の段階になると，最下段の縮小化が進行する一方で，中間段の拡張化も行われ，最上段の拡張が停止するからである．下総型円筒埴輪の形態変化については，あらためて別稿で検討したい．
94) 前掲文献70)．
95) 前掲文献71)．
96) 前掲文献72)．
97) 前掲文献72)．
98) 前掲文献72)．
99) 前掲文献73)．

第8章

中 世 の 夾 纈
―鎌倉若宮大路発見の「染型板」が語るもの―

小 笠 原 小 枝

　染織史を解く鍵はさまざまである．一片の織物の発見，一片の染物の発見が新しい技法の解明に繋がることもある．しかしそれは所詮できあがった物に対する技法の解明であって，どのような道具を使ってどのようにして作製されたかという問題には触れられない．確かに現存資料を歴史的に並べ，その文様や様式の変遷を跡づけていくことは大切な作業である．しかし一方，工芸史は技術史であるとも指摘されるように，各時代にどのような技術が芽生え，あるいは存在し，どのようなものが作られたか，あるいは作られる可能性があったかということはきわめて大きな問題である．ところがその技術に関しては，できあがった作品を観察し，そこから経錦や羅といった織物の状態を指摘することはできても，それがどのような機(はた)を使い，当時どのように織られていたかについては，未だに解明されていないのが実情である．もちろん復元技術，このようにすれば織れるという研究は多々ある．現代における経錦の復元，羅の復元などもその一つである．しかしそれは所詮，今日的な視点での技術の復元であって，今この技法でできたからといって，古代も同じ技法が用いられたと考えることはきわめて危険であろう．ただ，少なくとも織物に関しては（ここでいう織物は布帛に後から染加工を施した染物に対して，糸の段階で染めた色糸を機にかけて文様を織り表したものをさしているのであるが），織りあがった布帛の断片からでも，経糸緯糸の浮き沈みや重なりを観察してその技術を解明することができる．ところが，染物つまり染文様の技法となると，遺品が残っていても，観察だけでその技法を読み解くことは大変難しい．たとえば奈良時代の正倉院に伝来している「﨟纈(ろうけち)」．これは型を使って蠟をおいたと考えられているものが多数あるが，その型が木型であったのか銅型であったのかという問題すらいまだに判然としていない．

　つまり染織の技術を解明する道具類が歴史的にほとんど残ってきていないので

ある．もちろん考古学における学術調査によって多数の紡錘車や機の一部などは発見されてはいる．ところがこと染に関しては皆無といってよいほど，具体的にどのような道具を用いて，どのような手段で染められたかについては不明のままである．

　一般に道具類は，ある期間使われ，その使命を果すと用済みとなり捨て去られる運命にある．染色の道具類，とりわけ文様を染め表す手段として作られた道具もまた用をなさなくなるまで使いこまれるか，その文様が流行遅れとなれば処分されたであろうことは想像に難くない．とくに専門的な工房であればあるだけ，新しい技術が芽生えれば新進のものに転換され，古い道具や技術が捨て去られる．さらに，その道具そのものの材質にも古いものが残らない大きな要因がある．その素材が木製であれば，薪として燃やされることもあったであろうし，たとえ燃やされなくても永年のうちに腐蝕し朽ちてしまうこともあったであろう．手工芸における染色の染め型として，今日実際に使われている素材を見ても，インドネシア・ジャワ島のジャワ更紗に見られる銅型はむしろ特殊なケースで，インドや西アジアの木型や，日本の紙型のように，焼失するか，朽ちてしまう素材が圧倒的に多い．このことが歴史的な道具，引いては染色の技術そのものの解明を難しくしている一因となっている．

　また幸いに考古学の発掘調査によって染の木型の一部が発見されたとしても，それが染の型であることに気づいてもらえなければ，そのまま用途不明品として処理され，眠ってしまうケースも多々ある．

　2003年新考古学発見の遺物展に出展されて全国行脚し，現在では鎌倉市の文化財に指定されている鎌倉若宮大路発見の「染型板」（そめかたいた）（図8.1）も，場合によっては用途不明品として処理されてしまっていたかもしれない木片品の一つであった．それがこのような形で保存されるに至ったのは，この型板の保存処理を委ねられていた鶴見大学文化財学科の諸先生方のご尽力によるところが大きい．少なくともこの型板が染色にかかわるものではないかという疑問をもたれ，染織史に携わる人間の意見を求められたことが，この「染型板」発見に繋がったのである．その調査にかかわったものの1人として，この「染型板」をここにとりあげ，この型板の存在が意味するものをあらためて問いかけたいと思う．以下に「染型板」をめぐって他の染型板との比較，またこの「染型板」が中世染色史に投げかける意味について考えてみたい．それに先立ちまずこの型板の出土地・形

8 中世の夾纈

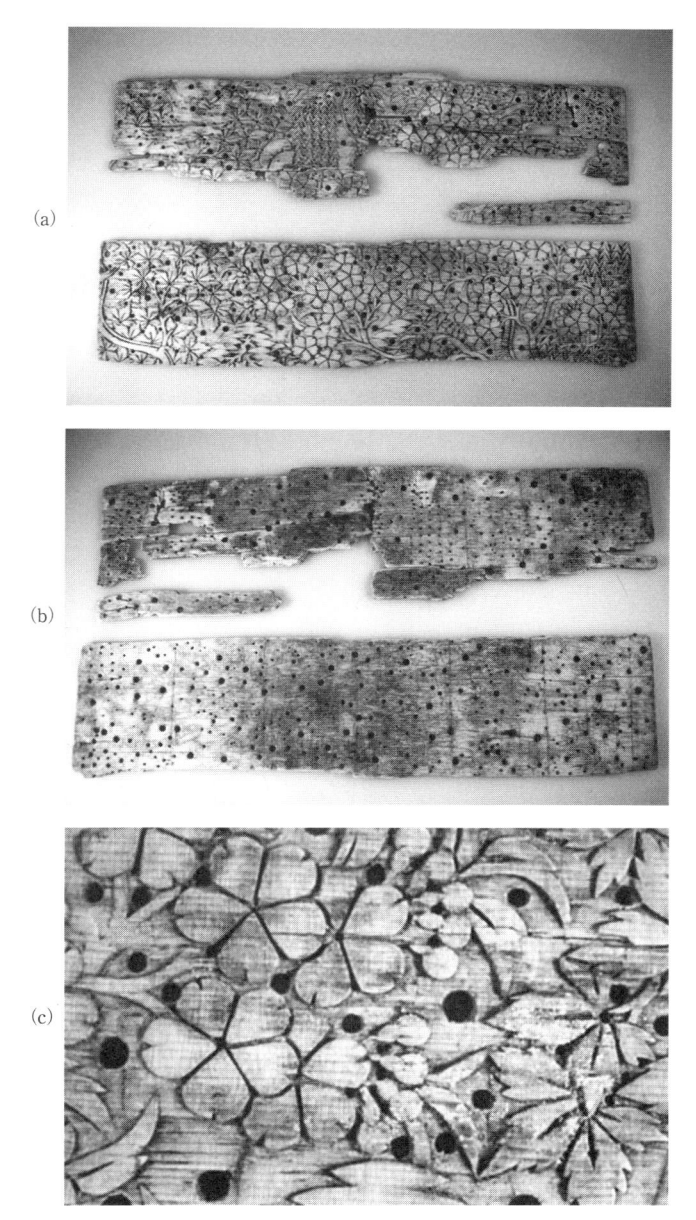

図 8.1 (a) 夾纈染型板，(b) 2型の外側，(c) 部分

状・文様についての概略を記すことから始めよう．

「染型板」の出土地・形状・文様

　この染型板は若宮大路周辺遺跡群，方形竪穴建築址1遺構の床下にあった埋甕内から発見されている．河野眞知郎氏（鶴見大学文化財学科教授）の報告によると遺跡の時代は12世紀末から15世紀，遺構「竪穴1」の年代は甕の形式から14世紀中頃，その上にあった覆土の上部から発見されたかわらけは15世紀前葉[1]とされるが，甕の底に放置されていた染型板の年代の特定には至っていない．

　この型板は図8.1のように大2片小1片があり，大2片には文様に重複する部分があることから，元来は同じ文様を彫った別個の型板であったと考えられる．型板の作図（図8.2（a）と（b）），重複部分を重ねた作図（図8.2（c））[2]によって，ほぼこの型板の完全に近い大きさと文様を知ることができる．これによると型板の幅は44.9cmでほぼ完全，縦は文様の下方が欠損していることから，現存する18.8cmにいくらかプラスされた丈があったと考えられる．

　型板は檜材を用いた一枚板の片面に文様を彫りこんだもので，板の厚さは約0.7cm，彫りの深さは0.2cm．板の厚みも彫りの深さも，染型板として非常に薄く彫りも浅く繊細なものであることが際立っている．

　文様は左に楓，右に桜，中央下方に松，上部に柳，そして中央左柳の葉の下に蹴鞠，まさに「蹴鞠文様」である．蹴鞠の4本柱である桜・楓・松・柳それぞれの表現を見ると，爛漫と咲き誇る桜花はどれも5枚の花びらを正面からとらえた表現で，それに横向きの蕾が添えられている．こうした桜花の正面性は鎌倉時代の作例として知られる重要文化財「州浜桜樹双鶴鏡」（奈良・西大寺）の桜花に共通し，さらにそれを装飾的に表現しているようにもみえる．またとげとげしいくせのある形をした柳の葉は，やはり鎌倉時代の作例として著名な重要文化財「長生殿蒔絵手箱」（東京・大倉集古館）に同じ形が認められる．

　しかし，このように桜や柳・楓などを取り合わせて濃密に表現した装飾的手法は鎌倉時代の他の工芸意匠に見られないという指摘もあった．確かに工芸意匠としての作例は残っていない．しかしこれと同じ装飾的な表現を『住吉物語絵巻』の桜や柳に見出すことができる（図8.3）．この絵巻は詞書の書体と絵画の様式から鎌倉時代後期（13世紀後半）の作とされているものである[3]．都で描かれた絵画様式が，すぐに鎌倉の染型板の文様に反映していることも，この蹴鞠という

「染型板」の出土地・形状・文様　　191

(a)

(b)

(c)

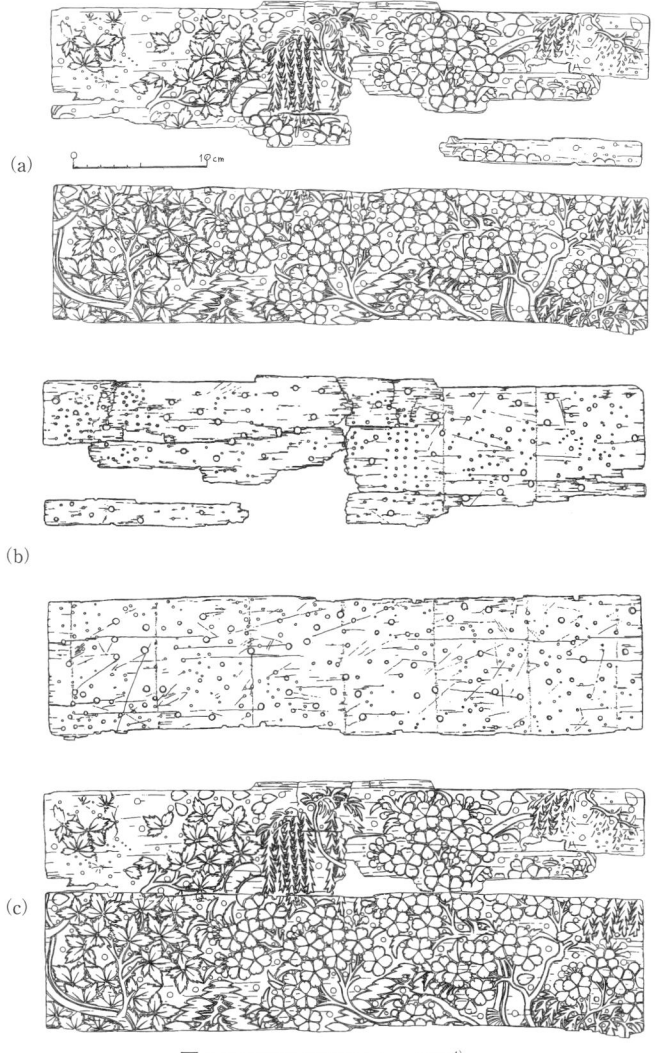

図 8.2 夾纈染型板のトレース図[4]
(a) 夾纈染型板，型板文様面のトレース図（福田誠〔鶴見大学〕作図）．(b) 2型の外側，型板裏面のトレース図（福田誠・神山晶子〔鶴見大学〕作図）．(c) 型板 A＋B（同一文様部分を重ねたもの）．鞠・柳枝下端・桜花弁が一致し，同一文様の型板が2枚以上あったとわかる．1枚の型板の大きさは，幅 44.9 cm，天地 18.8 cm 以上となる．

図 8.3 『住吉物語絵巻』

テーマとともに興味深い．

　さて以上のような文様が浮彫りされただけの型板であるなら，それは装飾的な掛物，あるいは摺型といったことも考えられる．しかしこれが「染」に使われた道具であるという証は，文様の浮彫り部を除いた他の部分に無数に穿たれた穴の存在である（図 8.1（b））．これほど多数に穿たれているにもかかわらず文様を損なうような穴は一つとしてなく，文様に重なるとすれば桜花の芯に穿つような細心の注意が払われている．この穴が何を示すかといえば，染料を透すためである．つまりこうした文様を凸彫りした型板 2 枚の間に布帛を挟み，圧力を加えて染料に浸ける．凸面に挟みこまれた部分は防染され，他の部分には染料が浸透して地が染まり，文様部分は白く染め残る．これが染型板による文様染の簡単な原理である．したがって型板に残っている大小無数の穴こそが，型板が染色に用いられたことを示す証なのである．また，この型板の外側（図 8.1（b），図 8.2（b））には均等な間隔の縦状の筋の跡が残っており，この筋が布帛を挟んだときに型板をなんらかの方法で締めつけた際につけられた痕跡ではないかと考えられ

る．

染色史における「型」

　ここで歴史的に染の「型」にはどのような素材のものが用いられ，どのように使われてきたか，数少ない型染の道具を一瞥してみる．

　一般に，最も古い染の文様表現に用いられたのではないかとされるものに，インド・モヘンジョダロ出土のテラコッタ製の型がある．文様が凸彫りされたそれらの型は印捺するのに手ごろな大きさではあるが，いろいろな用途が想定でき，染色に用いたという確たる証拠はない．

　次に古いものでは，中国の南越王墓から出土した西漢時代の青銅印花凸版[5]があげられる．銅製のこの型が染色文様に関連づけられたのは，その型の意匠が，長紗馬王堆西漢墓出土の「印花彩帛」の文様に酷似していたことによる．

　ギメー博物館に収蔵されている敦煌将来ペリオコレクションの中にはカルトン（厚紙）に文様を透かし彫りしたものがあり，これも染料を刷り込む方法で文様を表現できそうなものである．しかし，これにも使用の形跡がなく，染色目的のみとは限定できない．

　では日本に残っている「型」はどうであろうか．染の木型として最古のものに富山県北高木遺跡出土・平安時代の木製摺型（富山県埋蔵文化財センター）が報告されている[6]．鎌倉～室町時代のものでは法隆寺伝来・蛮絵の木製摺型がある

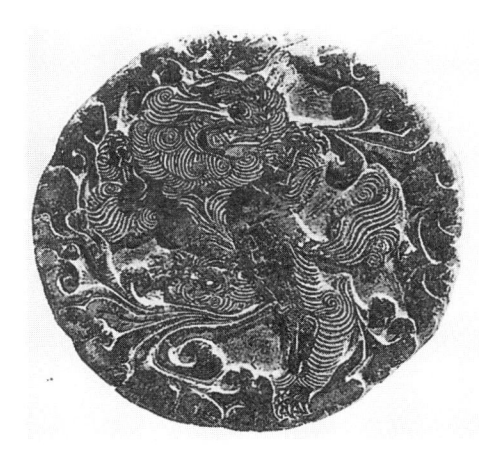

図 8.4　蛮絵型

図 8.5 蛮絵袍

（図 8.4）．この型は幸い東寺伝来の舞楽装束にある蛮絵の袍の文様（図 8.5）に近いものである．型の道具と，実際に文様を摺りだした染織品が残るきわめてまれな例である．

　以上のように，歴史的に点在する染に関係のありそうな「型」を拾ってみるとテラコッタや銅・木・紙などさまざまな素材がある．共通しているのは，それらの型のほとんどがもっぱら顔料あるいは染料を印捺するか摺り込むために用いられたと思われる道具である．

　これらに対してここにとりあげた染型板は，防染文様染に用いられる型という点で際立っている．

　防染文様染とは「防染」，つまり布帛に染料が浸透しない場所をつくり，防染された部分を染め残すことによって文様を表現する技法をいう．この防染文様染の最も顕著な例が奈良時代の文様染として知られる「纐」「夾纈」「﨟纈（ゆはた）」である．纐は布帛の部分を糸で括って防染する今日の絞り，夾纈は文様を凸彫した2枚の型の間に帛を挟み，凸と凸に当たる部分が防染の働きをするもので後世の板締，「括る」と「挟む」の違いはあるものの，いずれも布帛の部分に圧力を加えて防染する技法である．一方，﨟纈は布帛のある部分を蝋で「覆う」ことによって防染するもので，日本では中世から蝋に変わって「糊」が用いられるようになるが，「覆う」という防染原理は同じといえる．では，なぜ布帛に文様を表現するためにこのような防染〈resist〉技法が必要とされたかというと，文様をしっかりと美しく染め上げるには一般的に染料に浸ける，つまり浸染を建前としたた

めである．こうした防染技法が，日本では近世半ばになって友禅のような染色が発達するまで文様染の主流であったと考えられる．

さて出土の染型板は，挟んで防染する「夾纈」に当たるものであるが，奈良時代の「夾纈」と同じかというとまったく同じではない．

上代の夾纈と中世の夾纈との違い

奈良時代の夾纈は現在，東大寺正倉院の伝世品に見るようにきわめて多彩な染め色で文様が表現されている（図 8.6）．一方，近世とくに幕末から比較的現代まで行われてきた「板締」は，地色に対して文様が白く染め抜かれた単色のものである．この板締染から推測して，上代の多色の夾纈を染めるためには，色ごとに型板を取り替えなければならない．しかし「夾纈」には型を取り替えたらしい形跡，すなわち型のズレがどこにも見当たらない．そのため上代の「夾纈」の染技法は，永いあいだ謎とされてきたものである．この謎は 1970 年代に A. ビューラーによるインド・グジャラート州アメダバード発見の型板の報告によって解き明かされた[7]．もちろんこの型板は正倉院の時代に匹敵するものではなく，150 年から 200 年くらい以前，つまり 1800 年代のものとされている．しかし，

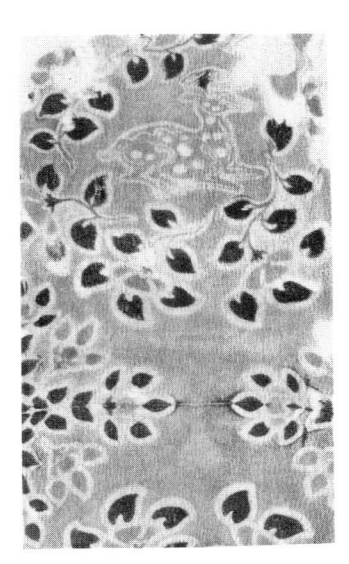

図 8.6　東大寺正倉院の夾纈

この型板を使うと一対の型板で多色の染が可能なことが判明したのである．これを仮に上代の夾纈型板の技法と考え，その染型板と今回鎌倉から出土した型板との違いを比較してみる．

夾纈型板の場合は，文様の輪郭線が凸彫になっており，文様の輪郭の内や外が凹彫りに穿たれている．そして穿たれた各ドームには染料を注ぐ穴が開けられている（図 8.7）．

染料は型板の外側から文様に必要な染料がそれぞれに注ぎ分けられる．注がれた染料は必要な部分で文様の輪郭線の凸部によってブロックされ，他の染料と交じらない．これが1枚の型板で多色の染を可能にする秘密である．この染の特徴として，文様の輪郭線が白く染め抜かれ，その白い輪郭の内外が赤や青・黄などに彩られた文様を表現する．もちろん型板に畳んで挟まれる絹は薄物の羅や平絹が適し，文様は型板に挟むときに生地を折畳んだ折り目を境にして上下，あるいは左右に反転して表れる特徴をもつ．

一方，鎌倉から出土した中世の染型板は，同じ夾纈のジャンルとはいえ，文様の彫り方に相違がある．その第一の違いは，文様そのものが凸彫され，地に当た

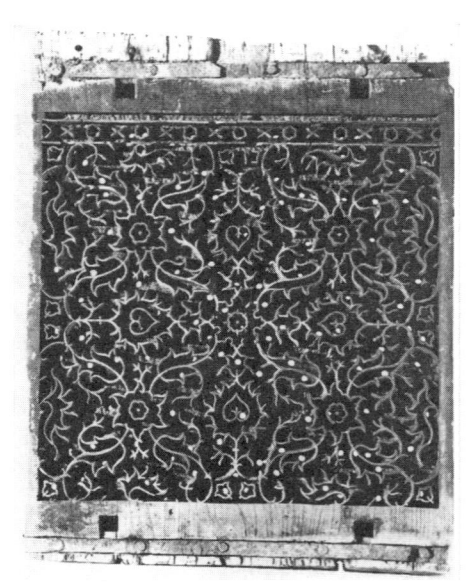

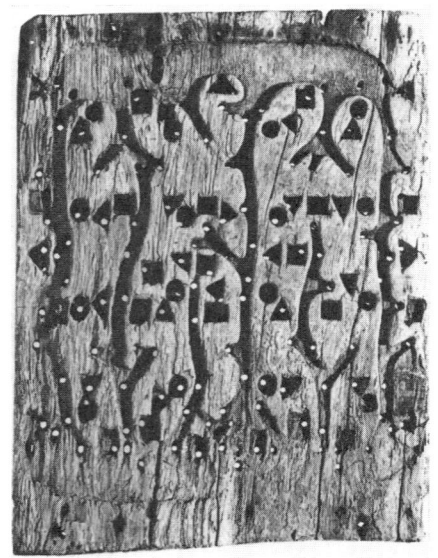

図 8.7　夾纈板（右は外側）

る凹彫りされた部分にのみ染料を通す穴が穿たれている．このような2枚の型に布帛を挟んで，しっかりと締めつけて染料に浸けると凹彫りされた部分に染料が浸透し，文様の形象がそのまま白く染め抜かれる．白生地を挟めば，地色に対して文様が白く上がり，あらかじめ黄色のような淡い色に染めた布帛を挟めば，地色に対して黄色の文様が染め残る．いずれにしても，地色に対して単色の文様が染め上がることになる．こうした単色に文様を染め上げる技法は「板締染」の名で近年まで続いてきた技法である．つまり，鎌倉出土の「染型板」は奈良時代の夾纈やその技法を示すインドに伝来した18世紀の染型板とは異なる表現手段であり，日本の染色においては近世の板締染に先駆ける技法を示すものといえる．

中国の夾纈との比較

奈良時代の夾纈の染技法は，たまたまアメダバードに残っていた型板によって解き明かされたが，このことは必ずしもインドのみにこの技法が存在したことを意味するものではない．中央アジアからも多くの夾纈の作例が出土しているように，唐代には盛んに中国でもつくられていたと考えられている．実際，日本では奈良時代以降に多色の夾纈の作例をみないが，中国では唐代以降，明代まで夾纈の技法が引き続き行われていたとされている．近年チベットから流出したタンカ（チベット仏教の絵画）の覆いに用いられていた夾纈などもその一例であろう．

一方，近年報告された内蒙古白塔址やその周辺から発見された染織品のなかには北宋，あるいは遼時代（11～12世紀）の夾纈の作例が含まれている[8]．興味深いのは，そのなかに夾纈の技法で多色の染文様を表現するのではなく，単純な白抜きの文様のためにこの技法を用いているものが認められることである．たとえば一見すると絞りかと錯覚しそうな赤地に白いスポットを斉一に染め出した夾纈の薄絹（図8.8）や飛雲の形を白く斉一に染め抜いた濃い紫地の夾纈（図8.9）．その他にも方形の染め抜きや，大きな円形をやはり絞りではなく夾纈で表現し，そのなかに繊細な描絵を施した羅の裳など，夾纈技法が単色の文様染に用いられた作例が数種発見されている．

この夾纈技法を，単色の文様染とした例は日本中世の夾纈の発想に通じるものがあるように思う．一方で「南無釈迦牟尼」文字のある仏文様の夾纈は赤・黄・藍と1色ごとに型を挟み替えて多色に染め出した作例も発見されている（図8.10）．この染め色ごとに型を替えたものは，できあがりに型のずれを生じ，唐

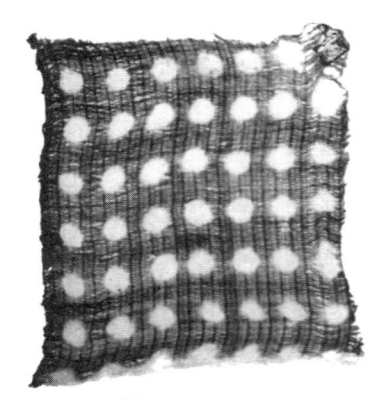

図 8.8 丸文夾纈

図 8.9 白塔子夾纈

図 8.10 南無釈迦無尼夾纈

代の夾纈のように1枚の型板で多色にそめられたものでないことは一目瞭然である．この報告から，少なくとも遼時代の白塔周辺では，単色染めの夾纈技法しか行われていなかったことが推測される．

　同じ型を用いた夾纈技法でありながら，輪郭線のみを白上げして他の部分に異なる染料を注いで多彩に仕上げるという方法と，文様か地のどちらかを白く残して，他の部分を単色に染め上げる方法との間にはどのような転換があったのであ

ろうか．単なる技法の単純化，簡素化なのか．しかし，南無釈迦牟尼図のように中国ではこの単色を染めるべき型で多色を染める試みがなされているところをみると，当時この地方では1枚の型板で多色に染める技法は失われていたとみるべきであろう．現在，浙南地方の民間工芸として残っている夾纈技法も文様を白く染め抜くだけの技法で，それは日本の出雲地方にあった民間の藍板締[9)]や京都で近年まで行われていた京紅板締に共通する．

ここで非常に興味深いのは，近年中国内モンゴルから相ついで発見されるようになった遼時代の染織品が，日本でわずかに知られている平安時代末の染織品に意匠・技法の点で非常によく似ているということである．これまで和様として紹介され，典型的な有職文様と認識されてきた鳥襷や七宝繋ぎなどの織文様がすでにそこに存在する．これは大きな驚きであると同時に，平安時代においても清少納言が『枕草子』のなかで「めでたきもの」の筆頭に「唐錦」をあげているように，中国から渡ってくる唐の錦への限りない憧憬があったことが想起される．北宋を通じて輸入されたこれらの貴重な唐の織物が，やがて日本で模倣され，有職織物の典型として今日受け継がれてきたことは皮肉な事実といえよう．

遼代の夾纈もこの時期にもたらされた可能性も考えられないことではない．従来の夾纈ではなく，文様を白く染め抜くだけの簡素な夾纈．この技法の関連性を示す確かな資料は現在のところ何も発見されていないが，鎌倉出土の染型板は，遼代の文様を白く染め残す発想と共通するものである．

中世の染型板が語るもの

この染型板の発見によって，中世鎌倉時代には確かに近世の「板締」に先駆してこの技法が存在したことが明らかになった．ここにあげた「蹴鞠文様」の型板だけではなく，文様を凸彫りして，穴が穿たれている木片で四葉花（建長寺旧境内白黒小路 1489-1）や連弧状，紗綾形状（佐助ヶ谷 1/3）の文様があるものが発見されている（図 8.11）．こうした四葉花や連弧状，紗綾形状のものもまた染型板として用いられたとすれば，染織史の上でどのような変化をきたすのか．まずそれは絵画資料から読み解かれた染色技法の解釈が大きく異なってくる．

中世の絵巻に見られる服飾表現，とくに鎌倉時代は実際の染織資料がきわめて乏しいために，当時の染織を描かれた文様から推測することが多い．たとえば庶民の着物，とくに藍や浅葱の地色に文様が均一に白く表現されていると，型染が

若宮大路1/3
(雪ノ下 1-198-6)

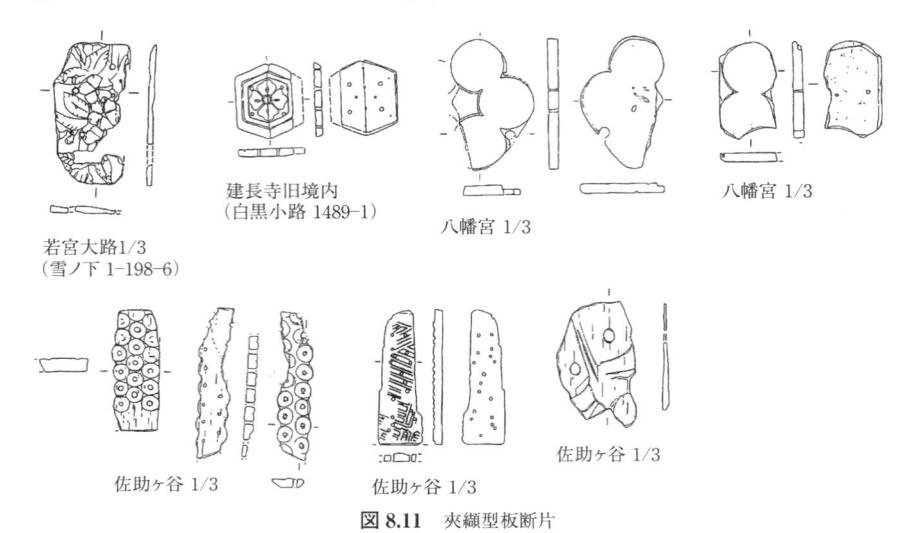

建長寺旧境内
(白黒小路 1489-1)

八幡宮 1/3

八幡宮 1/3

佐助ヶ谷 1/3

佐助ヶ谷 1/3

佐助ヶ谷 1/3

図 8.11 夾纈型板断片

想定され，当然それは紙型を使って糊を置き，藍に浸染した今日的な「型染」と捉えられてきた．また，整然とした丸い粒が白く表現されていれば「絞り」が想定された．ところが鎌倉出土の型板で夾纈に使われた可能性のあるものに，四つ花菱文様や小さなドーナツ型の連続文様や紗綾形文様などが発見されており，そうした文様は『春日権現霊験記絵巻』の職人が着ている浅葱地や紺地の筒袖衣（図 8.12），あるいは石山寺縁起絵巻の庶民の女性の小袖に描かれている文様と大変よく似ている．すなわち，絵巻から単純に型染や絞りと推測されていたものに，もう一つ夾纈（板締）の可能性を加える必要が出てきたわけである．

　中世の絵巻から染の技法を推測するといっても，それは所詮，当時ありそうな技法からの推測である．鎌倉時代に夾纈があることが前提になければ，その推測はできない．今まで今日の板締に関連する資料といえば，天野社伝来の舞楽装束に仕立てられいた紫地に蝶文様を白く染め抜いた室町時代の作例（図 8.13）が1点あるのみであった．そのため夾纈に替わる板締技法の発生も室町以降と考えられてきた．その意味でも，今回の鎌倉若宮大路発見の染型板の存在が染色史に投げかける意義は大きなものがある．

　最後に，この蹴鞠文様の染型板がどのようなものに使用されたかを推測してみ

図 8.12 『春日権現霊験記絵巻』

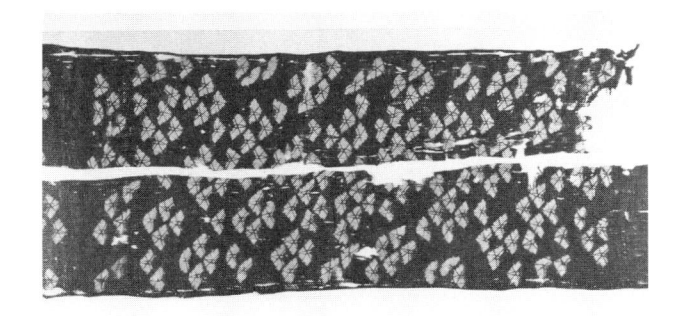

図 8.13 夾纈の半臂部分

よう．この染型板の文様はこの型 1 枚で「蹴鞠図」として完結している．夾纈の型板の場合は布帛を畳んで挟むことがあらかじめ想定され，そのため型に彫られる文様は完成時の 1/2，あるいは 1/4 のはずである．一方近世の板締染の場合は，一つのパターンが繰り返し染められることを想定してつくられている．

型板の文様は何を染めるかという用途，またどのように染めるかという技術の

問題とかかわってくる．つまり夾纈には屏風や装飾布といったあらかじめ決められた布帛の大きさがあり，近世の板締染は長い反物を染めることが約束されている．

では，この「蹴鞠文様」は何を，どのようにして染めたのか．およそ47 cmの型の幅は，有職の織物幅に当たる．衣は肩山で前後の文様が反転する．肩山で折り返した布帛の一部にこの板締染を施せば，蹴鞠図を衣の袖や身頃に文様が前後で反転することなく染め出せる．そこでこれを装束に使用したと想定してみよう．

『源氏物語』には直衣姿で蹴鞠をする夕霧が描写されている（若菜）が，鎌倉時代にはどのような姿で蹴鞠に興じたのか．『吾妻鏡』の蹴鞠の服飾に関する注記には「布衣」（建仁元年9月11日，建仁2年正月10日）とある．また「ただしおのおの布衣を著せず」（建仁元年9月20日）のように，わざわざただし書きを記している箇所もあるから「布衣」着用が一般的であったと考えられる．

布衣は狩衣の異名で，とくに布製の狩衣，絹であれば平絹のような織文様のないものを用い，文様は描文様・摺文様・染文様などを後から施す．また，必ず単仕立てとして裏をつけない．この布衣の特徴―とくに平絹と単仕立てということが，今回の板締染を施すのに最適の条件を備えている．

単仕立てで着用するものには両面染，すなわち布帛の両面をまったく同じに染める技法が試みられたものが多い．近世初期の茶屋辻，今日伝統工芸技術に指定されている浴衣染の長板中形，いずれも単で着装するための贅沢な工夫である．板締染には染めあがりにほとんど表裏がない．この型板が蹴鞠の布衣を染めるのに使われたと考えるのは都合がよすぎるかもしれないが，蹴鞠文様はそんな夢も与えてくれるのである．

文　献

1) 鶴見大学文化財学科秋季大会報告 7，p. 10．
2) 福田　誠氏作図．
3) 小松茂美：二つの住吉物語絵巻．日本絵巻大成 19, p. 100, 中央公論社．
4) 鶴見大学文化財学科：中世の夾纈をめぐって．鶴見大学文化財学科シンポジウムレジメ，2002．
5) 呂烈丹：南越応募出土的青銅印花凸版．考古，2 期，173–138，1989．
6) 高橋真実：北高木遺跡から出土の現存する最古の版木．染織 α, No. 242, 36–38, 2001．
7) Buhler, A. and E. Fischer : *Clamp Resist Dyeing of Fabrics*. Calico Museum of Textiles, Ahmedabad,

文　　　献

　　　India, 1977.
8)　趙　豊：遼代絲綢．pp. 109-114，沐文堂美術出版社（香港），2004.
9)　野上俊子：幻となった藍板締の版刻美を探求．染織 α，No. 219，54-59，1999.

第9章

漆 工 技 術

岡 田 文 男

　ウルシノキから滲み出る漆を塗料や接着剤として利用する技術は東アジアや東南アジアにおいて現在も広く認められる．漆を利用するためにはウルシノキを栽培管理し，夏季に樹液を採取し，そこから樹皮などの夾雑物を除去し，さらに水分を蒸発させて精製する総合的知識と熟練した技術が必要とされる．近年の発掘調査によれば，日本列島における漆の利用は縄文時代早期（約9000年前）に遡ることが明らかになっている[1]．そこで本章では，日本列島において約1万年の長きにわたって続いている漆工技術について，その変遷を概観する．

漆工技術の研究略史

　出土漆製品を対象にした自然科学的調査は戦前に始まっており，1942年に杉山壽栄男が青森県是川遺跡から出土した漆様塗布物について，漆の判別を試みた[2]．また1952年には千葉県加茂遺跡から出土した塗彩土器について，江坂輝弥が田辺義一に化学分析を依頼した[3]．これら初期の調査では，赤色顔料の同定や塗料の化学組成分析による漆とアスファルトの判別がおもな目的であった．

　1970年代以降，日本列島の各地において縄文時代から近世にいたる漆製品が多量に出土している．そのなかで，1971年には中里壽克が縄文時代の竪櫛についてX線透過撮影による内部構造の観察結果をもとに，竪櫛の復元を試みた[4]．さらに1979年には小林・三野が北海道美沢川遺跡群から出土した竪櫛の塗膜構造を走査電子顕微鏡で観察し，塗膜の層序と顔料組成について，精度の高い観察が可能であることを提示した[5]．

　1980年代に入って各地で漆製品の出土が増加するなかで，1984年には永嶋正春が漆の塗膜を薄片にして透過光下で顕微鏡観察し，漆の精製度や下地混和材の種類，漆の塗り重ねや研ぎの有無，顔料の種類などを現代の漆工技術に照らして研究する方法を確立し，その後の研究を方向づけた[6]．以後，多くの研究者が漆

工技術の解明をはじめ，各時代における漆器の生産や流通，技術の系統や伝播を視野に入れた研究を進めている[7]．

漆 の 利 用

ウルシノキから採取された樹液は水分を約 25% 程度含んだ生漆の状態であり，生漆中には主成分であるウルシオール中に多糖類を含む水の微粒子が分散している．この生漆に含まれる水分を 2% 程度まで蒸発させて精製したものが精製漆（クロメ漆）であり，精製された漆の断面は透明感のある黄褐色を呈し，微粒子はほとんどみられなくなる[8]．生漆は接着剤や下地用の漆として，精製された漆は塗料として用いられる．

次に漆を塗るための胎（たい）としては縄文時代以来，土器，木器，竪櫛，籠，繊維製

表 9.1 漆工技術の変遷

	時　代						
	縄文 前 中 後 晩		弥生 前 中 後	古墳	奈良平安	中世	近世
胎の種類							
木胎	────	────	────	────	────	────	────
陶胎	────	────	────	────	────	────	────
繊維胎	────	────			──		
籃胎		──					
竪櫛	────	────	────	────	────	────	────
皮革					────	────	────
金属					────	────	────
顔料の分類							
パイプ状ベンガラ	────	────	────	────			
鉱物起源ベンガラ					────	────	────
朱		────	──── ?		────	────	────
黒色顔料			────	────	────	────	────
下地の種類							
地粉	────	────	──── ?		────	────	────
木炭粉	────	────	────	?	────	────	────
骨粉				──			
加飾							
象嵌（螺鈿）	────				────	────	────
漆絵	────	────	────	────		────	────
蒔絵					────	────	────

品，皮革，骨，金属などが利用されてきた（表9.1）．これらの胎に漆を塗布するためには樹液の採取から始まり，貯蔵や精製，顔料の調合，そして塗装までの各段階において，多くの用具が必要となる．それらの用具には漆の貯蔵容器，漆を濾すための布や紙，漆を小分けする皿，へら類，顔料を入れる壺や顔料を調整する皿などがある．用具類は漆が出土地周辺で実際に取り扱われたことを示すものとして，製品と同様に重要視される．ちなみに，これまで最古と見られる漆関連用具は島根県松江市夫手遺跡から出土した縄文前期に遡る漆が入った容器であり，永嶋によって漆液を精製する過程であったことが明らかになった[9]．

漆工技術の変遷

日本列島において展開した漆工技術を簡単にまとめたのが表9.1である．以下，各時代における漆工技術の特徴を概観する．

縄文時代

近年の発掘調査により，縄文時代の漆工技術が約9000年前に遡ることが明らかになった．約1万年近い縄文時代の漆工技術を要約するならば，日本列島における漆工技術の基本がこの時代に確立されたこと，縄文人は赤の発色にとりわけエネルギーを割いたことを指摘できるであろう．

胎の種類と漆の塗装

土器（陶胎）：　福井県若狭町に所在する鳥浜貝塚[10]や，山形県押出遺跡[11]から出土した縄文前期中頃の土器（北白川下層Ⅱ式期）表面には赤色漆地に黒漆で弧文を描いたもののほか，その反対に黒漆の上に赤色漆の細線で絵画的な文様を描いた例がある．土器の表面はいずれも丁寧に磨かれており，漆を塗布することを前提にしたかのようである．また，赤や黒の細線は幅が約1～2 mmと非常に細いのが特長である（図9.1）．

縄文晩期になると東北地方の亀ヶ岡文化圏において，赤色漆を全面に塗った壺のほか，黒漆の地に赤色漆で太い曲線を描いた壺や皿があり，赤と黒の漆の使い分けもみられる．しかしながら，表面の表面の華やかさに比べると塗膜構造は単純で，表面が赤く塗られた土器では，土器表面に黒くみえる漆を塗布後，赤色漆を塗布していることが多い（図9.2）[12]．

土器に塗られた赤色漆にはベンガラが用いられることが多いが，埼玉県寿能遺

漆工技術の変遷

図 9.1 縄文前期の漆塗り土器（福井県鳥浜貝塚出土）

図 9.2 縄文晩期の漆塗り土器（左），同塗膜断面（右）（秋田県戸平川遺跡出土，約 170 倍）

跡から出土した縄文後期の土器ではベンガラと水銀朱を併用しており[13]，福島県薄磯貝塚から出土した晩期の土器（大洞 B・C 式期）では水銀朱を用いた例もみられた[14]．

木器（木胎）：　1980 年代の初期，福井県鳥浜貝塚や埼玉県寿能遺跡からは刳り物の容器に漆を塗布した漆器が多量に出土した．それらの胎の樹種調査結果によれば，前者から出土した材にはトチノキ，ケヤキ，サクラなどの広葉樹材が主に用いられ[15]，後者ではトチノキやケヤキ，ヤマザクラが多く用いられていた[16]．これらの用材選択は，後世のそれとほとんど変わらない[17]．

次に木器の漆塗装であるが，福井県鳥浜貝塚から出土した縄文前期の漆器の塗装構造をみると，漆が非常に丁寧に精製された例がある．しかも，漆に赤色顔料を混和して，後世の下塗り・中塗り・上塗りにあたる塗装工程を行ったと解釈できる漆器も認められる．縄文前期から中期にかけて用いられた赤色顔料はもっぱ

図 9.3 縄文前期の木胎漆器(福井県鳥浜貝塚出土)

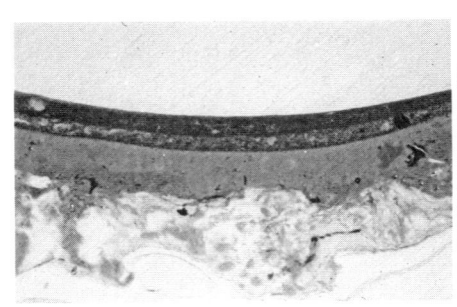

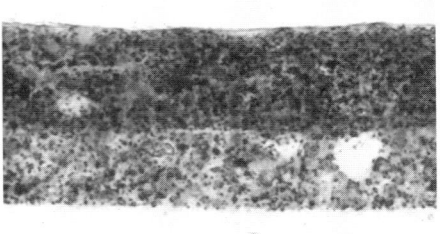

図 9.4
左:鳥浜貝塚から出土した漆器の塗膜断面.塗膜が平滑であることや,3層塗り重ねた様子がわかる(約170倍).右:同拡大.下から順に,下塗り・中塗り・上塗り.下塗りは漆が透明でよく精製されている.中塗り・上塗りには鉄バクテリア起源のベンガラ粒子が用いられた(約800倍).

らベンガラであるが,少しでも発色をよくするために,上塗りにパイプ状の粒子(粒子の起源については後述する)を用い,赤の発色に配慮したことが窺える(図 9.3,9.4).

　漆に赤色顔料を混和して塗り重ねる技法は後期になるとさらに顕著となり,埼玉県寿能遺跡から出土した縄文後期の漆器のように赤色漆を3層塗り重ね,下塗り・中塗り・上塗りの工程を意識して行ったとみられる漆器が確実に増加する(図 9.5).そして後期初頭の頃からは水銀朱が出現し,従来のベンガラと併用されるようになる[18].なかには繰り返し塗り直しを行った例もみられる(図 9.6).

　竪櫛:　縄文時代の竪櫛は束ねた髪を留めるために用いられたと考えられており,通常,赤く塗られた棟部と,素木の木質の歯からなる.竪櫛の形状は縄文時代でも時期や地域によって変異がみられるが,大きく分類すると以下になる[19].

図 9.5 口縁部に籠目が彫り出された木胎漆器（左），同塗膜断面，朱を3層重ねた例（右）
（埼玉県寿能遺跡出土，約35倍）

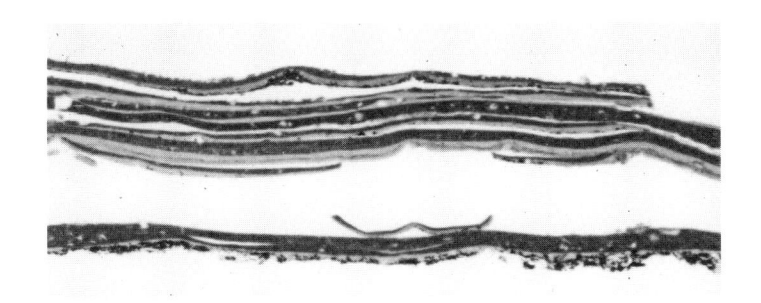

図 9.6 何回も塗り直しが行われた例（埼玉県寿能遺跡出土，約50倍）

A：結歯式漆塗竪櫛
B：刻歯式漆塗竪櫛

このうちAは先端を尖らせて円筒状にした木質の歯を1列に並べ，横架材を渡して（横架材を用いないで紐を絡めただけの例もある）紐で結束して棟部とし，棟部の隙間を塑型材で充填し，さらに漆を塗り重ねたものである．

Bは挽歯式漆塗竪櫛ともよばれ，板材から一定の間隔で1本ずつ歯を削り出したものである．その代表例として福井県鳥浜貝塚から出土した縄文時代前期のツバキ材の竪櫛がある．

次に櫛の塑型材であるが，石川県三引遺跡[20]や滋賀県粟津湖底貝塚[21]から出土した縄文前期の竪櫛では植物質を混和した塑型材層がみられず，ベンガラ粒子を混和した漆を繰り返し塗布するのみであった（図9.7）．それに対して縄文後期

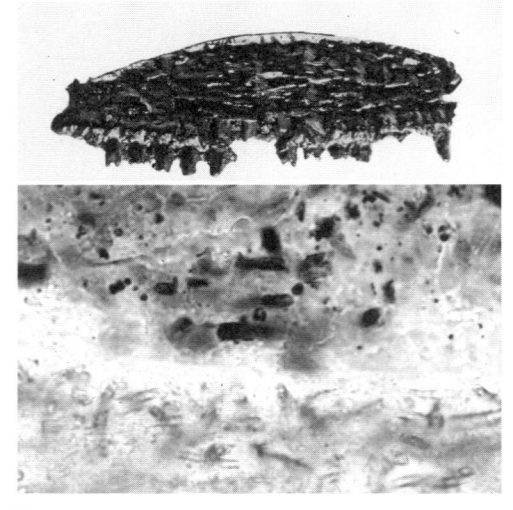

図 9.7 縄文前期初頭の竪櫛（上），同塗膜断面，竪櫛に用いられている黒色と無色のパイプ状粒子（下）（石川県三引遺跡出土，約 950 倍）

以降の竪櫛では，塑型材層に朽木や乾燥させた草本の粉末，樹皮類を用いた例が認められた．その構成や構造は奈良時代の仏像に用いられた木屎漆と変わるところがない（図 9.8）．

竪櫛の塑型材層の表面には起伏を均すために下地が施されるが，下地混和物の種類は粘土鉱物と木炭粉に大別される．下地にはそれらを単独で用いるほか，両者を併用した例もあり，外見が類似していても下地構成や赤色顔料の用い方は個別的であり，遺跡内での統一性は認められない[22]．下地のなかには土器を磨り潰して漆と混和したとみられる小土塊や鉱物が認められることがあり，塊の大きさや分散の状態は奈良時代以降にみられる地粉下地のそれと基本的に変わらない（図 9.9）．

近年，成瀬らは各地で出土している縄文時代の竪櫛の塗装構造調査結果をもとに，それらの大部分に塗り直しがみられず，漆表面の劣化も認められなかったことから，縄文時代の竪櫛は日常使いでなく，死者に供えるためのものでなかったかと推測している[23]．

編籠（籃胎）：　縄文晩期になると東北地方を中心に籃胎漆器が出土している．

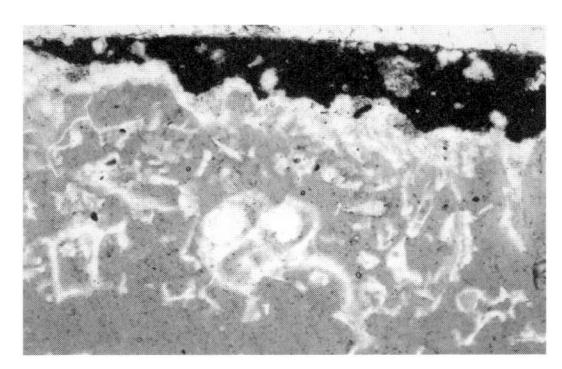

図 9.8 植物質による塑型材（秋田県戸平川遺跡出土，約 200 倍）

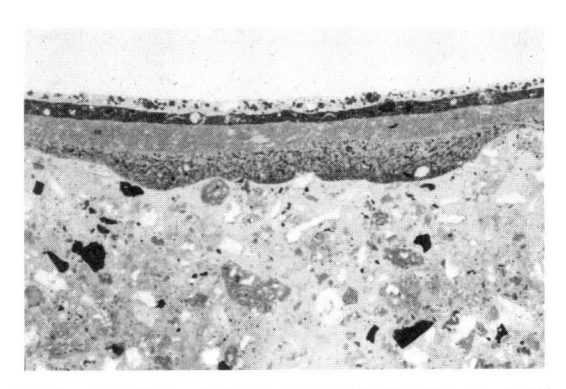

図 9.9 粘土鉱物による塑型材（埼玉県寿能遺跡出土，約 100 倍）

籃胎漆器の胎は失われていることが多いが，胎の表面の起伏を均すために施された塑型材に胎の圧痕が残っており，タケや板材を薄く割いて籠に編んだことがわかる．籃胎漆器の塗膜構造調査では，塑型材層や下地層は竪櫛のそれらと変わるところがなく，また表面の赤漆の塗装についても木胎漆器や竪櫛と同様であったことが判明している．

繊維製品： 前述の北海道函館市臼尻町（旧南茅部町）垣ノ島 B 遺跡 から出土した縄文早期の漆製品は紐状の装飾品と考えられているが，紐状の繊維製品に漆を塗布した例は，縄文前期の福井県鳥浜貝塚や滋賀県粟津湖底遺跡，縄文晩期の青森県朝日山（2）遺跡[24]や福島県荒屋敷遺跡[25]からも出土している（図

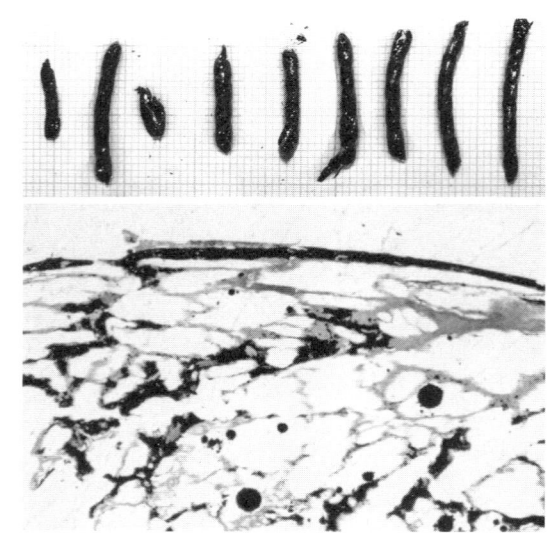

図9.10 漆塗りの紐（上），同塗膜断面，繊維の隙間に漆が浸透して外形のみが遺存した例（下）（福井県鳥浜貝塚出土，約100倍）

9.10)．それらの断面を観察すると繊維が消失し，繊維を被った下地や漆層によって繊維束の外形のみが保持されていることが多い．この漆製品で興味深いのは，長い紐に下地を施した上に漆を塗り，乾燥固化後に紐を輪状にして首飾りや腕飾りにしているほか，玉状に絡めたものがみられることである．列島の各地において幅広い時代にわたって類例が出土しているのが特徴である．なお，類例が中国西安市で出土した漢代の遺品において近年確認されている．

赤色漆と黒くみえる漆

1) 赤色漆

ベンガラ：　日本列島で用いられたベンガラのなかに，粒子の形状がパイプ状で長さ約 $20〜40\,\mu m$，直径が約 $1\,\mu m$ のものと，$1\,\mu m$ 以下の微粒子が知られており，両者とも水中に起源をもつ鉄バクテリアによって生産された鞘を燃焼させた結果得られることが近年明らかになった[26]．

ところで，前述の石川県三引遺跡からは縄文前期初頭に遡る竪櫛が出土したが，その塗膜断面には同形・同大で赤色，無色，黒色を呈するパイプ状粒子を層ごとに使い分けて塗り重ねた例が認められた[27]．今のところこのように色調の

異なるベンガラ粒子を使い分けた例は他に知られていないが,赤色のものは鉄バクテリア生産物を燃焼させて,無色のものは自然乾燥のまま,黒色のものは還元状態のものを乾燥させた結果と考えられる(図 9.11).

水銀朱: 縄文後期の漆器のなかに,赤色漆で下塗り・中塗り・上塗りを行った例の多いことを前述したが,それらのなかには 3 層ともベンガラ,下塗りと中塗りにベンガラ,上塗りのみ水銀朱,すべての層に水銀朱を用いた例などがある.さらに,水銀朱のみのものでも層ごとに粒子の粒径や密度を変え,赤色の発色効果を上げる工夫も認められる(図 9.12).

2) 黒くみえる漆

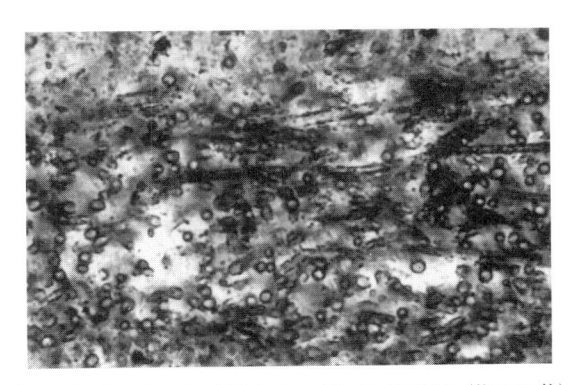

図 9.11 鉄バクテリア起源のパイプ状ベンガラ粒子(約 1000 倍)

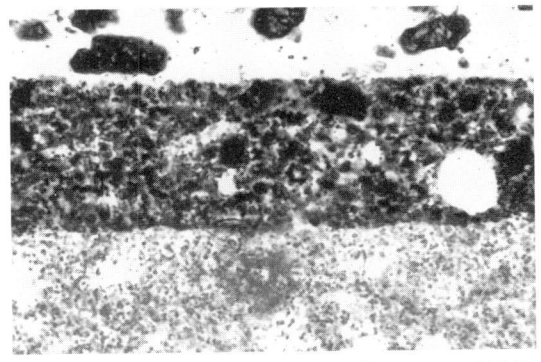

図 9.12 下層が微粒子状,中層がパイプ状ベンガラ,上層が朱の順(埼玉県寿能遺跡,約 1000 倍)

縄文時代の漆器には表面から黒くみえる漆が塗布された例があるが，塗膜断面の観察ではとくに顔料が認められないことが多い．

縄文晩期にみられる赤色漆の単層化

東北地方を中心とする縄文晩期の漆器の塗装で特徴的なことは，晩期（大洞B・C式期）になると木胎漆器においても赤色漆層が単層化する傾向がみられる点である．近年の ^{14}C 年代の測定結果によれば，東北地方における大洞A1式期は北部九州地方における夜臼式期と併行する年代が与えられている[28]．北部九州地方おける該期の漆器の塗膜構造も赤色漆層が単層化する傾向が認められ，漆器の塗装構造が晩期後半になると単純化するのは東西で共通する傾向といえる．

加　飾

象嵌：　福井県鳥浜貝塚から出土した縄文前期の漆器の表面にはすでに抜け落ちているが，石あるいは貝片などを象嵌したことを示す漆器が出土している（図9.13）．類例は埼玉県寿能遺跡から出土した縄文後期の漆器でも認められており，象嵌を施した装飾技法が早くから行われたことを示す例である．

漆絵：　福井県鳥浜貝塚や山形県押出遺跡からは黒くみえる漆と赤色漆で土器

図9.13　容器の口縁付近に象嵌を施した例（福井県鳥浜貝塚出土）

漆工技術の変遷

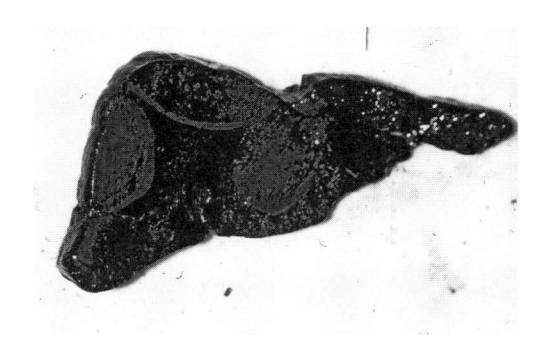

図 9.14 赤漆の地に赤漆を塗り重ねた例（埼玉県寿能遺跡出土）

や木器の表面を文様で塗り分けた漆器が認められるが，そのほかにも埼玉県寿能遺跡から出土した縄文後期の漆器のなかには赤色漆を地とし，その上に地よりも色の濃い赤色で文様を描き，赤色を意識して使い分けた例がある（図9.14）[29]．同遺跡から出土した漆器のなかには口縁部の外面に籠目の文様を施した漆器が数点あるが，塗膜構造分析の結果，外見は類似していても下地や赤色顔料の用い方が一様でないことが判明している．

弥生時代

弥生時代には漆製品の出土数が縄文時代より著しく少なくなり，一遺跡から出土した漆器の点数もごく限られる．ここで弥生時代の漆工技術を要約するならば，縄文時代に確立された漆工技術を次の古墳時代の黒漆へ転換する，中継ぎの役割を果たした時代とすることができるであろう．

北部九州地方において出土した漆器：弥生時代前期になると，北部九州地方では黒くみえる漆の地に赤色漆で太さ1mm以下の平行線を何本も引き，あるいは文様を描いた漆器が福岡市内の遺跡や佐賀県菜畑（なばたけ）遺跡，長崎県里田原（さとたばる）遺跡などから出土しており，中国大陸における戦国時代の漆器の描法を想起させる（図9.15，9.16）．しかしながら，北部九州地方の漆器では赤色の細線に用いられた赤色顔料はパイプ状のベンガラ粒子を用いたものがほとんどで，黒地の漆には下地の木炭粉のほか何も加えられていないのが普通である．その結果，文様表現は大陸的であるが，漆の精製技術や赤色顔料のなかのベンガラ粒子の利用法などは縄文時代の製造技法をそのまま継承したと解釈できることになる[30]．

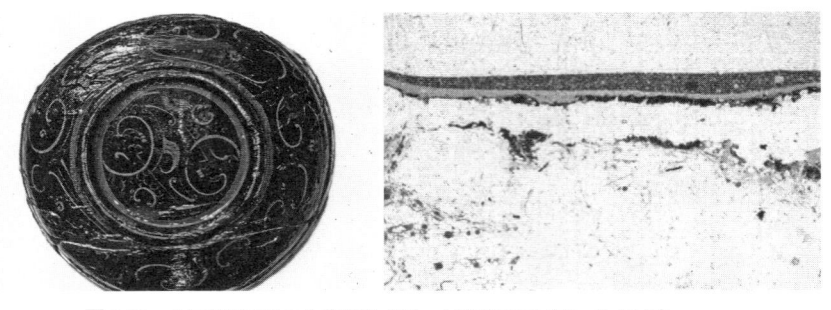

図 9.15 中国戦国時代の木胎漆器（左），同塗膜断面（右，約 85 倍）

図 9.16 弥生時代前期の腕輪（左），同塗膜断面（右）（福岡市拾六町ツイジ遺跡出土，約 85 倍）

竪櫛：　弥生時代の結歯式の竪櫛は，島根県西川津遺跡，タテチョウ遺跡から出土しており，永嶋により塗膜分析の結果が報告されている[31]．同形式の竪櫛は近畿地方でも兵庫県丁柳ヶ瀬遺跡などから単独で出土している[32]．これらの竪櫛は，断面円形の木質の歯を平行に並べ，棟部を細い糸で何列も平行に緊縛し，その上に漆を塗布したものであるが，塑形材層には漆に粘土鉱物を混和しており，縄文時代の竪櫛よりも薄く仕上がっていた．表層に塗布された赤色漆は単層ないしまれに2層で，縄文時代のそれと較べるとやや省略型といえる．近畿地方では同形式の櫛の塑形材層は同様に粘土鉱物を用いていたが，赤色漆は単層で，赤色漆の塗装方法に地域差があった可能性がある．弥生時代における竪櫛は縄文時代のそれよりも薄く偏平で，塑形材層も薄いことから糸目にそって壊れやすく，出土時に竪櫛と判断しにくいことがある．

黒色顔料の利用のはじまり：　北部九州地方では弥生後期になると，福岡市雀

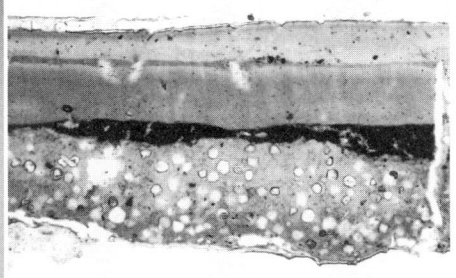

図 9.17 楽浪王肝墓から出土した木履（左），同塗膜断面，写真のなかほどで水平方向に黒く伸びるのが黒色顔料層，その下に点在する丸い粒子はデンプン粒子（右，約 170 倍）

居遺跡から出土した盾にみるように，漆に黒色顔料を混和した黒色の漆器が出現した[33]．この黒色の漆はそれ以前の表面から黒く見える漆と異なり，塗膜中に 1 μm 以下の黒色の微粒子が全面に観察される．この黒色顔料は，塗膜中の粒子の分散状態や形状から油煙類と考えられるもので，類例は中国河北省懐安や朝鮮半島の楽浪郡から出土した同時代の漆器に認められている（図 9.17）[34]．

漆以外の膠着剤で塗布された赤塗り木製品：　赤彩された木製品で，遺物洗浄時に赤色顔料が流れ落ちるものが中期以降の木製盾に認められる．これは赤色顔料が漆以外の固着性の低い膠着剤で塗装された結果と考えられる．このような赤塗りの木製品は各地で出土しており，膠着剤については十分解明されていないが，膠やデンプン糊が有力な候補として考えられる．

古 墳 時 代

かつて小林行雄は古墳時代における漆工技術を「黒漆の時代」とよんだ[35]．古墳時代の漆工技法を要約するならば，弥生時代後期に始まった黒色顔料の利用が古墳時代を通していっそう顕著になった点である．

黒色顔料の隆盛：　古墳時代の漆の中核を占める黒色の漆についてであるが，漆器の表面から黒くみえる漆の塗膜断面は以下のように分類できる．すなわち，

① 木地の上に何も混和せずに黒くみえる漆
② 木地の上に木炭粉を混和した漆を塗布後，透明漆を塗布して黒くみえる漆
③ 木地の上にススを混和した漆を塗布後，透明漆を塗布して黒くみえる漆
④ 木地の上に鉄イオンで黒くした漆を塗布して黒くみえる漆

となる．このうち，①と②は縄文時代に出現しており，③は弥生時代後期から江戸時代におよぶ各時代の高級漆器に認められ，④については漆器の塗膜分析において江戸時代まではっきりした報告例がなく，それ以降の技法とみられる．

次に古墳時代の漆工品は古墳の副葬品に多く見出され，前期古墳に副葬された漆製品には短甲や靫（ゆぎ），竪櫛などがある．そのほか，鉄鏃や銅鏃の茎装着部，矢柄の本矧（もとはず），末矧（うらはず），鉄槍の柄の呑口部分などにも漆が塗装されている．

武器類などに塗布された漆製品の塗膜構造で特徴的なのは，黒を強調するために，下層ほど黒色顔料を多く添加し，上層ほど段階的に添加量を少なくする技法が認められることである（図9.18，9.19）．このような黒色顔料の利用法は靫や盾のような製品のほか，矢柄の本矧や末矧，茎の装着部のように塗装部分数cmに満たないような箇所でも同様である．ちなみに，古墳から出土した漆製品は検出時に赤色を呈していることがあるが，それらの赤色は漆の発色によるものでなく，古墳の石室内に施朱を行った結果によるもので，本来は黒色の漆が塗布されたと考えられる．

一方，生活址に関連した遺構から出土した木胎漆器では，黒色の漆が塗布され

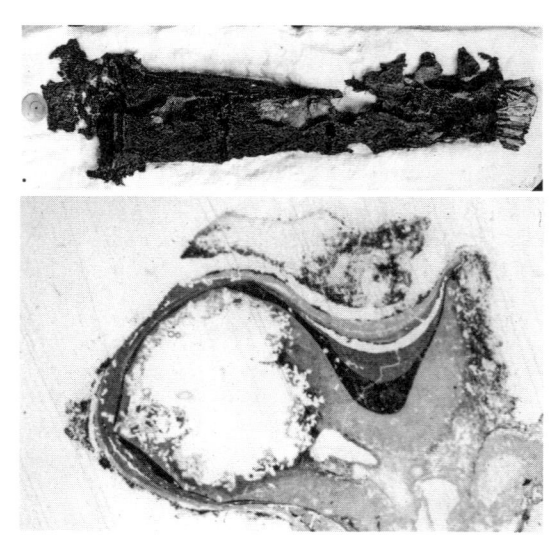

図9.18 古墳時代の靫（上），同塗膜断面（下）（滋賀県雪野山古墳出土，約40倍）

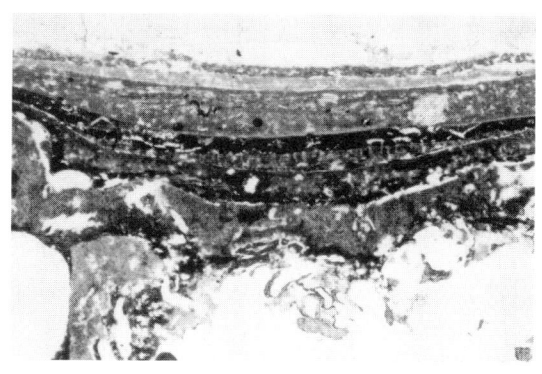

図 9.19 鉄槍の呑口に残る漆膜（上），同塗膜断面（下）
（石川県七尾市国分尼塚古墳出土，約 100 倍）

ていても黒色顔料が混和されていない例や，出土時に塗装が確認できず，保存処理後塗装らしい黒色が確認される例がある．それらの塗膜断面は漆ほど塗膜の厚さがなく，色も褐色で柿渋の可能性があるが十分検討されていない．

竪櫛： 古墳時代の竪櫛はタケを細くヒゴ状に削り出し，それを一列に並べて束ね，棟部を U 字状に折り曲げて成形したもので，大小あるが塗膜断面に塑型材は見られず，漆を繰り返し塗布した構造からなっている．

砂鉄蒔地： 近年になって，槍の柄や矢柄の末矧部分に，砂鉄が蒔かれた例のあることが発見された[36]．砂鉄を蒔いた漆はこれまでに島根県神原神社古墳，島根県上野古墳，石川県国分尼塚古墳，滋賀県雪野山古墳，福井県十善の森古墳などで確認されている[37]．それらの表面にはどれも砂鉄が密に蒔かれているが，遺物の検出時にそれと認識することは，事前に知識がないと困難である（図 9.20）．砂鉄を用いた理由として，すべり止めの機能がおもな目的であったとみられる．

皮革胎： 古墳の石室内からは胎が消失して漆塗膜が細片になって出土することが多い．それらの塗膜の裏面を観察すると，木胎か皮革胎か判別できることが

ある．すなわち前者には通常木目が残り，後者には木目と異なる皺が認められるほか，裏面に獣毛が付着していることがある．

仏教伝来以後の新技術

日本列島に仏教伝来以降，大陸・半島から新たな文化が移入され，それに伴って漆工技法に蒔絵や金銀絵，螺鈿，象嵌，密陀絵，平脱・平文など新たな表現手段が導入された．そのなかで，出土品に関係した漆工技術を中心に，仏教伝来以後の漆工技法の変遷を概略する．

夾紵棺と布着せ： 奈良県明日香村にある牽牛子塚(けごしづか)古墳からは，麻布を35枚麦漆で貼り合わせ，その表面に1枚の絹布を貼り，さらに下地を施した上に黒漆

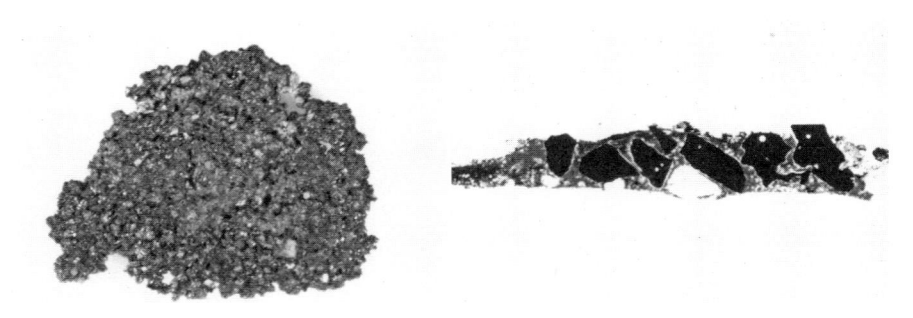

図 9.20 砂鉄が蒔かれた塗膜（左），同塗膜断面，黒い粒子が砂鉄（右）（島根県神原神社古墳出土，約35倍）

図 9.21 牽牛子塚古墳から出土したとの伝承のある夾紵棺（左），同塗膜断面（右，約2.5倍）

を塗布した夾紵棺が出土している（図9.21）[38]．本来，夾紵とは薄い板材の芯の両面に苧麻布を張った，文字通り紵で挟んだ耳杯や盤などの容器を指す．この字義に照らすならば，日本でこれまで慣用的に用いられてきた夾紵棺には板材が用いられておらず，塞(そく)棺とよぶのがふさわしいことになる[39]．

次に奈良時代の木胎漆器や漆皮箱に，漆を塗布する前に木胎の木割れや痩せを防ぐ目的で胎の上に麻布が貼られることがある．布着せを施した漆製品は法隆寺や正倉院に多く伝来するが，この技法は古墳時代には今のところ認められないことから，仏教伝来とともに大陸・半島より導入されたとみられる．さらに，布着せの上に施された漆に粘土鉱物を混和した下地技法（奈良時代の文献に頻出する土漆）も，古墳時代の漆器に認められないことから，古墳時代にいったん途絶えていたものがこの時期に他の技術とともに，あらためて導入された可能性も考えられる．

骨粉下地：　奈良県飛鳥水落遺跡の漏刻遺構から検出された水時計の銅管に，保護材として木屎漆が施されていた（図9.22）[40]．この木屎漆は2層構造になっており，銅管直上の木屎は漆分が多く，内部に骨を焼いて砕いた粉末と粘土鉱物が漆に混ぜられていた（この下地を骨粉下地と仮称する）．それ以外に，骨粉下地を施した漆器が滋賀県松原内湖遺跡[41]や，平城京跡[42]から出土している．両者とも，胎は薄いテープ状の板を巻き上げた巻胎技法[43]であること，下地に骨粉と粘土鉱物の混合物が混和されること，下地が厚く表面の漆層が薄いことなど，同時代の挽き物に塗装された下地の様子とはっきりと異なっている（図

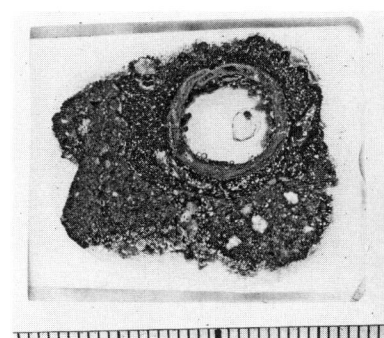

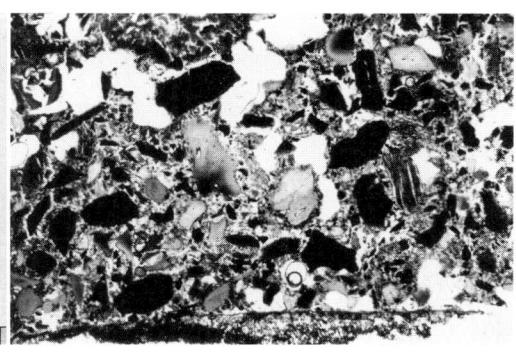

図 9.22 飛鳥水落遺跡導水管の断面（左），同塗膜断面にみられる骨粉下地（右，約40倍）

9.23).ちなみに,長岡京跡や平安京跡から出土した平安時代前期の漆製品に骨粉下地の漆器は確認されておらず,奈良時代にのみ確認されている.このことから,前述の出土品は舶載品である可能性が高い.このように,骨粉下地は日本列島に定着せず,一過性で終わったとみられる.

蒔絵: 奈良時代の蒔絵として正倉院の金銀鈿装 唐太刀,法隆寺の利箭,京都市西の山古墳出土の沃懸地片がこれまで知られていた.近年,平城宮跡東大溝から金銀蒔絵八角棒が出土し,塗膜中の金粉が研ぎ出された研ぎ出し蒔絵の技法によることが確認された(図9.24)[44].蒔絵に用いられた金属粉には金,銀,白鑞,錫,真鍮などが認められている.金粉や銀粉を蒔いた蒔絵では出土時に見落とすことはないが,白鑞粉や錫粉は劣化が進んでおり,蒔絵と気づかないことがある.また螺鈿は出土品では残りにくく,螺鈿部分が欠失した状態で出土することがある[45].鳥羽離宮金剛心院跡から仏堂の蒔柱の断片とみられる金と銀の沃

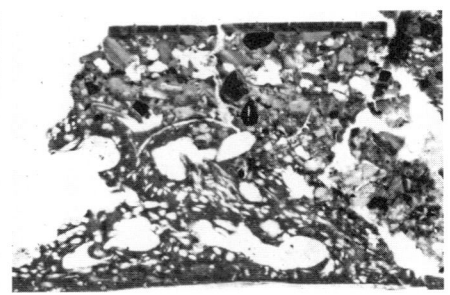

図 9.23 巻胎漆器(左),同塗膜断面(右)(滋賀県松原内湖遺跡,約 35 倍)

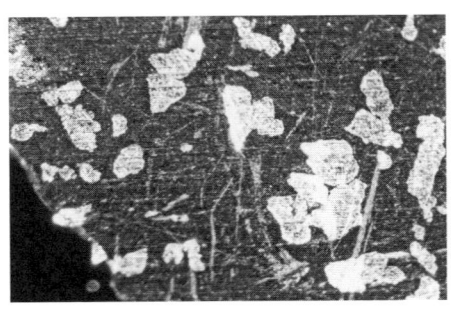

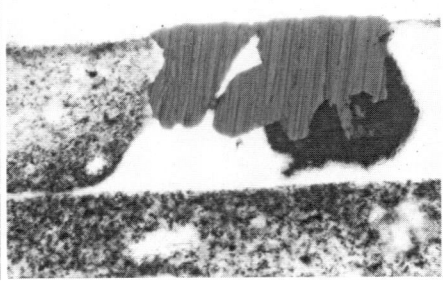

図 9.24 蒔絵八角棒(左),同塗膜断面,影になっているのが金粉(右)(平城宮跡出土,約 350 倍)

懸地の小片が出土したが，今後平安時代後期から鎌倉時代にかけての寺院址からは，建造物に伴う蒔絵関連の遺物が出土する可能性がある．

内赤外黒漆器： 奈良時代の漆器の塗膜断面は，黒色顔料の濃度に差をつけて，下層を濃く，上層を淡くして，塗り重ねを行ったものが多く，その内容は正倉院文書中の「石山寺の造営」や「法華寺の造営」にかかわる文書に記されている漆の塗装法や使用材料と整合する[46]．

ところが9世紀初頭になると，内赤・外黒に塗装された漆器が出現する．『延喜式』によれば三位以上に朱漆器の使用が許された．平安京跡から出土した内赤外黒の漆器は内面の赤の下層には黒色顔料を加えた漆を数層塗布し，さらに赤色漆を塗布した丁寧なつくりになっており，官営工房で制作されたとみられる．

柿渋下地： 平安時代後期以降，日本各地の遺跡で漆製品が多量に出土するようになるが，ほとんどが柿渋に木炭粉を混和したものであることが明らかになった[47]．絵巻物に多くの漆器が描かれるとおり，漆器が広く普及したことを裏づける資料であり，しかもそれらの漆器の下地が漆よりも安価な柿渋を用いることで，大量生産が可能になったことを示している．

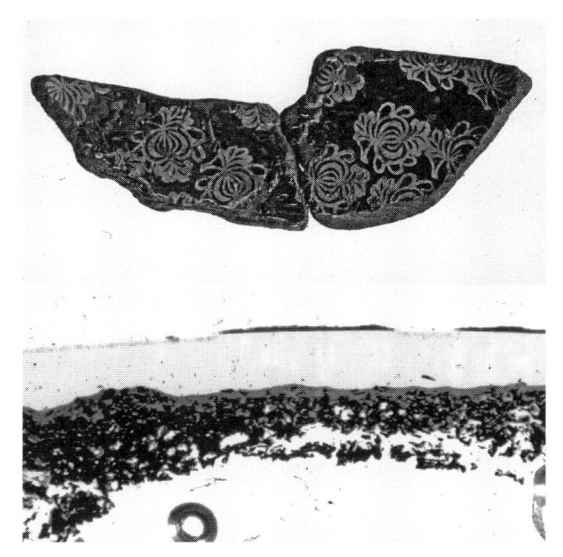

図 9.25 印判による文様が押された中世漆器（上），同文様部の塗膜断面（文様部が非常に薄い）（下）（鳥羽離宮跡出土，約 200 倍）

印判による漆絵： 柿渋下地の出現とほぼ同時期に，加飾法として黒地に赤色漆で文様を描く漆絵の技法が出現した．漆絵の文様に蒔絵と共通するもののあることやスタンプ紋の存在が指摘されている．スタンプ紋が押された塗膜断面では，文様部の厚さが筆で描いたものよりはるかに薄く，赤色顔料や漆を極力節約する技法であったことがわかる（図 9.25）．検出例が少ない当初は漆絵の漆器を高級品とみなす考え方もみられたが，調査が進展するなかでそれらの下地が柿渋下地であることがわかり，普及品であったとみなされる．

黒色顔料の終焉： 10 世紀以降，黒色顔料を用いない漆器が増加し，11 世紀半ば以降に柿渋を用いた代用下地による漆器が出現した．以後，出土品の大部分は柿渋下地の漆器となるが，中世以降にも黒色顔料を用いた漆器が製造され続けたことは，出土品にごくまれにみられる蒔絵の塗膜断面の調査結果から窺える．江戸時代の漆器の調査例に照らしてみるならば，黒色顔料が用いられなくなったのは近世後半ないしは明治のこととみられる[48]．

威信財としてみた漆塗装の格差

弥生時代

中国では，戦国時代の曽候乙墓（そこういつぼ）や漢代の馬王堆漢墓（まおうたいかんぼ）に代表される巨大墳墓から大量の漆器が出土しているが，その多くは外面の黒地に赤色や黄色，青で文様が描かれ，内面には赤色漆が塗られており，なかには生漆で文様や文字を描いたものがある．桓寛の『塩鉄論』によれば，文様を描き，内面を赤く塗った漆器は贅沢品であり，もっとも簡素な漆器は内外面とも黒漆であった．これらのことから，中国では巨大墳墓から出土する加飾された漆器が威信財の一つであったことが窺える．

一方，日本列島では弥生時代になると漆器の出土量が減る．北部九州地方では拠点集落を中心に，弥生前期後半には黒地に赤色漆で文様を描いた漆器がみられる．しかしながら中期以降は黒漆が中心になる．赤色の文様部の赤色顔料としては水銀朱とベンガラが用いられているが，後者の頻度が高い．その結果，弥生時代前期には日本列島においても大陸と同様，赤色漆で文様を表現した漆器を黒漆のみのものよりも上位に位置づけた可能性がある．しかも水銀朱とベンガラの間にも格差があったとみられることから，威信財としての漆器に重層的な格差があったと考えられる．

そこでかりに，中国における社会体制に日本列島（とくに北部九州地方）がくみ込まれ，漆器を威信財とみなす風習が成立したとするならば，弥生時代後期以降の日本列島は，東アジアのなかで赤色漆の使用に制約を受けた地域とすることができるかもしれない（この制約は後述するように奈良時代まで続いたことになる）．

古墳時代

次に古墳時代の漆製品であるが，首長墓級の古墳に副葬された武器類には黒色顔料の濃度を変えてグラデーションにした漆塗装が認められる．このことは，古墳時代においても弥生時代に引き続き，漆器に威信財としての機能を付加したと考えることが可能であり，黒色顔料を混和した漆をくり返し塗布した漆器を上位に位置づけたと考えると理解しやすくなる．

一方，朝鮮半島では，慶州に所在する皇南大塚や天馬塚から内赤外黒の夾紵製漆器や赤色漆で文様を描いた漆器が多量に出土している．漆器を威信財としてみたときに，今後，日本列島で首長墓クラスの古墳から赤色漆塗りの漆器が出土するかどうか，興味ある問題といえる．

奈良時代以降

正倉院に伝わる奈良時代の漆製品は基本的に黒色であるが，正倉院に伝わる銀平脱合子と酷似した唐代の遺物が大陸で出土しており，その内面には赤色漆が塗布されていた．また，朝鮮半島では統一新羅時代の慶州雁鴨池遺跡から，内赤外黒漆器が出土している．日本において内赤外黒漆器が登場するのは9世紀初頭のことであり，三位以上に使用が許されたことが『延喜式』に記録されている．また「朱器の台盤」が藤原氏の氏の長者に継承されたことはよく知られている．平安時代において，赤色の漆器は威信財として機能したと考えられる．さらに，奈良時代以降，漆器のなかで蒔絵が高級漆器として取り扱われることになる．蒔絵の塗装には奈良時代から江戸時代にいたるまで，一貫して黒色顔料が用いられたことが塗膜分析の結果から明らかになっている．中世以降，柿渋下地の登場によって廉価な漆器が普及するなかで，蒔絵はそれらの漆器とは一線を画し，威信財の役割を維持したと考えられるのである．塗膜分析によれば，蒔絵をはじめとする高級漆器にみられた黒色顔料の終焉は江戸時代末のことである．それと軌を一

にして，漆器を威信財の一つとする文化も終焉したと考えられる．

おわりに

　日本列島において約1万年近い歴史をもつ漆製品には，付加された機能が時代によって異なっていた可能性がある．漆製品のもつ属性を明らかにするためには，漆器に残された制作の痕跡をたどるのが最も直接的な方法といえる．この20年ほどの間，漆工技術に対する関心が高まるなかで，各地で塗膜分析の成果が蓄積されつつある．これらの成果を考古学に還元することにより，日本列島における先人の漆とのかかわりあいの意味が，よりいっそう明らかになるはずである．

文　献

1) 永嶋正春：垣の島B遺跡土壙墓（P-97）出土漆様装飾品と赤色顔料について．垣の島B遺跡，北海道南茅部町教育委員会，2002．
2) 杉山壽栄男：石器時代有機質遺物の研究概報．史前学雑誌，2巻4号，1930．
3) 田辺義一：土器に塗られたる塗料について．加茂遺跡，三田史学会，1952．
4) 中里壽克・江本義理・石川陸郎：宮城県山王遺跡出土弁柄漆塗櫛の技法と保存処置．保存科学，No.7，東京国立文化財研究所，1971．
5) 小林幸雄・三野紀雄：三沢川遺跡群出土赤色漆塗櫛の製作技法について．北海道開拓記念館年報，No.7，北海道開拓記念館，1979．
6) 永嶋正春：縄文時代の漆工技術―東北地方出土籃胎漆器を中心にして―．国立歴史民俗博物館研究報告，第6集，1-51，1985．
7) 岡田文男：古代出土漆器の研究．京都書院，1995．北野信彦：近世出土漆器の研究．吉川弘文館，2005．四柳嘉章：漆Ⅰ・Ⅱ．法政大学出版局，2006．
8) 寺田　晁ほか：漆―その科学と実技―．理工出版社，1999．
9) 永嶋正春：松江市縄文遺跡出土縄文時代前期初頭の漆液容器（土器）について．手角地区ふるさと農道整備事業にともなう手夫遺跡・発掘調査報告書，2000．
10) 鳥浜貝塚研究グループ：鳥浜貝塚―縄文前期を主とする低湿地遺跡の調査―1．福井県教育委員会，1979．
11) 山形県埋蔵文化財緊急調査団：高畠町押出遺跡第二次調査説明会資料．山形県教育委員会，1986．
12) 岡田文男・成瀬正和：戸平川遺跡出土漆器の塗膜構造調査．戸平川遺跡　秋田県文化財調査報告書第294集，189-192，秋田県教育委員会，2000．
13) 成瀬正和・岡田文男：埼玉県寿能遺跡出土縄文漆器の研究（1）．日本文化財科学会第10回大会研究発表要旨集，日本文化財科学会，60-61，1993．
14) 成瀬正和：薄磯貝塚出土の赤色顔料関係遺物．薄磯貝塚，福島県いわき市教育委員会，1988．
15) 能城修一ほか：鳥浜貝塚から出土した木製品の樹種．鳥浜貝塚研究，No.1，福井県立若狭歴史民俗資料館，1996．

文　　献

16) 山田昌久・山浦正恵：漆器の器種と樹種の選択・製作技法をめぐって．寿能泥炭層遺跡発掘調査報告書―人工遺物編，795-800，埼玉県立博物館，1984．
17) 島地　謙・伊東隆夫：日本の遺跡出土木製品総覧．雄山閣，1988．
18) 成瀬正和・岡田文男：埼玉県寿能遺跡出土縄文漆器の研究（2）．日本文化財科学会第11回大会研究発表要旨集，113-114，日本文化財科学会，1994．
19) 小林幸雄：先史時代の漆器．うるし文化，北海道開拓記念館，1998．
20) 岡田文男：三引c・d遺跡出土の櫛の材質調査．石川県埋蔵文化財保存協会年報9 平成9年度，81-84，1998．
21) 中川正人：粟津湖底遺跡出土漆製品の材質と技法．粟津湖底遺跡第3貝塚，425-443，滋賀県教育委員会，1997．
22) 成瀬正和・岡田文男：埼玉県寿能遺跡出土縄文漆器の研究（総括）．日本文化財科学会第14回大会研究発表要旨集，106-107，日本文化財科学会，1997．
23) 22）に同じ．
24) 本吉恵理子・岡田文男：朝日山（2）遺跡出土漆製品の塗膜構造調査．朝日山（2）遺跡-Ⅸ，248-253，2000．
25) 小柴吉男：荒屋敷遺跡の木製品．考古学ジャーナル，No.279，ニューサイエンス社，1987．
26) 岡田文男：パイプ状ベンガラ粒子の復元．日本文化財科学会第14回大会研究発表要旨集，102-103，日本文化財科学会，1997．特許第3919881号，パイプ状微粒子酸化鉄の製造方法．
27) 19）に同じ．
28) 小林謙一ほか：東日本縄文晩期の^{14}C年代測定．日本文化財科学会第22回大会研究発表要旨集，日本文化財科学会，2005．
29) 22）に同じ．
30) 岡田文男：古代出土漆器の研究，1995．
31) 永嶋正春：タテチョウ遺跡出土の赤色漆塗櫛に見られる漆技術について．西川津遺跡発掘調査報告書Ⅳ，455-457，島根県教育委員会，1988．
32) 渡辺　誠：編物．丁・柳ヶ瀬遺跡，245-248，兵庫県教育委員会，1985．
33) 本田光子ほか：雀居遺跡第5次調査出土漆製品の塗膜について．雀居遺跡3，福岡市埋蔵文化財調査報告書第407集，福岡市教育委員会，1995．
34) 岡田文男・成瀬正和：楽浪王盱墓出土漆器の自然科学的調査．古文化財の科学，No.39，61-66，1994．
35) 小林行雄：古代の技術．塙書房，1962．
36) 中川正人：雪野山古墳出土漆製品の材質と技法．雪野山古墳の研究考察篇，411-432，雪野山古墳発掘調査団，1996．
37) 岡田文男・中川正人・成瀬正和：古墳時代にみられる砂鉄蒔き漆工技法．日本文化財科学会第17回大会研究発表要旨集，150-151，日本文化財科学会，2000．
38) 網干善教編：史跡牽牛子塚古墳．明日香村教育委員会，1975．
39) 岡田文男：伝牽牛子塚古墳から出土した夾紵棺断片の塗膜構造について．漆工史，No.28，42-49，2005．
40) 奈良国立文化財研究所編：自然科学による分析検討―銅管の材質と技法―．飛鳥藤原宮発掘調査報告Ⅳ―飛鳥水落遺跡の調査―，奈良国立文化財研究所学報，第55冊，151-153，1995．
41) 中川正人：松原内湖遺跡出土巻胎漆器断片の技法について．滋賀考古学論，No.4，1988．
42) 奈良国立文化財研究所：左京三条一・二・七・八坪の調査．平城宮跡発掘調査部発掘調査概報，

1989.
43) 成瀬正和：巻胎漆器の現状．仏教芸術，No. 259，毎日新聞社，2001．
44) 岡田文男・成瀬正和・北村昭斎：蒔絵漆器の製作技法に関する自然科学的調査．古文化財の科学，No. 39，49-60，1994．
45) 梅川光隆ほか：平安京右京六条一坊―平安時代前期邸宅跡の調査―，京都市埋蔵文化財研究所調査報告第11冊，京都市埋蔵文化財研究所，1992．
46) 岡田文男・成瀬正和・田川真千子・北村昭斎：平安時代前期の出土黒色漆器に利用された黒色顔料について．古文化財の科学，No. 39，39-48，1994．
47) 永嶋正春：中世漆器の塗膜層構成について．西川島―能登における中世村落の発掘調査，671-681，穴水町教育委員会，1987．
48) 北野信彦：近世漆器の産業技術と構造．雄山閣，2005．

あとがき

　まず編者の怠慢によって本書の出版が大幅に遅れたことをお詫びしたい．原稿を早く書いていただいた方には，せっかくの論点が新鮮さを失うなどの多大のご迷惑をかけたであろうし，後では原稿を最近の状況に合わせるために，さらに多くの手間をおかけすることになってしまった．

　そのような編者の怠慢と不手際にもかかわらず，この巻に多くの重要な論文・報告を寄せていただいたことに感謝したい．それぞれの論文が，古代における様々な分野の生産・技術について，多くの示唆を含んでいる．この生産・技術という分野は考古学が大きく寄与することのできる分野と思われるが，新石器時代から中世に至る様々な時代に，どのような形で生産が行われていたかを示す，数々の興味ある例を集めることができた．

　日本では後期旧石器時代にすでに石材の採掘が行われていたことが明らかになっている．日本に限らず，人間社会では，以前に漠然と考えられていたよりも古くから，おそらくかなり発達した形で，さまざまな生産活動が行われていたのであろう．生産活動は当然ながら，当時の社会の仕組みと密接に結びついており，その解明に大きな役割を果たすことにもなる．この巻で触れることのできなかった分野も多いが，今後も多くの例が明らかになることによって，それぞれの時代における各分野の生産活動の状況が，ますます解明されていくことを期待し，また予想している．

　技術に関しても同様である．物を作る技術の解明は，遺物の研究には，必須のものである．またそれは生産体制や文化の交流についても，大きな手がかりを与える場合がある．しかし具体的な技術の解明にはかなりの困難が伴う．実験や経験による推測だけでは確実性に欠け，遺物の観察からの裏付けが必要であろう．これについても将来多くの手がかりが発見されることを期待したい．

2008年4月

髙濱　秀

索　　引

▶あ 行
朝顔形円筒埴輪　167
飛鳥水落遺跡　221
尼塚古墳　219
アール，T.　83
粟津湖底貝塚　209

家ノ後遺跡　33
鋳型　73, 97
威信財　65, 224
遺跡間接合　23
板締　195
糸井宮前遺跡　62
イルメン文化　122
殷王朝　95
殷墟遺跡　100
インゴット　1, 3, 87, 88, 97

上野古墳　219
鵜ヶ島台式　52
末刈　218
ウルシオール　205

杙　131
遠隔地黒曜石センター　62
円筒埴輪　150

生出塚埴輪窯　176
大形菱形文土器　67
大仁反遺跡　57
オルドス青銅器　113

▶か 行
外縁付鈕式　81
懐珍坊遺跡　97

回転縄文土器　54
夏王朝　95
夏家店上層文化　114
柿渋下地　223
垣ノ島B遺跡　211
飾金具　122
『春日権現霊験記絵巻』　200
加曽利B1式　51
型板　190
型染　199
堅田遺跡　80
型持たせ　6
加茂遺跡　204
唐古・鍵遺跡　79
カラスク文化　122
乾漆　6
間帯　154
漢長安城　99
神原神社古墳　219

生漆　6
技術　4
紀南城遺跡　103
牛革形インゴット　88
夾紵　187, 194, 195
姜寨遺跡　96, 106
共時の集落群集団　33
挟紵　6
霧ヶ峰　60
金銀絵　220
金銀鈿装唐太刀　222
銀製駱駝形帯飾板　125

クロメ漆　205
鍬類　146

結歯式漆塗竪櫛　209
蹴鞠図　201
蹴鞠文様　190
剣　120
原材料供給システム　87
減数法　164
巻胎漆器　222
原料生産地　27
広域流通用交換財　64
紅花套遺跡　96
交換パートナー関係　65
窖蔵　109
侯馬鋳銅遺跡　99
刻歯式漆塗竪櫛　209
黒色顔料　216
木屎漆　221
黒曜石　33, 59, 65
黒曜石原石　60
黒曜石産出地中核帯　60
黒曜石流通網　67
弧帯紋　154, 156
骨粉下地　221
是川遺跡　204

▶さ 行
採掘活動　40
採掘集団　56
採石場　8
里田原遺跡　215
佐原眞　82
杷　135
産出地外郭遺跡群　57
産出地外郭帯　56

索　　　引

漆皮箱　221
刺突・押圧縄文土器　54
絞り　200
斜格子紋　154
沙井文化　115
集積原石　60
十善の森古墳　219
集団関係　65
獣頭形飾金具　122
集落跡　27
寿能遺跡　207
主紋様帯　156
条痕文土器　54
焼成粘土塊　18, 31
正倉院　225
庄原遺跡　76
消費地　27
秦始皇帝陵　104

水銀朱　213
透孔　154
透孔穿孔域の平準化　158
スキタイ系文化　114
杉山壽栄男　204
須玖岡本遺跡　74
須玖坂本遺跡　74
スペイサー　6
『住吉物語絵巻』　190
擂鉢形採掘址　39

生産　1
生産形態　73
西周式土器　104
精製漆　6
青銅印花凸版　193
青銅器　72
青銅器生産工房　73
星糞峠黒曜石採掘遺跡　36
石家河遺跡　106

象嵌　220

相似法　164
双尾形垂飾　122
瘞棺　221
塑型材　209
染型板　187
反柄鍬類　135

▶た　行
大薗堆山遺跡　96
帯飾板　124
高塚遺跡　92
高風呂遺跡　62
鷹山遺跡群　35
多条沈線紋帯　154
竪櫛　208
タテチョウ遺跡　216
田辺義一　204
多摩ニュータウン No.245 遺跡　10
多摩ニュータウン No.248 遺跡　21, 33

チャイルド，V.G.　72, 83
中国の夾紵　197
中国北方系青銅器　113
鋳造遺構　73
鋳造関係遺物　73

都出比呂志　82

鄭韓故城遺跡　106
鄭州商城遺跡　97
鉄バクテリア　212

銅戈　76
銅剣　76
銅滓　73
刀子　120, 126
陶寺遺跡　96
陶胎　206
銅鐸　73, 91
同笵銅鐸　83

銅矛　73, 85
陶模法　6
銅緑山遺跡　87, 98
利箭　222
土器型式現象　67
土器焼成遺構　30
土器製作跡　30
土器作り　10
研ぎ分け　85
特殊器台形土器　153
都城遺跡　103
都月型　151
突線鈕式　82
突帯間隔設定技法　176
鳥浜貝塚　207
取瓶　73
泥除け　135

▶な　行
永嶋正春　204
中棚遺跡　62
中野谷松原遺跡　57
梨久保遺跡　59
菜畑遺跡　215
鉛同位体比　86, 126
南無釈迦無尼夾紵　198
西川津遺跡　216
二十家子漢代城址　108

粘土採掘地　21, 27, 29

▶は　行
羽口　73
白塔子夾紵　198
八ノ坪遺跡　78
蛮絵型　193
蛮絵袍　194
バンカー，エンマ　124
半坡遺跡　96

東殿塚古墳　161

索　　引

東奈良遺跡　79
東俣遺跡　34
膝柄鍬類　135
肘掛け椅子形採掘址　39
平鍬　131
鰭付円筒埴輪　161

封泥　108
鍑　113, 123
複合斜線紋　154
副次孔　171
副紋様帯　156
布留遺跡　165

平脱　220
平文　220
扁平鈕式　81

布衣　202
防染　192, 194
防染文様染　194
星ヶ塔遺跡　34

▶ま　行
蒔絵　220
蒔絵八角棒　222
増田精一　124

松原内湖遺跡　221
馬淵久夫　92
丸文夾纈　198

未焼成土器　16, 30
密陀絵　220
三又鍬　131
三引遺跡　209
宮山型　151
宮山墳丘墓　158

無紋帯　158
無文土器　54

銘文　97
メスリ山古墳　163
メッキ　126

木製摺型　193
木製農具　130
木胎　207
元稲荷古墳　158
本剝　218
籾打ち棒　131
諸磯式土器　68
諸手鍬　131
紋様帯　154

▶や　行
錏　76, 81, 147

靫　218
雪野山古墳　219
纐　194

▶ら　行
螺鈿　220
籃胎　6, 210

李家営子　116
菱環鈕式　81
両極石核　62
両面染　202
領有化問題　66

坩堝　73

蠟型技法　6, 124
臈纈　187, 194
驢頭紋短剣　121

▶わ　行
蕨手文　156

編者略歴

髙濱　秀（たかはま しゅう）

1949 年　兵庫県に生まれる
1973 年　東京大学大学院人文科学研究科
　　　　修士課程修了
現　在　金沢大学人間社会学域人文学類教授

現代の考古学 4
生産と技術の考古学　　　定価はカバーに表示

2008 年 5 月 20 日　初版第 1 刷

編　者　髙　濱　　　秀
発行者　朝　倉　邦　造
発行所　株式会社　朝　倉　書　店

東京都新宿区新小川町 6-29
郵便番号　１６２-８７０７
電　話　０３（３２６０）０１４１
ＦＡＸ　０３（３２６０）０１８０
http://www.asakura.co.jp

〈検印省略〉

Ⓒ 2008〈無断複写・転載を禁ず〉　　シナノ・渡辺製本
ISBN 978-4-254-53534-1　C 3320　　Printed in Japan

◈ 現代の考古学〈全7巻〉◈
遺跡・遺物中心主義への訣別と新しい考古学構築の試み

松戸市立博 岩崎卓也・早大 高橋龍三郎編
現代の考古学1
現代社会の考古学
53531-0 C3320　　A5判 296頁 本体5200円

考古学はどのような学問であり、また考古資料はどのようなもので、どのように保全・活用されるべきかなど、現代社会における考古学の意義に迫る。〔内容〕考古学研究の歩み／文化財科学と考古学／日本の埋文行政／他

東大 佐藤宏之編
現代の考古学2
食糧獲得社会の考古学
53532-7 C3320　　A5判 276頁 本体5200円

先史時代の食糧獲得社会の諸相を、環境生態と適応技術システムの観点から概説。〔内容〕誘導型先史狩猟採集民の食糧獲得／漁撈の開始／縄文時代の海洋適応／定住社会の採集経済／定住狩猟民の狩り／食生態と食文化／大洋の食糧獲得／他

筑波大 常木 晃編
現代の考古学3
食糧生産社会の考古学
53533-4 C3320　　A5判 272頁 本体4800円

地球の生態系を破壊するまでに至った人類の食糧生産社会を、その原点に戻り解説。〔内容〕農耕誕生／歩く預金口座(家畜と乳製品)／稲と神々の源流／縄文から弥生へ／東地中海世界における果樹栽培の始まりと展開／他

東外大 小川英文編
現代の考古学5
交流の考古学
53535-8 C3320　　A5判 308頁 本体5200円

目に見える遺物から、目に見えない移動・交流を復元する試み。とくに交流のメカニズムや、社会の発展プロセスといった理論の領域にまで踏み込んだ。〔内容〕交流とスタイル伝播／貝交易システムと情報の選択／共生関係の視角／他

早大 高橋龍三郎編
現代の考古学6
村落と社会の考古学
53536-5 C3320　　A5判 368頁 本体6500円

親族組織や共同体理論などについて考古学からいかにアプローチするかの試み。〔内容〕日本旧石器・縄文・弥生・古墳時代の社会構造と組織／古代西アジア・中国・東アフリカ・アメリカ・中南米の社会構造と組織／他

P.G.バーン著　前東大 大貫良夫監訳
図説世界文化地理大百科[別巻]
世界の古代文明
16659-0 C3325　　B4変判 212頁 本体28000円

人類の誕生から説き起こし、世界各地に栄えた古代文明の数々を貴重な写真と詳細な地図で紹介。オールカラー、地図80、図版200、用語解説付き。〔内容〕最古の原人／道具の発明／氷河期の芸術／農耕の発生／古代都市と国家社会／文字の発達

東文研 三浦定俊・東文研 佐野千絵・東文研 木川りか著
文化財保存環境学
10192-8 C3040　　A5判 212頁 本体3800円

文化財にとって安全な保存環境を設計するための最新・最善のテキスト。美術館・博物館の学芸員のみならず、文化財学科や博物館学課程学生にも必須〔内容〕温度／湿度／光／空気汚染／生物／衝撃と振動／火災／地震／盗難・人的破壊／法規

くらしき作陽大 馬淵久夫・前東芸大 杉下龍一郎・九州国立博物館 三輪嘉六・国士舘大 沢田正昭・東文研 三浦定俊編
文化財科学の事典
10180-5 C3540　　A5判 536頁 本体14000円

近年、急速に進展している文化財科学は、歴史科学と自然科学諸分野の研究が交叉し、行き交う広場の役割を果たしている。この科学の広汎な全貌をコンパクトに平易にまとめた総合事典が本書である。専門家70名による7編に分けられた180項目の解説は、増加する博物館・学芸員にとってハンディで必須の常備事典となるであろう。〔内容〕文化財の保護／材料からみた文化財／文化財保存の科学と技術／文化財の画像観察法／文化財の計測法／古代人間生活の研究法／用語解説／年表

上記価格（税別）は2008年4月現在